DEFESAS EM JUÍZO E NOS TRIBUNAIS DE CONTAS

Improbidade Administrativa

IVAN BARBOSA RIGOLIN
GINA COPOLA

DEFESAS EM JUÍZO E NOS TRIBUNAIS DE CONTAS
Improbidade Administrativa

Belo Horizonte

2021

© 2021 Editora Fórum Ltda.

É proibida a reprodução total ou parcial desta obra, por qualquer meio eletrônico, inclusive por processos xerográficos, sem autorização expressa do Editor.

Conselho Editorial

Adilson Abreu Dallari	Floriano de Azevedo Marques Neto
Alécia Paolucci Nogueira Bicalho	Gustavo Justino de Oliveira
Alexandre Coutinho Pagliarini	Inês Virgínia Prado Soares
André Ramos Tavares	Jorge Ulisses Jacoby Fernandes
Carlos Ayres Britto	Juarez Freitas
Carlos Mário da Silva Velloso	Luciano Ferraz
Cármen Lúcia Antunes Rocha	Lúcio Delfino
Cesar Augusto Guimarães Pereira	Marcia Carla Pereira Ribeiro
Clovis Beznos	Márcio Cammarosano
Cristiana Fortini	Marcos Ehrhardt Jr.
Dinorá Adelaide Musetti Grotti	Maria Sylvia Zanella Di Pietro
Diogo de Figueiredo Moreira Neto (*in memoriam*)	Ney José de Freitas
Egon Bockmann Moreira	Oswaldo Othon de Pontes Saraiva Filho
Emerson Gabardo	Paulo Modesto
Fabrício Motta	Romeu Felipe Bacellar Filho
Fernando Rossi	Sérgio Guerra
Flávio Henrique Unes Pereira	Walber de Moura Agra

FÓRUM
CONHECIMENTO JURÍDICO

Luís Cláudio Rodrigues Ferreira
Presidente e Editor

Coordenação editorial: Leonardo Eustáquio Siqueira Araújo
Aline Sobreira de Oliveira

Av. Afonso Pena, 2770 – 15º andar – Savassi – CEP 30130-012
Belo Horizonte – Minas Gerais – Tel.: (31) 2121.4900 / 2121.4949
www.editoraforum.com.br – editoraforum@editoraforum.com.br

Técnica. Empenho. Zelo. Esses foram alguns dos cuidados aplicados na edição desta obra. No entanto, podem ocorrer erros de impressão, digitação ou mesmo restar alguma dúvida conceitual. Caso se constate algo assim, solicitamos a gentileza de nos comunicar através do *e-mail* editorial@editoraforum.com.br para que possamos esclarecer, no que couber. A sua contribuição é muito importante para mantermos a excelência editorial. A Editora Fórum agradece a sua contribuição.

Dados Internacionais de Catalogação na Publicação (CIP) de acordo com a AACR2

R572d	Rigolin, Ivan Barbosa
	Defesas em juízo e nos Tribunais de Contas: improbidade administrativa/ Ivan Barbosa Rigolin, Gina Copola. – Belo Horizonte : Fórum, 2021.
	281 p.; 14,5x21,5cm
	ISBN: 978-65-5518-176-0
	1. Direito Administrativo. 2. Direito Constitucional. 3. Direito Processual Civil. I. Copola, Gina. III. Título.
	CDD: 341.3
	CDU: 342.9

Elaborado por Daniela Lopes Duarte – CRB-6/3500

Informação bibliográfica deste livro, conforme a NBR 6023:2018 da Associação Brasileira de Normas Técnicas (ABNT):

RIGOLIN, Ivan Barbosa; COPOLA, Gina. *Defesas em juízo e nos Tribunais de Contas*: improbidade administrativa. Belo Horizonte: Fórum, 2021. 281 p. ISBN 978-65-5518-176-0.

Aos homens de boa vontade.

SUMÁRIO

APRESENTAÇÃO.. 11

CAPÍTULO 1
DEFESAS NO TRIBUNAL DE CONTAS – ROTEIRO GERAL.................. 13

Escopo 13

Competências.. 15

Elenco dos recursos 17

A sustentação oral... 17

O recurso ordinário 23

O pedido de reconsideração.. 25

O agravo.. 26

Os embargos de declaração... 27

O pedido de reexame 29

A ação de revisão.. 30

A rescisão de julgado 32

Título V... 34

Uniformização de jurisprudência... 34

Incidente de inconstitucionalidade... 35

Prejulgados.. 36

Súmulas... 37

A importância de uma correta e atenta defesa............................ 39

A defesa nos relatórios anuais da fiscalização 41

Defesa prévia, produção de provas e defesa final 45

Irregularidades graves.. 47

As defesas virtuais.. 49

CAPÍTULO 2
TRÊS TEMAS RELATIVOS AOS TRIBUNAIS DE CONTAS 53

Explicação inicial 53

Controle interno e seus cargos... 54

Conta regular, mas com multa.. 63

Rejeição de contas do Legislativo por excesso de cargos em comissão.. 69

CAPÍTULO 3
SEGURANÇA JURÍDICA EM CONTRATOS ADMINISTRATIVOS......... 73

CAPÍTULO 4
OS PRINCÍPIOS SÃO FONTES CONFIÁVEIS DE DIREITO PROCESSUAL? NÃO CUSTA REFLETIR UM POUCO.............................. 81

CAPÍTULO 5
PRESCRIÇÃO DE ADINs. SE ADIN NÃO É AÇÃO DE RESSARCIMENTO, ENTÃO PRESCREVE.. 89

CAPÍTULO 6
OS RISCOS DE SER SERVIDOR PÚBLICO. UM PARALELO COM OS CONTRATOS... 101

CAPÍTULO 7
PARECER, LAUDO TÉCNICO E LAUDO PERICIAL – O DESABAMENTO DAS BARRAGENS... 109

Laudo técnico.. 112

Laudo pericial... 114

CAPÍTULO 8
RESPONSABILIDADE DO PARECERISTA. O PARECER NORMATIVO 117

Natureza jurídica: parecer é ato administrativo?......................... 117

A doutrina... 119

A jurisprudência do Supremo Tribunal Federal........................... 125

A forçada conclusão... 128

CAPÍTULO 9
A ABSOLUTA INSTABILIDADE DO DIREITO BRASILEIRO. O DIREITO ADMINISTRATIVO E O DO TRABALHO............................. 131

CAPÍTULO 10
ADVOGADO E CONTADOR – NATUREZA SINGULAR DO SEU SERVIÇO. VENCIDA UMA IMPORTANTE BATALHA............................. 145

CAPÍTULO 11
STF: MUNICÍPIO NÃO PRECISA TER PROCURADORIA JURÍDICA.... 153

CAPÍTULO 12
APOSENTADORIA É ATO JURÍDICO PERFEITO. MUITO CUIDADO
COM ELA!... 163

CAPÍTULO 13
O SELVAGEM, INCIVILIZADO E EXECRÁVEL INSTITUTO
DA EXECUÇÃO PROVISÓRIA. O DIREITO DO HOMEM DAS
CAVERNAS 175
   O motivo do título 175

CAPÍTULO 14
IMPROBIDADE ADMINISTRATIVA. PREJUDICIAL DE MÉRITO.
ILEGITIMIDADE DE PARTE. O ADVOGADO PÚBLICO NAS AÇÕES
DE IMPROBIDADE 181

CAPÍTULO 15
A PRESCRIÇÃO QUINQUENAL. FIM DE MANDATO E REELEIÇÃO ... 189

CAPÍTULO 16
INDISPONIBILIDADE DE BENS E INCLUSÃO DE MULTA CIVIL.
A JURISPRUDÊNCIA.. 193

CAPÍTULO 17
A INDISPONIBILIDADE OU A PENHORA DE BENS DE VALOR
ALIMENTAR E A RECENTE JURISPRUDÊNCIA 203

CAPÍTULO 18
A INDISPONIBILIDADE DE BENS E A NECESSÁRIA
DEMONSTRAÇÃO EFETIVA DO QUANTUM DEVIDO........................... 211

CAPÍTULO 19
BLOQUEIO DE VEÍCULOS. RESTRIÇÃO DE LICENCIAR E
CIRCULAR. AFRONTA AO DIREITO DE PROPRIEDADE 215

CAPÍTULO 20
O ELEMENTO SUBJETIVO DO DOLO.. 219

CAPÍTULO 21
JURISPRUDÊNCIA. ART. 10, DA LEI Nº 8.429/92. IMPOSSIBILIDADE
DE RESPONSABILIDADE OBJETIVA. DECISÃO JUDICIAL
QUE DEVE SER CONFORME A LEI. PROPOSITURA DE AÇÃO
RESCISÓRIA 227

CAPÍTULO 22
A INAPLICABILIDADE DA TEORIA DA CEGUEIRA DELIBERADA
ÀS AÇÕES DE IMPROBIDADE ADMINISTRATIVA 231

CAPÍTULO 23
OS PLANOS MUNICIPAIS DE GESTÃO INTEGRADA DE RESÍDUOS
SÓLIDOS E A INSISTENTE OMISSÃO DOS MUNICÍPIOS EM
INSTITUÍ-LOS. A POSSÍVEL IMPROBIDADE ADMINISTRATIVA 237

1   A obrigatoriedade do Plano Municipal de Gestão Integrada de
        Resíduos Sólidos 237

2   Conceitos de resíduos sólidos e de rejeitos 238

3   A Classificação de resíduos sólidos 238

4   As formas de disposição e destinação e, dentre elas, as
        admitidas pela Lei Federal nº 12.305/10 239

5   O crime de poluição por resíduos sólidos 241

6   Os planos municipais de gestão integrada de resíduos sólidos . 243

7   O conteúdo mínimo dos planos de gestão integrada de
        resíduos sólidos 245

8   Outras considerações sobre o Plano de Gestão Integrada de
        Resíduos Sólidos 260

9   As consequências para os Municípios que não instituem o
        Plano 261

CAPÍTULO 24
ALGUNS CASOS PRÁTICOS COMENTADOS 263

CAPÍTULO 25
NEPOTISMO EM LICITAÇÃO? 271

CAPÍTULO 26
PROPAGANDA INSTITUCIONAL E ABUSO DE AUTORIDADE 275

APRESENTAÇÃO

Este livro reúne material já publicado em artigos, estudos e pareceres dos autores, agora atualizados no pouco que tiveram de superado, sistematizados em torno dos temas das *defesas nos Tribunais de Contas* e das *defesas judiciais* em matérias, principalmente, de direito público.

Daqueles trabalhos, não passa de dois anos o mais antigo, de modo que, mesmo neste torvelinho em que se converteu o Direito brasileiro, pouca atualização demandaram.

Sim, até porque, dentro do possível e do realizável, os autores jurídicos, ainda que quase sempre suscitados por temas do momento, bem farão se escreverem não apenas para a manchete do dia ou para a moda jurídica da semana, mas para um lapso considerável à frente, com olhos na maior permanência que o trabalho possa ter ainda útil.

É que, mesmo que seja para atender a demanda do dia, existem infinitas maneiras de o fazer e intermináveis abordagens e tratamentos de cada tema que a vertigem do mundo jurídico, quer substantivo, quer adjetivo, a todo tempo produz, dissemina e multiplica.

Com efeito, se autores como Clóvis Bevilácqua ou Carlos Maximiliano – também em face dos seus temas – escrevem para a eternidade, autores sem conta o fazem para comentar a portaria do subsecretário da fazenda para o imposto de renda do exercício ou a progressividade da alíquota do imposto sobre importação de insumos da agricultura hidropônica para o segundo trimestre do exercício.

Oxalá estivéssemos no primeiro grupo, mas é certo que no segundo nos recusamos a ingressar...

***

Os assuntos abordados foram selecionados e reunidos com a só intenção de propiciar aos defensores de formação jurídica ou não, como aos estudiosos do direito público material e processual, um plexo de reflexões e de ideias potencialmente úteis para o seu trabalho.

Várias cabeças pensam sempre melhor que uma, como se sabe, e muita vez uma simples abordagem diferente dentro de um roteiro arquiconhecido; uma sugestão singular e impensada até o momento;

um palpite inesperado ou quase insólito; um repente inédito; uma centelha de originalidade ou um lampejo de inesperada criatividade num terreno batido... por vezes revira de ponta-cabeça o cenário e só por si reverte toda a expectativa em casos concretos de trabalho.

Com efeito, não é raro que uma causa se consagre ante a tese adversa com base em *um só argumento*, uma só assertiva, um único e isolado ponto de afirmação. Só esse ponto, singular e exclusivo, absorve toda a força acusatória ou defensiva, dispensando, por irrelevantes ou até mesmo prejudiciais, quaisquer outros potenciais reforços.

Não é por acaso que já há décadas as grandes multinacionais mantêm onerosíssimos departamentos de pura criatividade, sustentando a peso de ouro os cérebros mais ilustres que consigam divisar e contratar, para que aquelas empresas apresentem periodicamente os frutos de sua concepção, dentro de áreas as mais variadas. Os resultados desse empreendimento compensam amplamente os seus incalculáveis custos.

Aborda-se essa questão tão somente para enfatizar a essencial relevância de, num trabalho de defesa administrativa ou judicial, ao menos se ventilarem e se considerarem as mais variadas e originais abordagens do tema em discussão, e de se o ilustrar com uma vasta gama de parâmetros, de comparações, de alusões que de início possam parecer desconectadas, mas que não o são, de colorações inéditas ou de reportagens desconfortáveis, mas de insuspeitada eficácia.

Com tal escopo se reúnem estes temas aqui apresentados, na humilde pretensão de que possam ilustrar trabalhos de defesa nas cortes judiciais e administrativas.

CAPÍTULO 1

DEFESAS NO TRIBUNAL DE CONTAS – ROTEIRO GERAL

Escopo

Este texto é originário de setembro de 2018 e é agora atualizado pontualmente em face de que o seu tema central, fulcrado em instituições clássicas e tradicionais, não perde interesse nem há décadas experimentou quaisquer mutações.

A matéria básica originária foi mantida com poucas atualizações, dentre as quais a contemplação das *defesas virtuais*, novidade que se deveu à insidiosa, absolutamente desastrosa, extremamente inconveniente em todos os aspectos, e indesejável a mais não poder, pandemia do coronavírus que assolou o mundo e transformou o ano de 2020 num pesadelo para a humanidade, cujos efeitos totais estão ainda longe de serem avaliados.

Este tema, por outra parte, é de permanente interesse a tantos quantos, advogados ou não, militem junto aos Tribunais de Contas na defesa de seus constituintes, sejam estes diretamente pessoas de direito público, sejam autoridades de variado nível e dos diversos Poderes ou de suas entidades vinculadas, todos em geral contratantes, sejam ainda, de outra parte, clientes particulares contratados, conveniados, parceiros ou em outras associações negociais com o Poder Público.

Os negócios que o Poder Público celebra estão, como contas públicas que são, natural e invariavelmente sujeitos à apreciação dos Tribunais de Contas a que cada ente esteja contratante vinculado, e por vezes a mais de um, conforme seja a verba remuneratória provinda de ouro nível de governo.

Se uma despesa de um Município é paga em parte com recursos municipais e em parte com federais, então dois são os Tribunais que apreciarão essa conta, o do Estado e o da União, em princípio independentemente. Um pode emprestar instrução a outro se a pedido, mas a atuação é independente.

Talvez fosse ideia originária dos Tribunais de Contas a cada exercício apreciar *todos* os contratos públicos de cada ente sujeito à sua jurisdição. Isso materialmente *jamais foi possível*, porque mesmo que cada Tribunal tivesse estrutura dez vezes maior do que tem dificilmente daria conta desse recado, algo virtualmente muito acima da capacidade operacional mesmo das maiores organizações da fiscalização.

Com efeito, as leis e as regras destinadas ao Poder Público, que se multiplicam sem cessar, geram muitas novas obrigações operacionais e demonstrativas aos entes públicos, que se acumulam com as já tradicionais, e o universo final de contas a apreciar – em tese – se torna virtualmente infactível senão por amostragem.

Trabalham os TCs, assim sendo, ou por amostragens planejadas e organizadas ou atendendo a denúncias, que cada dia são mais frequentes, de irregularidades em editais de licitação, em licitações, em contratos, ou já mesmo na execução de contratos. Tal é o volume das denúncias aliás, por vezes em escala quase industrial, que se conhecem episódios de profunda irritação das autoridades dos Tribunais, quando ficou evidente o abuso e a só persecução a adversários e a inimigos do denunciante, em peças desprovidas de conteúdo técnico.

Natural que assim seja, já que em um estado sério de direito não se admite a existência do *alegre denunciante*, destrutiva execrável figura que prejudica a tudo e a todos antes de ajudar, e faz por desacreditar da própria atitude de denunciar.

***

É absolutamente usual e frequente que os mais variados negócios do Poder Público em dado momento sejam apontados como irregulares pelo Tribunal de Contas, quer por aquelas denúncias de maior, menor ou nenhuma respeitabilidade, quer por fiscalizações de rotina, sem que esse fato só em si represente detrimento ou implique culpabilidade por parte de quem quer que seja, como de resto é de regra em qualquer processo contraditório. É apenas ao final do processo administrativo – que por vezes consome longos anos – que ficará estabelecida aquela culpabilidade, total ou parcial, ou a inocência do acusado.

Mas por evidente os procedimentos de defesa, de peticionamentos e de requerimentos aos Tribunais de Contas não podem ser exercitados informal ou despreocupadamente como num passatempo, mas apenas segundo normas estritas e austeras, todas estabelecidas na *lei orgânica* de cada Tribunal e, complementar e operacionalmente, em cada respectivo *regimento interno*.

Somente desse modo podem desenvolver-se validamente as postulações defensivas, porque mesmo o sagrado direito ao contraditório e à ampla defesa, garantias basilares da Constituição tanto no processo judicial quanto no administrativo, jazem debaixo de regras procedimentais estritas – e nem se imaginaria algo diferente ante o princípio da *formalidade* dos atos administrativos, como da solenidade que cerca o seu julgamento.

Existe no país uma sólida *cultura de contas*, reciprocamente adotada e reciclada, e sempre realimentada, pelos TCs dos três níveis de competência, e que, tirante particularidades locais, por estudado consenso vigora qual um norteamento institucional entre todos, e o qual muito os auxilia no próprio embasamento do seu trabalho tanto judicante quanto administrativo interno.

Por motivos logísticos fáceis de enxergar, mas também porque o muito bem estruturado Tribunal de Contas do Estado de São Paulo, com sua sede central na Capital e suas 20 (vinte) Unidades Regionais distribuídas por todo o Estado, costuma ser reconhecido por todos os TCs do Brasil como modelar e referencial, é a esse Tribunal e às suas instituições que nos referiremos neste curto trabalho.

É preciso ter presente no entanto que as matérias dos recursos e dos demais temas de interesse para as defesas perante os Tribunais de Contas se repetem, ou são bastante similares, entre as leis orgânicas dos diversos Tribunais do Brasil.

Desse modo, a teoria dos institutos envolvidos nas defesas é praticamente a mesma seja qual for o Tribunal em questão, e sempre pode ser aproveitada perante qualquer deles – inclusive o TCU, o Tribunal de Contas da União.

Nossa referência para este momento será, portanto, o TCE-SP.

Competências

O TCE-SP rege seu trabalho de fiscalização contábil, financeira, orçamentária, operacional e patrimonial do Estado de São Paulo e de seus Municípios, excetuada a Capital, que conta com seu próprio Tribunal de Contas, na forma da Lei Complementar estadual nº 709, de 14 de janeiro de 1993, que desde logo fixa as competências da entidade no art. 2º, incs. I a XXIX.

A história se inicia na Constituição Federal, art. 75, parágrafo único, que manda que as Constituições dos Estados disponham sobre seus TCs. Antes, fixou no art. 71, incs. I a XI, as competências do Tribunal de Contas da União. Mas a Lei Orgânica do TCU, a Lei nº 8.443, de 16 de julho de 1992, ampliou o rol e no art. 1º fixou 17 (dezessete) competências para o órgão.

A Constituição do Estado de São Paulo, arts. 31 a 36, dá a regulação básica do Tribunal e lhe fixa 14 (catorze) competências, mais portanto que as que a Constituição Federal estabeleceu para o Tribunal de Contas da União.

E completando este arcabouço o Regimento Interno do TCE-SP, a Resolução nº 4, de 24 de novembro de 2010, discrimina as competências por órgão, num elenco ainda maior.

Temos então:

- Constituição Federal – 11 competências para o TCU;
- Lei Orgânica do TCU – 17 competências para o TCU;
- Constituição do Estado de São Paulo – 14 competências para o TCE-SP;
- Lei Orgânica do TCE-SP – 29 competências para esse Tribunal;
- Regimento Interno do TCE-SP – competências de cada órgão, analiticamente dispostas dentro daquelas fixadas para o Tribunal na LO.

Desde logo se percebe, nesse conjunto crescente de atribuições à medida que desce o nível hierárquico do diploma fixador, que o elenco da Constituição Federal (para o TCU, mas mandado aplicar aos TCs estaduais no que couber pela Constituição Federal) e também o elenco da Constituição do Estado restaram na prática mais ou menos *decorativos*, pois que pela sua generalidade pouco representam ante as outras duas listas de competências do Tribunal, as quais constituem a inquestionável fonte de direito para o próprio Tribunal.

A Constituição pretendeu falar de todos os assuntos existentes – num papel sempre alardeado pela doutrina como simplesmente *ridículo*, que dá a exata ideia do infantilismo do constituinte brasileiro, que já vitima o país há trinta anos – e bem por isso na prática poucos se lembram sequer *de que existem* Constituição Federal e Estadual para este efeito. É portanto institucionalmente na LO, e em nível operacional no RI, que se centra o próprio sistema de competências do TCE.

Elenco dos recursos

A LO do TCE-SP contém todo um alentado Título (III) sobre os 5 (cinco) *recursos* existentes e exercitáveis dentro do seu âmbito, divisão essa que corre do art. 51 ao 71.

E não é só, porque a seguir outro Título (IV) disciplina as ações (administrativas) de *revisão* e de *rescisão de julgados*, nos arts. 72 a 77. Portanto, não será por sonegar o contraditório aos interessados que o TCE-SP será imolado no escrutínio da história.

Os recursos são os seguintes (LO, art. 52): I – recurso ordinário; II – pedido de reconsideração; III – agravo; IV – embargos de declaração e V – pedido de reexame. A inspiração é nitidamente processual civil como se denota, no que atuou bem a LO.

Todos os recursos são necessariamente *escritos*, o que a lei entendeu despiciendo informar ante a obviedade; o princípio da *formalidade* o exige, já que também em sede de processo administrativo *o que não está nos autos não está no mundo*, princípio esse que existe em prol da segurança jurídica e da objetividade do julgamento.

Tal seria, aliás, que alguma alegação apenas oral pudesse produzir efeito probatório decisivo contra ou em favor de alguém nos processos, quando a própria formalidade se lastreia na certeza de que *verba volant*, *scripta manent*, ou seja as palavras voam e os escritos ficam.

Nos julgamentos judiciais, como nos de contas públicas, todos sabem que ninguém ganha a causa *no grito*, nada obstante que o dito *jus sperneandi*, expressão jocosa, mas muito significativa em direito e materializado principalmente na sustentação oral, seja sempre, repita-se, um apreciabilíssimo instrumento de arguição.

A sustentação oral

Um muito importante instrumento de defesa de teses – *pró* alguém e *contra* alguém dependendo do caso e do lado em que o sustentador esteja – é a *sustentação oral*, que não consta da LO mas sim do RI, art. 104, *caput* e §4º, e art. 208, inc. V. É de tradição em todos os tribunais permitir a sustentação oral tanto pela acusação quanto pela defesa dos indiciados, e não faria diferente o TCE-SP.

A primeira imagem que acorre às pessoas quanto à defesa de alguém em tribunais, aliás, é a sustentação oral, que em matéria criminal tem importância máxima, mas que na área civil e na esfera administrativa também desfruta de grande relevância, e que, por vezes, simplesmente *resolve a questão*.

Não se imagina produzir prova nova apenas na sustentação oral, porém um discurso adequado e percuciente pode reavivar a atenção dos julgadores para fatos constantes dos autos, porém já não tão presentes na memória, ou mesmo, e mais importante ainda, para permitir aos julgadores que não tiveram contato com o processo *saberem* de certos fatos, para que se for o caso peçam vista dos autos e possam emitir reservadamente seu voto, com maior conhecimento de causa e com a serenidade que nem sempre é viável no calor da sessão – o que pode influir drasticamente, e não raro influi, no resultado do julgamento.

A experiência ensina que jamais se deve desprezar a oportunidade de produzir sustentação oral nos julgamentos, porque o seu resultado pode surpreender.

***

É curto o disciplinamento regimental do TCE-SP sobre a sustentação oral, resumindo-se como se viu em apenas dois artigos regimentais, e o segundo deles apenas remetendo ao primeiro, a saber:

> Artigo 104 – No julgamento ou apreciação dos processos, os interessados poderão fazer sustentação oral, por si ou por seu advogado, desde que o tenham requerido ao Presidente da sessão. .
>
> §1º – Na hipótese deste artigo, o interessado ou seu advogado falará antes ou depois do Procurador da Fazenda, conforme o caso, pelo prazo de 15 (quinze) minutos, sem apartes.
>
> §2º – No caso de advogado de mais de um interessado, aplica-se o prazo previsto no parágrafo anterior.
>
> §3º – Havendo mais de um interessado com advogados diferentes, o prazo previsto no §1o deste artigo será duplicado e dividido em partes iguais entre estes.
>
> §4º – Se no mesmo processo houver interesses opostos, observar-se-á, relativamente a cada parte, o disposto nos parágrafos anteriores quanto aos prazos para sustentação oral.
>
> §5º – Quando se tratar de julgamento ou apreciação de processo em sessão reservada, os interessados terão acesso à sala de sessões ao iniciar-se a apresentação do relatório e dela deverão ausentar-se antes de começar a votação.
>
> (...)
>
> Artigo 208 – A defesa dos direitos dos interessados nos processos é assegurada pela forma seguinte, além de outras modalidades constantes deste Regimento Interno: (...)

V – sustentação oral perante o Tribunal Pleno ou às Câmaras, na forma estabelecida no artigo 104 deste Regimento Interno.

Assim, de início seja registrado que não se compreende no *caput* do art. 104 a menção à *apreciação do processo* como a comportar sustentação oral, porque a única apreciação que a admite é aquela que ocorre na própria sessão de julgamento, sabendo-se que o processo sofre uma longa apreciação em diversas divisões do Tribunal antes de ser submetido ao Conselheiro Relator, cada qual delas sob um enfoque próprio e observada a hierarquia interna.

Desse modo na forma do *caput* do art. 104, requerendo-a por escrito ao presidente da sessão e por ele sendo deferida, a sustentação oral poderá ser produzida pelo interessado responsável pela conta em julgamento, sendo advogado ou não, ou por advogado que constitua, e apenas por uma dessas pessoas, não cabendo duas sustentações orais na mesma sessão sobre o mesmo caso, ainda que a sessão não se tenha completado em um só dia porque, por exemplo, um Conselheiro pediu vista do processo.

Poderá o presidente indeferir o pedido de sustentação oral por diversos motivos, como o de o recurso em causa não admitir sustentação, ou por haver excesso de inscritos – o que recomendaria adiar aquele julgamento ao qual o pedido se refere para não se cercear a defesa do requerente –, ou porque a sessão já foi iniciada e o relator já votou, ou ainda por outras eventuais razões.

Ou seja: o direito à sustentação oral não é imediato, absoluto ou incondicionado, mas apenas será exercido se deferido o pleito pelo presidente da sessão de julgamento. Os motivos do indeferimento são escassos, é bem verdade, mas o deferimento é requisito ao exercício daquele direito.

O presidente será um Conselheiro designado na forma regimental nos julgamentos pela Câmara e será o presidente do Tribunal se for o órgão Pleno a julgar, tudo de acordo com a fase do processo.

Admite-se, apenas pelo texto do RI, uma sustentação quando do julgamento pela Câmara e outra quando do julgamento pelo órgão Pleno. De qualquer modo será justificável o segundo se contiver novos argumentos ou nova técnica defensiva que não seja mera repetição da primeira.

Pelo §1º, caso o Procurador da Fazenda estadual queira sustentar, fá-lo-á antes do defensor orador, ambos pelo prazo máximo de 15 (quinze) minutos – o que é muitíssimo considerável, e mesmo, caso haja por exemplo vinte sustentadores autorizados, imagine-se o tempo que consumirá.

Até por isso, compreensivelmente não há apartes nem réplicas – muita vez extremamente desejáveis pelo defensor –, e o presidente pode simplesmente cortar o som amplificado do orador que exceda o tempo da defesa, o que não costuma realizar sem antes cortesmente adverti-lo.

Pelo §2º, se o mesmo advogado defender dois ou mais interessados, o tempo continuará sendo de até 15 (quinze) minutos. E pelo §3º, se houver mais de um interessado com mais de um defensor inscrito, o prazo será duplicado e dividido entre os defensores – mesmo que haja mais de dois, pois que o RI não permite outra leitura. Trinta minutos é o tempo máximo admissível, portanto, para a sustentação oral com mais de um defensor e mais de um interessado.

E pelo §4º aplica-se a regra do §3º ainda que os interesses dos defendidos se oponham – o que é usual ocorrer: o prazo total não excederá meia hora.

O §5º menciona a sessão reservada, que é aquela em que se julgam contas em caráter sigiloso, os sejam aquelas cuja publicidade antecipada somente prejudica. Não é porque são reservadas as sessões que o indiciado é culpado, em absoluto; apenas não é prudente que seja público um julgamento cujo resultado poderá ser detrimentoso a alguém.

Todos os Poderes têm segredos, como o Judiciário tem o segredo de justiça como em casos de família, o Executivo tem decretos secretos se envolvida a segurança nacional e o Legislativo tem sessões secretas, como em concessão de títulos de cidadania. A ideia, própria de discurso de formatura de colegiais entusiasmados, de que não mais existe o segredo oficial no país é um conto da carochinha divulgado, repita-se, por jejunos desse assunto.

O art. 208, inc. V, como se lê, apenas remete a sustentação oral ao disciplinamento que lhe deu o art. 104, sem dispor autonomamente sobre a matéria.

***

Permitam-se agora algumas recomendações a quem pretenda sustentar oralmente, as seguintes:

a) a defesa das contas públicas é assunto técnico e basicamente *frio,* de modo que dificilmente cabem arroubos retóricos ou empolgamentos que de pouco em pouco, e quase certo, afastam-se do tema em pauta, como encenação teatral ou comício político que ninguém ali presente espera – nem merece – ouvir;

b) o foco da sustentação deve ser o conjunto dos fatos e sua justificativa, e não considerações sobre a pessoa do defensor ou sua carreira, ou ainda sobre a pessoa de algum julgador, porque de todo impertinente ao julgamento. Referências pessoais devem ser no máximo ao investigado, porém concisas e respeitantes à tese defensiva e não divorciadas do contexto probatório, nem com viés sentimental que, antes de exalçar a motivação e as virtudes do defendido, no mais das vezes o humilha e o degrada aos olhos dos presentes;

c) o tempo da sustentação deve ser distribuído com técnica e arte por todos os pontos a correr, de modo que um só ponto, ainda que o principal, não absorva quase todo o prazo da exposição e obrigue o defensor a encavalar os demais tópicos num furioso tropel que mutila e compromete a defesa – quando o presidente da sessão não se vê obrigado a cortar a fala do defensor... Administrar o tempo é essencial ao defensor, tanto quanto controlar a respiração o é ao cantor;

d) o tempo do defensor de fato exige programação, pois o que se visa é prestigiar a atenção dos julgadores, sempre abarrotados do que fazer e que nas sessões são mantidos em concentração absoluta, que no mínimo merece respeito e informação filtrada e não inflamadas apresentações cênicas, de que algumas são desprovidas de qualquer racionalidade expositiva.

É fato sabido que os julgadores de todo nível e esfera apreciam devidamente as boas sustentações, que a todos ensinam e ilustram, tanto quanto que *se arrepiam* com aqueloutras verdadeiras torturas fônicas, produzidas por defensores de fraco senso crítico;

e) ainda quanto a tempo, no TCE-SP o prazo máximo para a sustentação oral é de 15 (quinze) minutos, conforme RI, art. 104, §1º. Certos objetos de defesa são porventura simples ao extremo, constituídos de um só ponto e cuja tese é linear e explícita por completo.

Cinco minutos de fala objetiva e direta, em casos assim, costumam ser mais do que suficientes para esgotar de modo adequado o objeto da defesa, de modo que não se justifica nem sequer a utilização de todo o tempo regimental, pois que até onde se sabe nos Tribunais de Contas uma falácia repetida *ad nauseam* não se torna uma verdade... de modo que não será a repetição maçante, nem mesmo adornada por eruditas citações, passagens e malabarismos oratórios que garantirá o êxito da defesa. *Não irritar o julgador,* eis aí uma ideia das mais oportunas;

f) amiúde nos discursos um adjetivo pesa um quilo, e um advérbio também. Como regra geral pouco dizem e pouco acrescem à mensagem pretendida, pois que se os substantivos que descrevem os fatos não convencem só em si dificilmente os adjetivos o farão.

Os substantivos (nomes) e os verbos por outro lado são informativos e precisos e instruem de modo adequado e econômico a quem não dispõe de tempo para esbanjar. Não à toa a *Canção do exílio* de Gonçalves Dias, que a todos impacta pela limpidez da mensagem, não contém um só adjetivo nem um advérbio. O substantivo e o verbo informam; o adjetivo muita vez cansa, quando não enfastia;

g) instruir-se o defensor adequadamente sobre o processo, de modo a que eventualmente possa responder perguntas dos julgadores – o que não é muito regimental mas que vez por outra ocorre –, é também fundamental. Um defensor pouco preparado, claudicante e que evidencie não dominar os fatos de que fala, ou ainda um que confia por demais em seu senso de improvisação e em sua criatividade, prejudica à grande o seu cliente.

O trabalho de preparar uma sustentação oral, cuja duração máxima é em geral de 15 (quinze) minutos, pode levar um dia ou mais, debruçadamente em papéis e documentos os mais diversos. Quem defende um, diz-se, deve saber dez, e o profissional que não se julgar com discernimento e técnica mnemônica suficientes para sustentar oralmente teses por vezes complexas e prenhes de detalhes não deve aceitar esse encargo;

h) desaconselha-se, obviamente e com ênfase máxima, a qualquer defensor que, pelo motivo que for, patrocine clientes que sabe inidôneos em sua postulação, assim como teses ou documentação conhecidamente falsas, falaciosas, erradas, temerárias ou inconfiáveis, pois que o mal que a sua defesa pode ensejar é de se esperar que seja pior que a simples falta de sustentação. Trata-se daquelas oportunidades de silenciar que por vezes se perdem.

Desnecessário enfatizar sobre o antiprofissionalismo absoluto que seria o de defender tese mentirosa, ilegal, antijurídica ou por qualquer outro modo institucionalmente inadmissível. Ao profissional consultado sobre se realizaria algo assim cabe recusar-se imediata e peremptoriamente a fazê-lo, pois que pode arruinar-se em uma só sessão toda uma reputação arduamente erigida ao longo de anos ou de décadas, sem se dizer da quase certa mácula que advirá ao cliente;

i) a sustentação oral deve ser um prazer para quem fala e outro para quem ouve. É trabalho, mas, como a execução de um concerto pelo solista, não deve ser penoso e sim prazeroso. Há de ser desassombrada, isenta de nervosismo patibular, sudorese em corredeiras, tremores convulsivos ou descoloração cadavérica, ou de despressurizações, hipoglicemias e hipotermias, bem assim de pânicos ou pavores em geral.

Quem for suscetível a tais síndromes evite a tribuna até que pela prática (por favor, alhures) a domine a contento, pois que de outro modo que elas somente o atrapalharão em grande medida e desservirão ao propósito defensivo, além de não raro se revelarem constrangedoras a quem assiste.

Quem não se sinta à vontade, e mesmo estimulado a iniciar sua sustentação, algo ainda precisa implementar ao seu ciclo de orador – tarefa bem mais factível do que parece, como o é aprender a andar de bicicleta.

A sustentação, sem ser infantil ou simplória, será desejavelmente coloquial, descomplicada na sua concepção e natural à fluência do orador tanto quanto possível.

Será leve em sua forma, transparente e linear em seu traçado, informativa em seu conteúdo e indispensavelmente pronunciada em tom humilde e respeitoso – pois que isso apenas enaltece o defensor e não o inverso, mas sobretudo porque corresponde ao tratamento sempre respeitoso que o Tribunal empresta aos defensores e aos jurisdicionados.

Não deve ter pretensão à eternidade, nem a figurar em antologias de heróis da tribuna. Existem palcos melhores para esse exercício – como por exemplo o júri, comícios políticos ou discursos épicos.

Precisa acrescer, construir, organizar, sistematizar, reintegrar o direito do cliente, e lhe cumpre valorizar a ciência jurídica e a arte da administração. Sua função primeira é a de prestigiar cliente e Tribunal, e nada diferente disso.

Após uma sustentação oral as partes, segundo se espera, não poderiam restar inalteradas nem muito menos diminuídas no que quer que fosse, nem os julgadores sentir-se *desafiados* – e se assim se sentirem é porque algo saiu bastante errado na sessão. Um defensor que desafia os julgadores, de que ali depende e com cujo favor conta, é uma espécie peculiar de asno.

Em suma, a sustentação oral não pode ser, nem pode ser tida como, um fulgurante exibicionismo a serviço de um ego. Quem de antemão a enxergar assim desejavelmente, e por fidalguia, melhor fará se permanecer bem longe do proscênio.

O recurso ordinário

O recurso ordinário (LO, arts. 56/7) tem efeito suspensivo sempre, ou seja, uma vez interposto interrompe a aplicação de medidas contra as quais se insurge. Um recurso que não tenha efeito suspensivo, mas apenas devolutivo (o de devolver o conhecimento da matéria recorrida à instância julgadora), não impede que medidas decididas na instância originária sejam aplicadas, como por exemplo multas, devoluções de numerário ou suspensões, mas é isso exatamente que o efeito suspensivo visa impedir: a execução antecipada da decisão que impôs penas ou outras medidas prejudiciais ao recorrente.

Admite-se-o (I) das decisões singulares de um Conselheiro, quando é competente para fazê-lo segundo a matéria em exame, e (II) de alguma das duas Câmaras do Tribunal.

O prazo para recorrer é de 15 (quinze) dias, contados da publicação no Diário Oficial da decisão recorrenda. Atualmente esses dias são apenas os *úteis* e não mais os corridos como eram, porque o TCE-SP adotou a regra do Código de Processo Civil que manda contar os prazos processuais em dias úteis, ou seja, aqueles em que existe expediente administrativo nas repartições.[1]

Isso aumentou consideravelmente os prazos, porque existem durante o exercício inúmeros dias em que o Poder Público não trabalha, como os fins de semana, diversos feriados e pontos facultativos e ainda inúmeras *emendas*, não à Constituição mas a feriados contíguos a fins de semana, como feriados prolongados. O brasileiro devota um ódio cada vez mais encarniçado ao trabalho, e isso se reflete também nos prazos processuais.

Conta-se o prazo como no processo civil, ou seja, excluindo-se o dia da publicação e computando-se o último dia e se iniciando a contagem no primeiro dia útil subsequente.

O recurso ordinário, que será interposto sempre ao presidente do Tribunal, conterá o motivo do inconformismo do recorrente, com a descrição dos fatos, inclusive novos se os houver, e os fundamentos da irresignação, culminando com o pedido de reforma daquela decisão, quer total como é de regra, quer parcial. O presidente designa então o Conselheiro relator, que não poderá ser o mesmo prolator da decisão de que se recorre por motivo óbvio de suspeição.

Se o recurso foi da Fazenda do Estado ou então do Ministério Público de Contas, todos os interessados são notificados para, querendo, impugná-lo ou contra-arrazoá-lo, em 15 (quinze) dias úteis.

A falta de qualquer notificação obrigatória, por prejudicar o direito de defesa de alguma parte, costuma frequentemente ensejar a

---

[1] Conforme o Comunicado GP nº 8/2016, de 27 de abril de 2016, assinado pelo então presidente, o Conselheiro Dimas Eduardo Ramalho.

anulação, pelo próprio Tribunal e a pedido da parte, de tudo quanto se deu no processo a partir do momento em que deveria ter acontecido a notificação.

O processo é então instruído com manifestações de diversas unidades do Tribunal e, após concluída a instrução, é julgado em sessão previamente anunciada. Julga-o a Câmara à qual pertence o Conselheiro que proferiu a decisão recorrida ou então o Tribunal Pleno se a decisão foi de uma Câmara. O recurso é portanto jurisdicionalmente hierárquico.

Nada impede a juntada de novos documentos no recurso ordinário, sobretudo se se tratar de fatos novos ou de documentos cujo acesso só foi dado ao recorrente após expedida a decisão de que recorre.

Não é imprescindível que a defesa seja produzida por advogado, podendo sê-lo pela própria parte – que, na regra geral que sofre honrosas exceções, terá longo tempo de vida para arrepender-se...[2] O princípio da especialização de funções, segundo qual cada macaco é curial que se atenha à circunscrição do seu galho, recomenda que se constitua um advogado, e do ramo, para as defesas no Tribunal mesmo que a lei a tanto não o obrigue.

Desnecessário recordar que causas tidas como perdidas, ou sabidamente difíceis, muita vez revertem aquela expectativa negativa graças a uma eficiente defesa, quer realizada pelo interessado, quer por advogado ou procurador que constitua.

A sustentação oral, comentada na primeira parte deste artigo, tem aqui plena aplicação, e as recomendações sobre a sua técnica e a sua execução são cabíveis para o recurso ordinário, *mutatis mutandis* do oral para o escrito.

O pedido de reconsideração

Pedido de reconsideração é outro recurso, figurante nos arts. 58 a 61 da LO – TCE-SP.

Cabe das decisões de *competência originária* do Pleno em razão da matéria, e não de decisões oriundas da sua competência recursal, e tanto quanto o RO tem efeito suspensivo. O prazo para sua interposição é o mesmo do RO, ou seja, de 15 (quinze) dias úteis a contar da publicação da decisão no Diário Oficial.

---

[2] À parte o gracejo, em geral são muito bem-vistas as defesas produzidas, por exemplo, pelo próprio Prefeito, em causa própria, ele que conhece os fatos melhor que ninguém. Os Tribunais com justo motivo se sentem prestigiados por quem, sendo uma autoridade, se dispõe a vir pessoalmente defender-se.

Apenas uma vez se o pode interpor dentro do mesmo caso, ou processo, reza o art. 59, o que dá ideia de que os demais recursos, sem essa expressa restrição, podem ser repetidos... ideia estranha ante a sistemática da lei.

Será dirigido ao Conselheiro Relator do feito (art. 60) e, se no processo tiver havido mais de um, ao último, e depois de instruído será apreciado e decidido pelo Plenário.

As demais regras incidentes sobre o PR são as mesmas previstas para o RO, em tudo quanto materialmente caiba (art. 61).

Cabe RO, portanto, de decisão de Conselheiro singular, que será julgado pela Câmara, e também de decisão de alguma Câmara, que será julgado pelo órgão Pleno. E cabe PR apenas de decisão do Plenário em face da sua competência originária, ou seja, aquela nata, que não depende de instância inferior. Existe o PR na LO para assegurar maior contraditório a alguém prejudicado por uma decisão (em matéria de competência originária) do Pleno – mesmo que já tenha se defendido no próprio julgamento –, já que nesses casos não cabe o RO.

O agravo

O recurso seguinte, previsto nos arts. 62 a 65 da LO, é o agravo.

Inspirado diretamente no processo civil, destina-se a combater decisões interlocutórias, ou seja, aquelas que não decidem sobre o mérito ou que não são terminativas de feito. Tem lugar contra decisão preliminar ou despacho do Presidente do Tribunal ou do Conselheiro Relator, sempre em processos de caráter jurisdicional, ou seja, os que decidem questões externas, relativas à atividade-fim do Tribunal e não a questões administrativas internas, em que não cabe.

Diferentemente dos dois primeiros, o agravo não tem efeito suspensivo, ou seja, não paralisa o andamento do processo enquanto não é julgado e decidido.

Seu prazo (art. 63) é de 5 (cinco) dias úteis, a contar da publicação do ato agravando no DO ou, de outro modo, da ciência do ato pelo interessado – o que se dá, por exemplo, quando este requer e extrai cópias do processo, situação em que não pode alegar desconhecimento do mesmo ato.

O fundamento do agravo (art. 64) é exclusivamente um ou diverso dos quatro seguintes: *a)* ilegalidade ou imperfeita aplicação da lei; *b)* errônea ou imperfeita apreciação da prova dos autos; *c)* contradição com a jurisprudência do TC e *d)* inoportunidade de providência determinada pela decisão preliminar ou despacho, sempre que a questão principal requerer, pela sua natureza, solução diversa.

Podem ser cumulados esses fundamentos, já que várias das hipóteses podem ocorrer sem qualquer embaraço lógico. Fora do elenco deste artigo não existem outros fundamentos do agravo, o qual deverá ser indeferido liminarmente se fundado em outro motivo.

Pelo art. 65, uma vez interposto o agravo em petição fundamentada – sob pena de indeferimento liminar em caso diverso –, e tendo sido endereçado à autoridade que praticou o ato recorrido, será:

a) decidido em 5 (cinco) dias úteis por essa autoridade *se for caso de provimento*, ou seja, a autoridade que praticou o ato pode dar provimento ao agravo e modificar, totalmente ou em parte, a decisão agravada, ou então

b) em caso de improvimento pela autoridade autora, será encaminhado para julgamento da Câmara respectiva se a autoridade tiver sido um Conselheiro, ou então ao Plenário se a autoridade autora tiver sido o Presidente do Tribunal. Não existe prazo legal para esse julgamento.

Observa-se quão cuidadosa foi a LO no assegurar amplo contraditório ao interessado neste caso do agravo, ainda que esse recurso pareça à primeira vista *muito menor* que os vistos anteriormente. Em verdade não existe recurso maior nem menor, pois cada qual se presta a uma função própria e exclusiva, e nesse escopo é incontrastável.

Depende o agravo, tanto quanto qualquer petição ao Tribunal, de boa e escorreita técnica de defesa e de argumentação, pelo que se recomendam os mesmos cuidados já declinados sobre a sustentação oral, o RO e o PR.

Os embargos de declaração

Os embargos de declaração, referidos arcaica e desnecessariamente no plural como na tradição do direito processual, são o recurso seguinte ao agravo dentro do TCE-SP e são disciplinados nos arts. 66 a 69 da sua LO.

Trata-se de um recurso inquestionavelmente menos pretensioso do que o agravo e visa tão só tentar suprir (art. 66, I) obscuridade, dúvida ou contradição na decisão embargada, ou (art. 66, inc. II) omissão sobre ponto sobre o qual deveria ter se pronunciado.

Cabem embargos de declaração contra decisões do Conselheiro Singular, da Câmara ou do Tribunal Pleno, e o prazo para sua interposição é de 5 (cinco) dias úteis da publicação da decisão no DO, em petição endereçada ao Conselheiro Singular ou ao Relator conforme o caso, com a precisa indicação do ponto de inconformismo, que haverá de estar dentro dos admissíveis na forma do art. 66 e fundamentado adequadamente.

No caso dos Tribunais de Contas não se opõem embargos apenas para prequestionar o tema de modo a liberar o caminho para um recurso extraordinário ou um recurso especial, ambos aos Tribunais superiores que inexistem no Tribunal de Contas, como se faz na advocacia comum. O propósito dos embargos é tão só esclarecer pontos da decisão que restaram omitidos, ou obscuros, ou duvidosos, ou contraditórios. Dizendo de outro modo, são interpostos para tentar resolver omissões ou obscuridades na decisão, ou fundadas dúvidas que a mesma decisão enseja.

O âmbito, ou o escopo, deste recurso é bem diverso do do agravo, nitidamente de menor alcance que o daquele, mas que tem igual relevância para os efeitos de uma defesa eficiente, e o seu resultado pode alterar significativamente o que se suceda no processo, e por isso jamais deve deixar de ser exercitado em situações usuais, se não por algum motivo significativo.

Pelo art. 68 o Conselheiro singular, se os embargos foram contra decisão sua, decidi-los-á em 15 (quinze) dias úteis, dando-lhes provimento total ou parcial ou lhes negando provimento.

Apesar de os embargos não terem efeito suspensivo do andamento processual – *suspendendo apenas a interposição de outros recursos, na forma do art. 69* –, parece sempre curial ao Tribunal prosseguir o andamento do processo apenas após a decisão dos embargos, que como se sabe pode alterar o rumo do julgamento. Com efeito, não se revela nada técnico decidir enquanto corre um recurso com potencial efeito sobre a matéria em discussão, sujeitando-se o julgador a eventualmente precisar rever sua deliberação.

De outro lado, existe uma discussão processual interminável sobre se os embargos hoje em dia, após a extinção dos anteriores *embargos infringentes*, podem ou não ter efeito infringente ou modificativo da decisão embargada.

No processo civil por vezes a parte embarga com declarada pretensão infringente, e com isso modificativa, e tal é aceito pelos julgadores sem maior resistência, afeitos que estão ainda à passada tradição e também ao fato de que a extinção de um instituto jurídico *não significa que direito se inverteu,* mas apenas que não mais disciplina o assunto – o que só em si e em princípio não proíbe um efeito que no passado era explícito. Para se inverter o direito, é preciso dispor em sentido oposto e não apenas excluir uma previsão expressa.

No Tribunal de Contas não é de praxe sequer levantar essa questão de modo declarado, porém não será irregular que a ideia seja exercitada com maior ou menor explicitude, e provida a pretensão – na medida em que ninguém é obrigado a deixar de fazer alguma coisa senão em virtude de lei (CF, art. 5º, inc. II).

O parágrafo único do art. 68 fixa que, em se tratando de embargos de decisão colegiada (Câmara ou Pleno), o Relator os encaminhará para julgamento até a segunda sessão seguinte ao seu protocolamento, e quando do encaminhamento proferirá o voto. Refere-se o dispositivo ou a sessão da Câmara ou a sessão do Pleno, conforme seja a origem dos embargos.

O último artigo do Título, art. 69, como já se referiu, determina que a interposição dos embargos suspende a interposição de outros recursos, mas não do próprio andamento do processo – ainda que pareça, repete-se, pouco recomendável decidir nos autos sobre algo que eventualmente dependa do resultado dos embargos. Mas a possibilidade formal existe.

O pedido de reexame

Último recurso listado na LO do TCE, consta dos seus arts. 70 e 71, e, de configuração original do Tribunal, não teve inspiração na legislação processual.

Destina-se a pedir a reforma do parecer prévio emitido sobre as contas do Governador ou dos Prefeitos paulistas e tem efeito suspensivo, ou seja, uma vez interposto todo o processamento dos autos, se suspende até a decisão desse recurso.

O pedido será formulado ao Conselheiro Relator do feito, que o instruirá conforme as regras regimentais e, após, o encaminhará ao Pleno para apreciação e julgamento, quando pautado pelo Presidente do Tribunal.

Apenas uma vez poderá ser interposto, e o prazo para tanto é de 30 (trinta) dias – úteis, como todos os demais prazos – a contar da publicação do parecer prévio no Diário Oficial. Esse prazo é dilatado em razão de que o parecer prévio poderá eventualmente abranger inúmeros aspectos das contas anuais, de que se recorra, o que sempre demanda muito consideráveis tempo e trabalho.

Não se confunde em absoluto este último recurso com qualquer dos anteriores, e naturalmente seu conteúdo é recomendável que contenha, se não fatos e argumentos novos, ao menos um enfoque original e até então não exercitado nos recursos anteriores, sabendo-se que, se apenas repetir o que já fora terçado, por vezes insistentemente, em nada poderá ajudar a alterar o destino do responsável pelas contas.

Cada novo recurso em boa técnica deve conter *novidades* com relação ao que se escreveu anteriormente na defesa e nas justificativas ou de outro modo não será pela reiteração dos mesmos argumentos que se logrará alterar o entendimento de nenhum julgador.

A ação de revisão

O Título IV da LO cuida de duas ações administrativas que têm caráter de recurso: ação de revisão (arts. 72 a 75) e ação de rescisão de julgado (arts. 76 e 77).

O *nomem* "ações" impacta os profissionais da área jurídica, pois que evoca as ações judiciais, o que seria estranho ao âmbito do Tribunal de Contas, porém essa é mera impressão já que se trata de procedimentos administrativos tanto quanto os recursos, apenas que (I) a *revisão* cabendo contra decisões transitadas em julgado e com determinados fundamentos, e (II) a *rescisão* cabendo em outras hipóteses, com fundamento diverso dos da revisão. Onde couber revisão, portanto, não cabe a rescisão, a primeira excluindo a segunda.

A revisão pode ser pedida uma só vez em caso de decisões passadas em julgado, salvo se houver novas provas do alegado – quando poderá ser reiterada –, nas condições dos arts. 73 e seguintes.

O fundamento da revisão será um ou mais que um dentre os seguintes (art. 73):

inc. I – *erro de cálculo das contas*, a ser demonstrado pelo requerente pelos meios admissíveis em direito e nas normas de contabilidade;

inc. II – *omissão ou erro de classificação de qualquer verba*, na forma das regras de orçamento e de contabilidade públicos, também a ser demonstrado pela parte;

inc. III – *falsidade de documentos em que se tenha fundado a decisão*, igualmente a ser demonstrada pela parte requerente através de (I, art. 73, parágrafo único) decisão judicial civil ou criminal definitiva, ou de (II, *idem*) dedução nos próprios autos da revisão, sempre assegurada ampla defesa a quem venha a ser acusado de alguma irregularidade. Dessa prova, se afinal produzida no âmbito do próprio processo de revisão, podem e devem resultar consequências civis e criminais muito pesadas aos responsáveis pela falsificação, crime que constitui, e inc. IV – *superveniência de documentos novos, com eficácia sobre a prova produzida*. Inspirado diretamente no processo civil, este fundamento resguarda o direito da parte de ver a verdade esclarecida – ainda que depois de longo prazo – em seu favor.

Os documentos podem ser realmente novos, ou seja, produzidos após a decisão revisanda, ou antigos, mas cujo acesso ao interessado só foi possível após pronunciada a decisão. Poderá o Tribunal, naturalmente, contestar a novidade ou o ineditismo do(s) documento(s) ou, de outro modo, a sua eficácia sobre a prova produzida e que gerou a decisão revisanda, e tudo voltará a ser matéria de demonstração.

Na forma do art. 74 o pedido de revisão será direcionado ao Presidente do TC, em petição fundamentada e documentada, pelas pessoas que enuncia, seja o dirigente, o responsável pela conta ou o ordenador da despesa, ou ainda por seus herdeiros ou sucessores, ou pelos seus fiadores, ou ainda pela Procuradoria da Fazenda do Estado, ou finalmente por membro do Ministério Público, neste caso o de Contas.

Pressupõe a lei que se é pedido de revisão deve existir documentação nova, inexistente ao tempo do julgamento ora revisando. E é ampla a pletora dos possíveis autores do pedido, como se lê do *caput*. O autor deverá naturalmente demonstrar que é uma das pessoas relacionadas no *caput*, pena de indeferimento liminar do pleito.

O §1º diz o que seria óbvio, que petição que desatenda algum dos requisitos do artigo será desde logo indeferida pelo Presidente, porém melhor diria se previsse o *desconhecimento* do pedido e não o seu indeferimento, ato esse último que na tradição pressupõe o exame de mérito que na hipótese não ocorrerá.

O §2º tenta sem sucesso remediar um pouco a situação, ao informar que "*deferido, será o pedido processado*, facultando-se a produção de novas provas" (destaque nosso). Observa-se que a lei neste artigo quis de fato referir o conhecimento ou o desconhecimento do pedido, e não propriamente o seu deferimento ou indeferimento. Má técnica sem dúvida alguma, que uma lei produzida hoje evitaria pois que não se admite confundir conhecimento com deferimento, diferença essa que o próprio TCE deixa claríssima em seus julgamentos ao primeiro conhecer o recurso para só então julgá-lo.

O §3º fecha este ciclo ao prever que o Pleno julgará o pedido de revisão, mantendo a decisão revisanda ou a modificando total ou parcialmente, sempre considerado o pedido como referência. Em qualquer caso determinará a seguir as providências demandadas pelo caso, sobretudo em caso de deferimento. Desnecessário enfatizar que qualquer descumprimento dessa ordem deve ser objeto de ação judicial, movida pelo interessado, visando assegurar o seu cumprimento.

O art. 75, encerrando o Capítulo, informa que o prazo para proposição da ação de revisão é de 5 (cinco) anos, contados do trânsito em julgado da decisão respectiva. Observa-se apenas por esse elemento quão diverso é o escopo do pedido de revisão daquele dos recursos, cujo prazo, diante deste quinquênio, é exíguo. É que a revisão comporta elementos até então estranhos ao processo e aos autos e tem caráter reparador, ou restaurador, do direito já tido como definitivo de até cinco anos antes, transcendendo em muito o alcance dos recursos administrativos movidos no Tribunal.

A rescisão de julgado

Outro tema de inspiração no processo civil – ação rescisória – está contemplado nos arts. 76 e 77 da LO – TCE-SP.

Nos casos em que não couber pedido de revisão, todas as inúmeras pessoas elencadas no *caput* do art. 76, e que não são mais que os interessados incluindo a Procuradoria da Fazenda estadual e o Ministério Público, podem ingressar com pedido de rescisão de julgado no TCE. E, tal qual no processo civil, é muito difícil que tenha êxito o pleito, tão árdua que se constitui a prova do que se irá alegar.

As hipóteses de cabimento são em caso de:

- (art. 76, I) a decisão ter sido proferida *contra literal disposição de lei* – e já se percebe quão remota é na prática essa possibilidade, custando imaginar que o TCE decida contra lei expressa;
- (II) a decisão estiver fundada *em falsidade não alegada quando do julgamento. Idem, ibidem.* Na fria prática essa hipótese é quase fantasiosa, algo como a *sonata quasi una fantasia* de Beethoven, também alcunhada *ao luar*, op. 27, nº 2. É simplesmente muito improvável que uma falsidade conhecida tenha sido desprezada pela defesa do interessado quando do julgamento ou que, em outra hipótese, ele consiga provar que existiu, e
- (III) *supervierem elementos novos, com eficácia sobre a prova produzida ou sobre a decisão proferida.* Menos difícil de ocorrer que as duas primeiras, acontece quando o interessado consegue

demonstrar a ocorrência de fatos novos importantes, que não existiam quando do julgamento, mas que sobre ele muito provavelmente teriam influído.

Pouco importa o motivo pelo qual apenas depois do julgamento foi possível obter a prova desses fatos: demonstrando-os na petição, tem aí o interessado aberta a possibilidade de rescindir o julgado que o prejudica. A lei apenas exige que, tal qual na revisão, a demonstração da falsidade fundadora da rescisão se demonstre ou por decisão judicial ou nos próprios autos da rescisão (art. 76, parágrafo único).

O art. 77 informa que a rescisão será julgada e decidida pelo Tribunal Pleno, e o prazo para o seu requerimento, tanto quanto o da revisão, é de 5 (cinco) anos, contados da publicação do julgado rescindendo. São ambos prazos prescricionais porque referentes à ação e não decadenciais, que seriam se dissessem respeito a algum direito substantivo.

O pedido de rescisão (art. 77, §1º) não suspende a execução do julgado rescindendo, vale dizer: não tem efeito suspensivo. É considerado um pedido autônomo, não incidental ao, nem integrante do, processo principal, que contém a decisão rescindenda.

O §2º, que encerra o Capítulo, informa que somente diante de autorização do Tribunal poderá ser revisto administrativamente o ato que deu causa ao pedido de revisão.

Aparentemente confuso, em verdade está perfeito o dispositivo porque se refere ao fato de que, mesmo que procedente a rescisão e anulada a decisão rescindenda, pode acontecer de o ato que deu fundamento à decisão, que depois se demonstrou indevida e foi rescindida, permaneça em vigor. Se isso ocorrer, então serão de esperar novas ações de rescisão sobre o mesmo tema que já fora decidido, o que será altamente antitécnico e contraproducente.

Então a lei fixa que, supostamente se houver pedido do autor da rescisão – ou mesmo que não haja, e o Tribunal atue *ex officio* –, o ato que ensejou a decisão que depois foi rescindida poderá ser revisado, ou seja, alterado, para no mínimo se evitarem novas e rebarbativas ações rescisórias.

Sim, porque existem julgados rescindidos que se basearam em um ato emanado apenas para aquele efeito individual, e existem julgados rescindidos fundados em atos gerais e não para efeito sobre um indivíduo ou um caso específico – e para esses últimos foi concebido o §2º deste art. 77.

Título V

Os arts. 78 a 84 compõem o Título V da LO, da uniformização de jurisprudência, dos incidentes de inconstitucionalidade, dos prejulgados e das súmulas de jurisprudência.

Trata-se (I) de incidentes tribunalícios como os dois primeiros, e de (II) outras atividades próprias de cortes e auxiliares aos julgamentos, como as de interpretar normas ou procedimentos administrativos, e também de sumular, ou seja, resumir em apertadas sínteses o entendimento da corte sobre questões colocadas em julgamento de modo reiterado, e esses são os dois últimos assuntos (prejulgados e súmulas).

Toda a matéria do Título naturalmente é importante, porém as súmulas de jurisprudência, dentro daquele conjunto, assumem de todos aqueles temas o papel mais relevante na orientação dos julgamentos do Tribunal, uma vez que cada uma sintetiza o entendimento da Corte acerca de algum específico problema que sempre se repete.

E a tal ponto são julgadas questões sobre matérias sumuladas que é raro haver sessão do Tribunal em que não se exercite ao menos alguma súmula, diferentemente dos demais incidentes que o Título abarca, os quais apenas eventualmente são suscitados e colocados em pauta.

Vejamos um a um.

Uniformização de jurisprudência

De inspiração direta nas regras do processo civil, este incidente é em geral suscitado antes pela parte interessada do que pelo Conselheiro singular na sua Câmara. É que em geral aparece mais o interesse da parte que o do Conselheiro, por razões as mais compreensíveis: se a parte não persegue seu direito, será de esperar menos interesse por quem quer que seja, inclusive pelo julgador.

O Conselheiro suscita o incidente de uniformização de jurisprudência (art. 78) quando observa, por iniciativa própria ou por provocação, que alguma decisão foi tomada, ou por Conselheiro singular ou por uma Câmara, que contraria a jurisprudência de outra Câmara. Suscita então o incidente antes de pronunciar seu voto e requer ao Presidente do Tribunal que o processe em caráter preliminar ao julgamento, para que o Tribunal decida qual a jurisprudência a adotar, e já a utilize nesse mesmo julgamento, como doravante.

Se for a parte a suscitante deverá fazer prova da divergência por certidão do acórdão divergente ou então indicar as referências do acórdão n'algum repertório oficial de jurisprudência do próprio Tribunal, pena de merecer improvimento a provocação.

Prevê o art. 79 que o Regimento Interno dará as normas procedimentais para o processamento do incidente, e o RI dispõe sobre o assunto nos arts. 115 a 119.

Informa por fim o art. 80 que da decisão plenária sobre o incidente de uniformização de jurisprudência cabe apenas o recurso do embargo de declaração, cujo objeto é esclarecer obscuridade, omissão ou dúvida na decisão, sem efeito modificativo salvo em circunstâncias muito especiais que conduzam os Conselheiros a decidir pela modificação parcial do que decidiram. Assim é também no Poder Judiciário.

Não é essa a regra, entretanto, e, mesmo que circunscritos ao seu objeto, não costumam ser providos os embargos, por não concordarem os julgadores com a presença da falta alegada pelos recorrentes.

Incidente de inconstitucionalidade

Previsto unicamente no art. 81, este incidente ocorre quando alguma Câmara se der conta, em um julgamento, da inconstitucionalidade de alguma lei ou algum ato do Poder Público jurisdicionado, naturalmente com efeito sobre o caso, e que pode ter sido objeto de representação ou denúncia por terceiro, como pode ter sido detectado por iniciativa da própria Câmara.

Nesse caso se suspende o julgamento e os autos são remetidos ao Pleno para que preliminarmente decida sobre o incidente, sendo fácil concluir sobre a relevância dessa deliberação para o caso e até mesmo como precedente para casos análogos. Uma declaração de inconstitucionalidade naturalmente altera por completo o enquadramento de qualquer situação lastreada ou vinculada ao ato inconstitucional, e a sequência do julgamento não pode ser a mesma que seria sem a irregularidade.

Tendo o Pleno recebido os autos gravados com o incidente, na primeira sessão o Relator exporá o caso e o Tribunal ali mesmo deliberará sobre o suscitamento, que pode ser confirmado ou rejeitado. E apenas após ter sido proferida e publicada a deliberação plenária os autos serão devolvidos à Câmara de origem para que prossiga o julgamento, agora sob nova matriz de fundamento se alguma inconstitucionalidade foi declarada, ou sem novidade alguma se não o foi.

Essa eventual declaração de inconstitucionalidade pelo Tribunal de Contas produz efeito no âmbito administrativo, mas não faz coisa julgada verdadeira e *erga omnes*, na medida em que a jurisdição do Tribunal de Contas é apenas administrativa. Poderá uma tal declaração ser contestada no Poder Judiciário, e eventualmente até mesmo declarada sem efeito se provida uma competente ação movida pelo interessado.

Sempre pesa na consciência e no julgamento por quaisquer autoridades uma declaração de inconstitucionalidade proferida pelo Tribunal de Contas através de seu Órgão Pleno, porém existe esta mencionada e natural limitação dos seus efeitos.

Prejulgados

Os arts. 82 e 83 da LO tratam dos prejulgados do Tribunal. A inspiração parece ser da Justiça do Trabalho, que ao longo da história tem derivado de *súmulas* para *prejulgados*, e daí para *enunciados*, e vez ou outra transforma um enunciado em súmula como recentemente quanto à Súmula TST nº 331, tudo aparentemente ao sabor da moda do momento e das cambiâncias do gosto institucional.

Nesse sentido anda meio fora de moda o prejulgado, que dá a impressão de julgamento antecipado ou preconcebido, o que, também segundo o discurso da moda, é insuportável numa democracia pluralista e consolidada como a nossa – ao menos até a moda mudar. Com efeito, se mesmo nas democracias ninguém resiste à ditadura da moda, por que somente o Direito resistiria?

Seja como for, a LO do TCE-SP mantém a figura do prejulgado, que na forma do art. 82 é a pronunciação do Pleno que dê a interpretação de norma jurídica ou procedimento administrativo sobre o qual ou o Presidente do Tribunal, ou alguma Câmara, ou um Conselheiro singular suscita divergência de entendimento entre Câmaras e julgadores singulares.

Em outras palavras, é o resultado da interpretação oficial do Tribunal sobre matéria controvertida entre Câmaras e julgados singulares, tendo sido suscitada por quaisquer daqueles órgãos ou o Conselheiro singular.

Se o suscitante for o Presidente do Tribunal, será o relator da matéria, segundo o parágrafo único do art. 82.

E o art. 83 fixa que o RI disporá sobre este o procedimento da Corte quanto a este tema, e o RI o faz de fato nos seus arts. 122 a 124, contemplando inclusive sobre a revogação do prejulgado e sobre a figura do Auditor de Contas, inexistente ao tempo da edição da LO.

Súmulas

Esta matéria de capital importância vem sumariamente tratada no art. 84 da LO e depois, operacionalmente, no RI, arts. 125 a 131, ambos do TCE. Merecia, a nosso ver, muito mais destaque na lei do que teve.

Súmula é a condensação do pensamento de um tribunal acerca de um tema. Resume, antecipa, esclarece e sintetiza o que pensa o ente julgador sobre dada questão, dentre as que são frequentes e repetitivas. Previne, com isso, aventuras e temeridades descompromissadas ou mesmo irresponsáveis, em pleitos cujo resultado já se conhece de antemão.

O Supremo Tribunal Federal tem uma tradição de mais de meio século no editar suas súmulas, as quais servem de paradigma a todo o Direito: doutrina, jurisprudência e orientação acadêmica. Atualiza-as de quando em vez, e algumas são por vezes tornadas ou declaradas insubsistentes pelas novas Constituições que se promulgam e que dispõem em sentido inverso o seu conteúdo.

Exemplo foi a súmula STF pela qual uma reclassificação de cargos, mesmo que silente quanto a isso, aproveita aos inativos. Com a Carta de 1988 apenas por expressa previsão legal é que aproveitará, de modo que a súmula não foi recepcionada pela nova ordem constitucional, e com isso não mais pôde ser invocada.

Não sendo atos administrativos nem normas mas apenas síntese do entendimento do tribunal expedidor sobre um ou outro tema, as súmulas de jurisprudência não são suscetíveis de serem declaradas inconstitucionais. Tornam-se vez ou outra insubsistentes como se disse, ou de outro modo são revogadas pelo tribunal respectivo em face de motivo relevante, mas não se prestam a sofrer ações de inconstitucionalidade.

A ideia da sua concepção é das mais inteligentes, porque poupa imenso tempo aos julgadores e porque desencoraja desde logo aventuras, sabidamente ou não inviáveis, com boa ou com má-fé, de perseguição ao impossível. Dentre as medidas que racionalizam a arte de julgar talvez as súmulas sejam as mais meritórias e elogiáveis. Pudessem ser em maior número, os julgadores de todo nível e natureza não esperdiçariam tão desabridamente o seu tempo.

***

O Tribunal de Contas do Estado de São Paulo tem editadas, até janeiro de 2021, suas Súmulas nºs 1 a 51, das quais 4 estão canceladas; são portanto 47 súmulas de jurisprudência em vigor, na forma da

Resolução nº 10/2016 daquela Corte, datada de 14.12.16 e publicada no DOE de 15.12.16.

A maior parte das súmulas cuida de cláusulas restritivas da competitividade em licitações, tema particularmente relevante para as funções do TCE. Comentando-as publicamos o artigo *As súmulas de jurisprudência sobre licitação, do Tribunal de Contas do Estado de São Paulo,*[3] reunindo 36 delas, das 47 em vigor.

O tema é tão decisivo que, um advogado se demonstrar que a matéria está sumulada no sentido do interesse de seu cliente, então a causa já deverá estar ganha, pois que resta virtualmente inimaginável que o Tribunal decida contra matéria que sumulou. E rapidamente, porque matéria sumulada dispensa discussão, discursos e retórica.

O art. 84 informa apenas que:

a) será inscrita na súmula a jurisprudência que o Tribunal tenha por predominante e firme, embora com voto vencido (*caput*). Nesta acepção *súmula* significa o conjunto dos enunciados plasmados em súmulas numeradas e nessa mesma concepção em geral se utiliza a palavra *suma*, que seria então o conjunto das súmulas numeradas ou dos enunciados chamados de súmulas e numerados;

b) a inscrição dos enunciados na súmula (conjunto genérico) será deliberada pelo Plenário, por proposta de qualquer Conselheiro (§1º). O Regimento Interno, art. 126, inclui os Auditores dentre as autoridades competentes para propor a edição de súmula (individual) ou, dizendo de outro modo, a inscrição de enunciado na súmula (agora em sentido genérico e coletivo). E também a revisão da súmula, ou do enunciado, poderá ser proposta por qualquer daquelas autoridades (RI, art. 127);

c) o RI disporá sobre a operacionalização da inscrição (§2º), e o faz como anteriormente descrito.

Pouco mais reza o RI, e o importantíssimo assunto fica restrito a estes dispositivos. Mesmo assim é de capital importância para a realização de defesas no Tribunal saber se a matéria está sumulada: se a favor do interesse, a sustentação deverá triunfar com facilidade e, se contra, deverá naufragar com a mesma simplicidade, constituindo na maior parte das vezes, nesses casos, pura e sabida perda de tempo.

---

[3] *In: Fórum de Contratação e Gestão Pública,* n. 198, p. 26, jun. 2018.

A importância de uma correta e atenta defesa

Este estudo se presta a compartilhar a experiência de defesas no Tribunal de Contas. Assim, visto e reiterado o que já se escreveu sobre a *sustentação oral*, que constitui apenas uma parte dos meios defensivos, formulam-se algumas recomendações sobre o restante campo da defesa, escrito:

- não se deve perder o defensor em longos e detalhísticos escorços históricos da situação do cliente, que já foi mais do que descrita e é mais do que conhecida nos autos para quem os queira examinar. É geralmente trabalho e tempo perdido pelo defensor, e abuso à paciência dos técnicos que opinam sobre as peças de defesa, e a seguir dos julgadores. Ao invés de robustecer a defesa, exaspera os julgadores sem proveito nenhum ao cliente. História é um assunto, e defesa técnica com base em fatos e raciocínios, geralmente, é outro, e o que afinal importa;
- não deve o defensor, também, perder-se em peças retóricas ou em discursos, ainda que bem ajambrados, se afinal se distanciarem dos pontos a atacar. Considerações políticas, sociológicas, historiográficas, humanísticas, filosóficas ou antropológicas, se não direta e objetivamente ligadas aos temas a defender, cansam e aos poucos exaurem a capacidade de atenção de quem ouve;

Um julgador de contas aguarda elementos técnicos a considerar e a embasar sua decisão, e não eloquentes verberações – muito embora até agradáveis de ler –, se desprovidas de conteúdo informativo que acrescente aos elementos já conhecidos do processo. Ao menos alguma originalidade ilustrativa a peça de defesa precisa conter, ou se terá desviado de sua finalidade;

- não deve também a peça defensiva exagerar nas referências numéricas de processos, leis, decretos ou quaisquer outros atos de relevo, a tal ponto que desvie a atenção do julgador do que mais importa considerar, que é o exame das contas que julga ante as circunstâncias trazidas pela defesa, e não uma infindável reportagem de números;

E o mesmo se diga de estatísticas riquíssimas, mas intermináveis, que, se a princípio impressionam, na sequência e como as visitas que demoram mais que três dias tornam-se intragáveis. Ninguém se olvide de que um remédio em exagero se converte num veneno pior que a doença;

- a jurisprudência do Tribunal paulista e de outros Tribunais de Contas – e em particular a judicial – é sempre muito desejável e relevante e com frequência tem peso decisivo para o julgamento, porém a sua transcrição deve ser sucinta e leve, contendo apenas a parte dispositiva sobre o assunto a abordar e não, ou quase nunca, a íntegra do acórdão referido, ou mesmo, digamos, de metade dele;

Muito do que se transcreve das decisões em geral é rigorosamente desnecessário para orientar a convicção do julgador, sempre afeito ao seu começo (descrição do caso) e à final deliberação. As decisões colegiadas muito amiúde, e respeitosamente, *falam muito mais do que precisariam;*

- as fontes da jurisprudência a seu turno devem ser confiáveis a toda prova, o defensor devendo antever julgadores zelosos e curiosos que queiram aprofundar-se na informação, como seria sua obrigação sempre;

Costuma ser nefasto citar da citação da citação da citação e sem conferir a fonte originária, o que frequentemente desacredita o defensor que não o faz e é pego no contrapé de uma reportagem inverídica – e para profissionais responsáveis, que zelam pelo nome, nada mais é preciso dizer;

- importantíssimo lembrete: nos dias de hoje em repartição alguma, e mesmo dentro da iniciativa privada na área que for, *nada favorece* a prolixidade, a extensão pela extensão e à guisa de substancialidade, o historicismo exibicionista, a erudição sem outro fim, o trabalho rebarbativo e repetitivo, as grandes digressões nos textos se não for rigorosamente necessária;

Se no passado a dilação exuberante tinha maior acolhida porque os profissionais detinham no mínimo mais tempo para escrever e depois para ler, nos dias de hoje para o bem ou para o mal o quadro se inverteu, e o sintetismo passou a ser o ideal aguardado de quem escreve.[4] Lembrar-se disto haverá no mínimo de ser útil;

---

[4] E o gentil leitor desde já nos perdoe a (bem-intencionada) extensão deste estudo, supedaneado na escola do *faça o que eu digo, não faça o que eu faço.*

- ao lado do conteúdo imprescindivelmente técnico da defesa e sem pretender defender um excessivo tecnicismo, o que se ousa recomendar ao defensor é vez por outra examinar os livros técnicos, de ciências exatas, por exemplo norte-americanos: se o livro tiver quatrocentas páginas, deverá ser muito difícil encontrar meia linha de texto inútil ou gratuito, que não estritamente informativo.

Não é dessa medida a austeridade que se recomenda para defesas nos Tribunais de Contas – como em qualquer tribunal –, porém ela ilustrará dramaticamente o que significa *bem utilizar o tempo*, ao menos a quem sabe que a única ambição permitida ao homem é, exatamente, a do tempo.

A defesa nos relatórios anuais da fiscalização

Os relatórios anuais da fiscalização do Tribunal de Contas, que a cada novo ano estão mais volumosos, detalhados e abrangentes, e que abarcam áreas cada vez mais extensas da matéria administrativa interna dos entes fiscalizados, constituem o trabalho central daquela Corte, sobre o qual deve concentrar-se toda atenção de quem defenderá aquelas contas.

Dividido em setores conforme a matéria, e sendo cada setor cuidadosamente itemizado, o relatório naturalmente observa um roteiro preexistente, acrescido de quando em vez por novos tópicos que são instituídos pela legislação como obrigações do Poder Público, sobremaneira em questão financeira – sobre a qual todos os olhos do mundo estão colocados.

É visível o incremento do vigor fiscalizatório de entes como o Ministério Público, que no mais das vezes atuam por provocações de variada natureza, e os Tribunais de Contas, cujo papel nato já é o de fiscalizar e esquadrinhar contas públicas e seus responsáveis, além de que também atendem a frequentíssimas denúncias e representações.

Quanto aos relatórios anuais, resta evidente já à primeira leitura que contêm desde os apontamentos mais graves e sérios, os quais se não sanados na defesa podem ensejar a rejeição das contas com todas as suas nefastas consequências contra os responsáveis, até aqueles desprovidos daquela gravidade, muita vez devido a falhas formais e não materiais, e que não ensejaram prejuízos públicos nem particulares.

Estes últimos vícios, se de fato ocorreram como pode a defesa demonstrar que não, são por evidente mais simples de defender e justificar, nada obstante mereçam todo o cuidado e dedicadas demonstrações do que se alega em defesa. Outras falhas, se não demonstrada a improcedência do apontamento, têm consequências em geral fatídicas a pretensões políticas dos responsáveis, como se examinará adiante, e fulminam carreiras de outro modo promissoras.

A defesa dos apontamentos constantes dos relatórios anuais costuma ser matéria multidisciplinar, exigindo a participação do advogado, do orçamentista e do contabilista e do atuário, do economista, do educador, da engenharia de obras e de serviços, da assistência social, das autoridades da segurança, do setor médico, do setor viário, do urbanista e do planejador, dentre outros setores. E amiúde também do político, que com seus olhos peculiares enxerga o que passa ao largo da maioria das pessoas, ainda que técnicas e instruídas.

Não se concebe que somente um advogado, ou somente um contador, ou somente um planejador, seja encarregado de produzir toda a defesa do ente público em tão vasto leque de especialidades que, quase sempre, são questionadas nos relatórios anuais.

Seja a defesa produzida pelos próprios servidores da entidade, seja contratada a terceiros especialistas, seja um combinado disso, o que não se concebe é a leviandade ou o deletério comodismo de entregar a produção de peças apertadamente técnicas a estranhos a cada assunto envolvido, desse desleixo somente se podendo esperar o pior para o responsável pelas contas e o interesse público.

O princípio da especialização de funções abomina uma tal grosseria, que, *data venia*, nenhuma carência de recursos justifica. Em linguagem não euclidiana chama-se a isso *economia porca*, que induz resultados equivalentemente *suínos* ao Poder Público, dos quais a autoridade não se esquecerá.

Não é raro que os Tribunais – inclusive e sobretudo os judiciários – conheçam a situação reportada pelo ente público que se defende *melhor do que o próprio ente parece conhecer* e, mesmo assim, diante da defesa esdrúxula e inepta, veem-se impedidos de deferir pleito tão mal formulado e torto, por simples falta de qualquer base ou fundamento para decidir favoravelmente.

***

Cada apontamento do relatório anual, óbvia e evidentemente, deve ser rebatido e justificado com os argumentos que o fiscalizado tiver e os que possa então produzir. Uma dedicação específica para cada específico apontamento é o que a decência profissional mínima requer – tanto quanto, de resto, que o julgador, se for para indeferir o pleito da defesa, fale sobre cada ponto defendido e justifique cada indeferimento, e não os englobe de forma genérica e complessiva.

Não existe nem nunca existiu a figura da "negativa geral" de que se ouvia falar há algumas décadas quanto a algumas defesas trabalhistas da pior espécie, algo que só em si já constituía uma piada de mau gosto, invencionice daqueles rematados preguiçosos que, como se sói afirmar, somente esperam que o mundo acabe em um barranco para poderem morrer encostados. E que se um dia divisarem quem instituiu o trabalho o estripam ou o empalam imediatamente.

Tanto quanto a sustentação oral – e em verdade até antes, porque a defesa escrita precede a oral quando esta é realizada – a defesa escrita deve ser sinteticamente expositiva dos seus motivos e dos seus fundamentos. Não pode ser tão sintética que abrevie até a exposição indispensável dos fatos, mas de outro lado não deve perder-se em minúcias tais que, longe de as enriquecer, apenas exasperem os julgadores.

É fato sabido que os juízes, e os Conselheiros e os Ministros dos Tribunais de Contas, neste momento da história esperam ler fatos e fundamentos *e não doutrina nem empoladas exibições literárias*. Se isso é tecnicamente bom ou se é mau, ocorre que é um fato.

A própria jurisprudência sabidamente, como se disse, no mais das vezes é lida em seu cabeçalho e em sua conclusão, porque, repita-se à exaustão, é escasso o tempo daquelas autoridades, e também, e sobretudo, porque *já devem ter visto a novela antes...*

Assim, apela-se ao melhor sentido de síntese e de objetividade ao autor das defesas escritas, que em suma devem ater-se a acontecimentos rapidamente e bem expostos, que conduzem a pedidos de igual conformação. Boa defesa hoje em dia é tida como aquela *curta e grossa*.

A defesa nas denúncias (casos específicos)

Não difere na essência a defesa nos relatórios anuais daquela realizada quanto a fatos que ensejaram denúncia ou representação, por quem quer que tenha sido, ao Tribunal de Contas. Apenas, essa defesa será concentrada no episódio denunciado e não se espraiará por uma gama por vezes extensíssima de ocorrências, contratos, constatações e apontamentos como nos relatórios anuais, cada qual a merecer contestação pontual.

Denunciantes e representantes não faltam neste país de coitadinhos e de moralistas quando a moralidade é com os outros; a tal ponto chegou a indústria de representações no Tribunal de Contas do Estado de São Paulo há poucos anos que ficou evidente o seu artificialismo e a má-fé dos autores, em geral perseguindo opositores políticos que não terão consentido em pagar a propina do silêncio ou em compor patifaria tão escabrosa quanto isso.

Se existe algo verdadeiramente temível dentro da população é a figura do denunciante contumaz, em geral covarde anônimo, hipócrita pós-graduado, moralista de fachada e que se esgueira nas sombras da anomia. E, não raro, um rematado corrupto.

No TCE o direito de denúncia está rapidamente disciplinado nos art. 110 a 112 da sua Lei Orgânica e (art. 111) não se admite a denúncia anônima – o que é bom, não elimina a odiosa figura do *laranja*, vendilhão que não vale o ar que respira, mas que toma muito tempo das autoridades que recebem as denúncias e as representações.

Denunciante é, quase sempre, o ser que só enxerga o erro alheio e não tem espelho em que possa contemplar o fracasso da sua existência – mas com isso por força da lei têm de lidar os Tribunais de Contas, como quem, de outra forma e no dizer corrente, *bate palmas para maluco dançar*.

Esses fatos, arquiconhecidos, têm de ser explorados, entendemos, nas defesas escritas. Os riscos de se acatarem ou mesmo de se prestigiarem denúncias que logo se revelam temerárias, irresponsáveis, fúteis, maliciosas e perniciosas são evidentes e altamente prejudiciais a negócios públicos, autoridades, empresas licitantes ou contratadas, servidores públicos e, o principal, ao interesse público diretamente.

Existem denúncias sérias, o que *não costuma ser a regra*. O que está quase sempre por trás são *interesses contrariados*, sobretudo em licitações e em contratos. Denunciante contumaz é aquele cidadão que odeia privilégios – dos quais não faça parte. A defesa do denunciado, pensamos, precisa incidir fortemente sobre isso quando o constatar, e costuma ser muito fácil constatá-lo.

Licitações importantíssimas são muita vez paralisadas de modo que no início parece pouco compreensível e que mais à frente amiúde resta *absolutamente incompreensível*. E não é justo obrigar a autoridade idônea a gastar com defender-se e aos seus procedimentos negociais, e a paralisar negócios fundamentais ao ente que dirige em função daquelas desprezíveis manifestações provindas de seres desprezibilíssimos – e a defesa precisa enfatizar esse ponto se o denota.

O cidadão brasileiro consegue em pouco tempo desmoralizar, vulgarizar e putrefazer completamente instituições de origem respeitável e necessária como são a ação popular, a denúncia, a representação e o direito de petição aos poderes públicos. Cumpre aos defensores demonstrá-lo e rebater as infâmias que divisar pela frente.

Ocorre porém, e todos o sabem, que, por pior que seja a motivação mediata da denúncia – perseguição, inimizade, vingança, despeito, inveja, disputa de influência ou mesmo canalhice pura e simples –, pode ela reportar irregularidades verdadeiras e detrimentosas ao denunciado, e isso jamais pode passar ao largo de apreciação pelo Tribunal que a recebeu.

No mais, evidentemente nem toda denúncia é mal-intencionada. Em nosso sentir e em nossa experiência, apenas cerca de noventa por cento, talvez um pouco mais. Vale dizer, como Millôr Fernandes diria: não se pode generalizar.

Defesa prévia, produção de provas e defesa final

Nem a LO do TCE-SP nem o seu RI são roteiros muito seguros para o trabalho do defensor. Ambos hoje se afiguram lacunosos, assistemáticos e desatualizados ante as práticas cotidianas adotadas na Corte, muito mais completas e consentâneas com os princípios informativos da ampla defesa e de contraditório preconizados na Constituição e nas leis processuais.

Com base antes em provimentos, atos internos e normações administrativas, todos os mais providenciais e oportunos, atualmente no TCE o trabalho de defesa, em síntese extrema, processa-se pela oportunidade de apresentação de

(I) defesa prévia, ou razões iniciais de defesa, sobre os apontamentos do relatório anual, ou de denúncia ou representação. É o momento de *colocar o Jabaquara em campo* ou de juntar todos os elementos relevantes e sistematizá-los na peça defensiva, formulando um pedido que se for deferido pela Corte já encerrará a necessidade de mais defesa escrita; isso não costuma ocorrer com facilidade;

(II) produção ao longo do processo, por petição espontânea e não provocada ou facultada expressamente, de novas provas, ou juntada de novos documentos, ou anexação de material instrutório da defesa mesmo após apresentadas as razões iniciais, se a defesa o entender necessário ou recomendável;

(III) oportunidade de apresentação de razões finais de defesa quando a circunstância o recomenda ou exige a critério do Tribunal;

(IV) sustentação oral na(s) sessão(ões) de julgamento, se requerida(s) pela parte e deferida(s) pela Corte, observadas as restrições legais e regimentais;

(V) recursos na forma da LO, arts. 51 a 69;

(VI) ações administrativas de revisão e de rescisão de julgado (LO, arts. 72 a 77).

***

O TCE-SP é por convicção e por tradição – e não está só entre os Tribunais de Contas dos Estados – bastante liberal quanto a aceitar peticionamentos e manifestações ao longo do processo, de modo a não restringir o direito à ampla defesa. E essa aliás tem sido a tendência dos julgadores de maneira geral no país, temerosos de que venha a ser anulada a parte do processo a partir da qual um direito de defesa foi pedido e indeferido sem motivo incontornável.

Fazem todos muito bem: quem quer um resultado rápido deve dar toda oportunidade de defesa ao interessado, por vezes e se possível até mesmo com ultrapassamento do respectivo prazo, de modo a evitar que em dado momento o trabalho ande para trás por ter sido incompleto na sua instrução.[5]

E, de resto, é proverbial dever de ofício que o defensor *esgote toda oportunidade defensiva* que formal e informalmente lhe é aberta. Se o êxito é pouco provável, mas formalmente possível, então precisa o defensor agir. Uma acusação de desleixo e desinteresse na defesa do cliente é um *coice mortal* na consciência de um profissional que leve a sério o seu mister, algo com uma vergonha profissional.

Existem irregularidades inquestionavelmente sanáveis e releváveis se demonstrada a boa-fé do agente e a inexistência de prejuízo público e privado, ou então a inexigibilidade de conduta diversa pelo agente responsável, ou ainda a escusável ignorância institucional, ou mesmo a falta de meios para tê-la evitado.

Além de materialmente *leves*, aquelas faltas sem má-fé e sem lesão pública e privada têm como ser justificadas, mas que não se repitam ano após ano ou então cai por terra a boa-fé e se desmoraliza a tese defensiva, pois que a reiteração das mesmas faltas leves configura faltas graves, e nessa medida injustificáveis.

---

[5] Tal qual o motorista inteligente – malandro esperto que é honesto por velhacaria – que para chegar rapidamente em casa anda devagar.

Irregularidades graves

O grande problema, entretanto, e como é de esperar, não reside nas falhas leves mas naquelas consideradas graves, com frequência referidas, grosso modo, como *imperdoáveis*. Importa ao político ter presente a *lei da ficha limpa* (LC nº 135, de 4.6.10), que deu nova redação ao art. 1º, inc. I, al. "g", da *lei das inelegibilidades*[6] de modo a que contas rejeitadas por irregularidade insanável e irrecorrível tornam-se inelegíveis.

Algumas dessas graves irregularidades são as seguintes – e o TCE-SP sobre elas discorre ampla e sistematicamente nos seus manuais de orientação aos gestores de contas estaduais e municipais, frequentemente revisados e atualizados:

- *falta de aplicação* do percentual constitucional mínimo dos impostos na *educação* e na *saúde*. Neste caso a defesa deverá prioritariamente – é sempre assim... – demonstrar que o critério, da fiscalização do Tribunal, de apropriação de certas despesas não foi o melhor e, se for outro que a defesa defende, a aplicação mínima estará atendida. Em não sendo assim, dificilmente na prática a conta tem merecido parecer favorável;
- *déficit da execução orçamentária*, algo que compete aos diretos executores do orçamento segundo o planejamento prévio, em combinação com o setor fazendário, que administra as receitas e que informa o primeiro. Problema difícil na prática de prevenir e contra o qual as vacinas não são muito eficazes. A defesa aos apontamentos terá um vasto leque de argumentos a desfilar, mas por óbvio precisará fazê-lo com ordem e ponderabilidade, e não tentando esquivar-se de realidades demonstráveis;
- *inversão da ordem cronológica* no pagamento de precatórios, salvo nas hipóteses constitucionais. Muito compreensível o rigor quanto a esta fiscalização, uma vez que os já historicamente *bigodeados* credores de precatórios não podem, além disso, se ver à mercê de discriminações anti-isonômicas e

---

[6] *Verbis:* "g) os que tiverem suas contas relativas ao exercício de cargos ou funções públicas rejeitadas por irregularidade insanável que configure ato doloso de improbidade administrativa, e por decisão irrecorrível do órgão competente, salvo se esta houver sido suspensa ou anulada pelo Poder Judiciário, para as eleições que se realizarem nos 8 (oito) anos seguintes, contados a partir da data da decisão, aplicando-se o disposto no inciso II do art. 71 da Constituição Federal, a todos os ordenadores de despesa, sem exclusão de mandatários que houverem agido nessa condição".

inconstitucionais no seu direito a receber segundo a ordem dos precatórios;

- *falta de pagamento de ao menos 10% do estoque de precatórios* no exercício em questão. Esse percentual resulta da aplicação de uma emenda constitucional, a terceira ou a quarta que visou institucionalizar o *calote oficial e vergonhoso* que o Poder Público aplicou, aplica e pelo visto continuará aplicando nos credores de precatórios desde o advento da Constituição em 1988, e tudo graças a eleitoreiras, irresponsáveis e quase criminosas despesas públicas do passado, antes da Lei de Responsabilidade Fiscal.

A defesa em caso de descumprimento dessa obrigação quase sempre malha a tecla da falta de recursos, muita vez real e ponderável, porém que precisava já ser conhecida pelo candidato que foi eleito Prefeito, e que se for exercitada mais de uma vez não deverá comover o julgado – se é que na primeira vez comoveu;

- *excesso nos repasses à Câmara Municipal,* quando se evidencia que o Legislativo não necessitava daquele volume de recursos para atender suas finalidades institucionais. Se ao final do exercício a Câmara devolve polpudas verbas ao Executivo, com esse só ato evidencia aquela irregularidade;
- *excessivo número de cargos em comissão,* defeito presente nas contas das Câmaras Municipais acentuadamente mais do que nas dos Executivos, e que se se perpetua bom resultado não ensejará aos responsáveis;
- *ultrapassamento dos limites de despesa com pessoal,* estabelecidos na forma e segundo o critério da Lei de Responsabilidade Fiscal – algo a esta altura dificilmente deglutível, após quase duas décadas de editada aquela lei. Capriche, portanto, a defesa;
- *insuficiente ou inexistente repasse ao sistema previdenciário,* seja o próprio, seja o do INSS – e aqui a alegação também costuma ser falta de recursos, algo igualmente difícil de aceitar em face da arquiconhecida obrigação patronal que já conta mais de meio século;
- o TCE em 2012 em seu manual *O Tribunal e a gestão financeira dos Prefeitos* indicou também como falha grave a *incorreta aplicação das multas de trânsito,* o que desse modo também

precisa ser considerado com muita atenção pela defesa em face da gravidade que o Tribunal lhe empresta.

***

Qualquer defensor precisa, antes de tudo e na medida do possível, incumbir-se do papel de *orientar o cliente para o futuro*, de molde a evitar ao máximo que repita esta ou aquela falha, amiúde são facilmente controláveis antes de serem cometidas, e cuja reiteração não se pode racionalmente compreender. Alguém saber que errou e conscientemente persistir errando não se justifica, e julgador nenhum o tolera pela desonestidade de propósito.

Vale mais, no mais das vezes e no frio sopesamento dos valores, uma orientação cuidadosa e sistemática, que ao máximo previna males futuros ainda que se avizinhe uma derrota neste momento, que tentar em infrutífero desespero remediar um mal presente. Melhor, invariavelmente, é ensinar a pescar que ter sempre de dar o peixe, como se sabe há alguns milênios.

Por fim, enfatiza-se como imprescindível um muito rigoroso acompanhamento do andamento processual por parte dos defensores, o que nos dias que correm foi extremamente facilitado pela virtualização eletrônica do processo, de modo a não se perderem prazos – também atualmente beneficiados com a contagem apenas em dias úteis.

E não se deixar o protocolamento das peças para a undécima hora como é da triste tradição tupiniquim, mas observar a máxima napoleônica de que nada é mais eficaz para se vencer uma batalha do que chegar meia hora antes.

As defesas virtuais

A recente pandemia do coronavírus que assolou o ano de 2020 praticamente inteiro, presente da república chinesa ao planeta e que faz o que está ao seu alcance para destruí-lo ou inviabilizá-lo como se fora o ressurgimento da *gripe espanhola* de 1918, obrigou aos órgãos públicos adotar medidas de proteção que até então eram impensáveis, como por excelência foi o caso das reuniões virtuais, pela internet e sem a presença física das pessoas.

A pandemia fez as pessoas passarem a temer o contato entre irmãos, entre vizinhos, entre colegas de trabalho, entre pai e filho, entre confrades esportistas, artistas, clubistas – sambistas quando é o caso – ou de qualquer outra natureza. Nada infligiu mais medo no ser humano, em 2020, que... outro ser humano.

Temos para nós que o problema neste ano de 2020 não afetou os pulmões das pessoas, mas o seu cérebro. É tremendamente preocupante, isto sim, a fragilidade mental das pessoas, e não tanto a sua higidez respiratória. O mundo parece estar povoado de legiões intermináveis – alguns bilhões de criaturas – de crianças assustadas com bicho-papão, assombrações e abantesmas do outro mundo.

Diante desse pesadelo que assola a capacidade mental e o juízo das pessoas, os Tribunais de Contas, tanto quanto os de justiça, passaram a realizar reuniões virtuais, cada membro em sua casa, cada jurisdicionado na sua, e não mais presenciais, até quando ainda não se sabe, mesmo que o país vá à breca como já está indo.

As sustentações orais nas defesas junto aos Tribunais de Contas vêm sendo realizadas portanto através de aplicativos de computador, da tela do defensor até as telas dos membros do Tribunal.

O defensor se inscreve no site do respectivo Tribunal e agenda a sustentação, a ser finalizada dentro do prazo regimental que não foi modificado pela pandemia.

Para nós uma sustentação virtual tem o mesmo paladar de um sanduíche que se coma embrulhado, ou de nadar de terno e gravata, ou de um comício eleitoral realizado pelo telefone, ou ainda de participar de uma comemoração pela televisão.

É a quinta-essência do patético, dentro do qual inexiste a possibilidade de interação e de convencimento interpartes que são próprios de qualquer sustentação presencial. Os conteúdos humanos que se esperam transmitir em verbalizações presenciais quando virtualizadas se tornam uma caricatura de mau gosto – e não foi sem razão que o presidente americano Donald Trump se recusou a debater com seu adversário, na recente campanha eleitoral, pela tela de computador, reputando esse expediente como o mais ridículo imaginável.

Uma tela e uma câmara podem ser e são de imprescindível utilidade para os seus fins próprios e originários, mas jamais substituirão, nem de longe, as sessões de que as pessoas participem com seu corpo e seu espírito, à qual compareçam e na qual se manifestem como homens e não como bonecos.

Espera-se que ao ser publicado este artigo o problema das reuniões virtuais já tenha ficado no passado e que jamais volte a assombrar as pessoas de bom senso e cujas funções mentais continuem ativadas. Em face das reuniões virtuais e dos atrasos que ensejam nos trabalhos, muitos advogados, depois de inscritos e aguardando para falar, desistem das sustentações, cansados de esperar conexões, restabelecimento de desconexões, interrupções das sessões e mais infindáveis aborrecimentos que comprometem o seu trabalho e o interesse do cliente.

Dentro do possível e do realizável – ou como dizem as leis *no que couber* – o que se afirmou neste estudo se aplica às sessões virtuais de julgamento, enquanto desgraçadamente ainda existirem.

Definitivamente, falar a uma tela após malabarismos informáticos que por vezes falham rotundamente nunca será sequer semelhante a fazê-lo diante de uma corte atenta, com plateia técnica presente e vivamente interessada. Que esta doença virtual não deixe sequelas é apenas o que se anseia.

CAPÍTULO 2

TRÊS TEMAS RELATIVOS AOS TRIBUNAIS DE CONTAS

1) O controle interno e os cargos envolvidos
2) Conta regular, mas com multa
3) Rejeição de contas do Legislativo por excesso de cargos em comissão

Explicação inicial

Este tríplice tópico se deve a algumas preocupações, dentre virtualmente infinitas, próprias de consultores de entidades públicas, e de órgãos da Administração pública direta, indireta e paraestatal.

Sujeitos como estão todos os entes públicos, ou majoritariamente públicos, à fiscalização e à inspeção financeira pelos Tribunais de Contas – por vezes de *mais de um,* dependendo da origem dos recursos que cada ente recebe –, e diante da interminável pletora de regras obrigacionais, formalidades e formalizações, deveres institucionais, prazos sobrepostos e por vezes intercorrentes, e dificuldades operacionais de toda monta e gênero, natural parece que algumas questões e alguns apontamentos dos Tribunais de Contas, ao se repetirem ao longo dos exercícios financeiros e das fiscalizações pontuais, agucem a atenção de modo particular e especial.

Desta feita, e com o propósito eminentemente construtivo de tentar esclarecer e objetivar a compreensão de certos procedimentos do Tribunal de Contas que geram obrigações e restrições aos entes fiscalizados, pinçam-se estes três temas daquela peculiar natureza, relacionados no título e que parecem merecedores de alguma reflexão de parte a parte, tanto por fiscalizados quanto, se se permite a pretensão, pela fiscalização mesma.

E neste momento já se inicia a discorrer, como fora anunciado e explicado, sobre o Tribunal de Contas do Estado de São Paulo, o mais estruturado de nossos TCs estaduais e que por isso mesmo exerce compreensível influência sobre seus pares nos Estados brasileiros, na exata medida em que o próprio Estado, antes, já a exerce em outros aspectos da vida nacional.

Neste primeiro tema de organização do controle interno, entretanto, não saiu na frente dos demais o Tribunal de São Paulo, eis que algumas outras cortes estaduais de contas, dentro de cada respectivo âmbito circunscricional, se anteciparam à corte paulista no disciplinar essa questão de matriz diretamente constitucional, que de resto já vinha pronta para ser implementada ao menos desde 1988 – sendo certo que existe previsão relativa ao controle interno já na vetusta Lei nº 4.320, de 1964.

Vejamos os três temas.

Controle interno e seus cargos

Este primeiro assunto – a organização e a efetivação dos serviços de controle interno dos Poderes públicos – ganhou relevo e destaque extraordinários no panorama da Administração pública brasileira nos últimos anos, como num despertar súbito de longa – e pouco explicável – letargia, algo como uma *hibernação* institucional que, somente após a Carta de 1988, durou, ao menos no Estado de São Paulo, mais de duas décadas. Nada saudável...

A Constituição Federal, como se sabe, manda desde 1988, no seu art. 74, *que não sofreu qualquer modificação até hoje*, que os Poderes do Estado organizem seus sistemas de controle interno, ordem essa que mereceu duas décadas da mais absoluta inércia e a mais completa omissão pelas autoridades a que se destinava.

E exatamente *por que* aquele súbito despertar, quando ocorreu, é algo que não se compreende de imediato? Que teria ocorrido apenas entre a década de 2010 e a seguinte para que o Poder Público *ex-abrupto* acordasse para a necessidade de organizar seus controles internos?

O fato é que neste momento, seguramente por organizadas ofensivas dos Tribunais de Contas, que resolveram pôr cobro àquela omissão generalizada dos Poderes do Estado, o controle interno, dentro dos entes e dos órgãos públicos, tornou-se uma necessidade institucional inquestionável e, se ainda não se mostra inteiramente rematada em muitos daqueles entes, é porque ainda para isso o tempo foi insuficiente.

Observam-se, com efeito, medidas as mais concretas e voltadas a implementar real eficácia aos serviços de controle interno nos entes públicos, dentre os quais, com destaque, os Executivos e os Legislativos municipais – porventura sempre observados bem de perto.

O TCE-SP apenas em 2012 expediu sobre o tema seu Comunicado 32 aos entes que fiscaliza para, em setembro de 2013, editar e distribuir seu bem ajambrado *Manual básico – O controle interno do Município*, elaborado por Flávio Corrêa de Toledo Jr., e que desde logo se revelou um instrumento dos mais valiosos para a efetiva implementação do controle interno dentro das administrações locais.

Um chiste recente informa que a diferença entre um terrorista e um controlador interno é a de que o terrorista tem simpatizantes.

Com todo efeito, a função do fiscal, do inspetor, do controlador, costuma ser tudo, menos simpática a alguém. Ninguém se dispõe com simpatia – se puder escolher – a ser fiscalizado e escrutinizado nos atos diuturnos e correntios que pratica na vida profissional, seja pública, seja privada. Qualquer fiscalização incomoda, seja um pouco, seja muito, seja muitíssimo.

Mas o que ninguém pode contestar é que a fiscalização e o controle são funções essenciais, indispensáveis à vida empresarial ou administrativa, pública ou privada, tanto quanto é indispensável na casa de qualquer pessoa, no restaurante que esse frequenta, na loja, na igreja, no meio da rua, dentro do ônibus ou do avião que se utiliza, ou em qualquer ramo de atividade existente na face da terra que envolva mais de uma pessoa.

Sem controle e fiscalização nenhuma mínima ou mais primitiva noção de ordem, de civilização ou de institucionalidade pôde, pode ou poderá existir.

Assim, sendo indispensável a qualquer atividade seriamente desenvolvida por uma organização humana, a fiscalização não deveria ser vista com maus olhos, eis que ante o inevitável é pouco proveitoso, e nada inteligente, toda sorte de indisposição, má vontade ou inconformismo, exatamente e do mesmo modo como é nada produtivo realizar imprecações contra a morte, a velhice ou o ocaso, no sentido que for.

Mais razoável é se tentar viabilizar, do modo mais sensato e institucional, o setor de controle, de molde a *tentar reduzir ao mínimo o trabalho do controlador*, até talvez ao ponto de o fazer merecer o epíteto de desnecessário, ocioso, inútil, algo assim. Esse seria o anseio ideal de qualquer pessoa honesta de propósitos: a fiscalização se tornar desnecessária!

Não deverá acontecer, no entanto, antes do juízo final. Sendo o homem como é, mais provável é que os ordenamentos jurídicos venham a determinar, um dia, o controle do controle. Quanto mais o homem parece evoluir, curiosamente mais controle, fiscalização, repressão e rigor o seu comportamento parece exigir.

O descompromisso humano com as instituições, os princípios, a seriedade de propósitos e a noção mínima de decência parece definitivo, ao ponto em que o senso de dever, que deveria nortear qualquer conduta humana de implicação coletiva, soa como piada a contingentes cada vez mais vastos de pessoas. Os homens, neste século XXI – a iniciar pelos moralistas –, apenas não saqueiam o mundo para si mesmos, a começar por pilhar a casa do vizinho, porque alguém está olhando.

Nada obstante este filosófico introito, nosso objeto quanto ao controle interno da Administração revela-se bem mais acanhado: ventila-se apenas a obrigação de que os entes públicos mantenham cargos de controladores internos ou de responsáveis pelo controle interno constitucional.

A Constituição, muito genericamente no art. 31 e mais detalhadamente nos arts. 74 e 75, cria a obrigação para o Poder Público, sem entretanto indicar mais de perto ou em ponto pequeno como fazê-lo, dando apenas parâmetros principiológicos como base para as construções legais locais.

As Constituições dos Estados, referidas na Constituição Federal nesse momento, pouco avançam em semelhante terreno – e pouco poderiam avançar senão para o plano de cada próprio Estado, ou de outro modo afrontariam a autonomia administrativa constitucional de vontade dos Municípios.

A (muito tardia) Lei de Responsabilidade Fiscal, a Lei Complementar federal nº 101, de 4 de maio de 2000, nos arts. 54 e 59 avançou na matéria e dispôs sobre (I) a responsabilidade do controlador interno por também assinar o *relatório de gestão fiscal* instituído por aquela lei, e (II) discriminar os pontos principais daquele relatório quanto às atribuições controlatórias derivadas da mesma LRF. Mas ainda aqui a generalidade das previsões é bastante ampla, toda a matéria carecendo de roteiros mais objetivos.

As Leis Orgânicas dos Municípios, a seu turno, ficam e se mantêm na generalidade, como não poderia ser diferente, em se tratando de órgão ou serviço interno do Executivo, e pouco adiantam em termos de delimitação objetiva dos deveres implícitos no controle interno e seus agentes.

E nós, que declaradamente odiamos *normas gerais* do que quer que sejam, precisamos reconhecer que os temas deixados ao sabor e ao talante dos legisladores locais, sem norteamento centralizado explícito, tendem a variar ao infinito, por vezes de forma a mais assistemática, quando não mesmo tecnicamente esdrúxula.

É este o caso do controle interno, em que os Estados e os Municípios estão livres para dispor como bem entendam de modo a implementar a ordem constitucional. Cuida-se, a iniciar pelo trabalho dos Tribunais de Contas, que não o façam de modo desviado de sua finalidade ou simplesmente ineficaz.

Em cada Estado o seu Tribunal de Contas ingressou nesse ambiente, como disso não se poderia esquivar, e o fez com a objetividade que sempre define as normações e os disciplinamentos que as cortes de contas expedem na execução de suas funções institucionais.

Dentro de seu papel eminentemente *orientador* o Tribunal de Contas do Estado de São Paulo, como se disse antes, não saiu na frente dos demais em questão de prever regras e assentamentos para os sistemas de controle interno dos Municípios, eis que em alguns Estados se anteciparam visando regrar para o âmbito interno, estadual e municipal, esse delicado tema.

Mas o TCE-SP, como também se disse, expediu, em setembro de 2013, o seu *Manual básico – O controle interno do Município*, valioso repositório de dados e orientações de grande utilidade desde seu primeiro momento à clientela municipal.

Insiste-se no seguinte: se foi São Paulo, se foi o Acre, se foi o Paraná o expedidor das normas e dos regramentos, eles são válidos na sua imensa maioria indistintamente para qualquer unidade da federação, porque a matéria, ainda que resolúvel de uma maneira por cada Estado, não comporta diferenças regionais significativas.

Daquele substancioso compêndio e de toda a matéria que veicula, entretanto, para agora, um só ponto nos chamou a atenção, pelo interesse imediato e incontornável dos Municípios, que precisam com toda a urgência equacionar o problema, se ainda não o fizeram: como se estrutura a unidade de controle interno em cada Município? Precisa ser de fato uma unidade administrativa? A quem deve ser entregue ou confiado o serviço, em cada quadro funcional?

O excerto do *Manual* que despertou a atenção é o seguinte, às fls. 33/4:

> Ideal que o sistema de controle interno seja instituído por lei municipal, nelas previstas as incumbências desse órgão, o perfil e o processo de

escolha dos controladores internos, bem como os deveres e, sobretudo, as fundamentais garantias funcionais desses servidores, os quais não poderão ser transferidos ou ter seu trabalho impedido por qualquer agente político. (...)

Sob tal cenário, a normatização daquele controle pode dispor que seus componentes devam ter certo tempo de serviço, nele comprovando honestidade, ética, bom relacionamento com os demais colegas, e interesse em aprender o conjunto dos encargos operacionais e financeiros do respectivo órgão ou entidade.

De seu turno, em Prefeituras de Municípios com, digamos, mais de 10 mil habitantes, o cargo de controlador interno deve ser provido mediante específico concurso público.

De todo modo e tal qual expresso em Comunicado desta Corte *(SDG nº 32, de 2012)*, o esquema de controle interno deve sempre ser integrado por servidores do quadro efetivo.

Um breve comentário, itemizado em prol da ordem:

a) excelente é a ideia de que seja lei municipal que institua o sistema de controle interno. Nada melhor que lei para inovar o direito – se é que fora a Constituição algum outro diploma pode fazê-lo. Apenas lei formal dispõe soberanamente, observando apenas os mínimos constitucionais, sobre a organização ou a reorganização interna dos serviços de cada Poder.

Será o controle interno, então, um órgão, ou uma unidade administrativa, ou apenas um cargo, ou um conjunto de cargos, ou ainda algo diferente dentro da estrutura de cada Poder – a lei local o decidirá, definirá, descreverá e quantificará, sem maiores peias à vista diante de nosso sistema constitucional.

Lei de iniciativa necessariamente do Executivo instituirá o sistema para esse Poder, cabendo a outra lei, iniciada pelo Legislativo na forma da LOM e do Regimento Interno, disciplinar o assunto para o âmbito do Legislativo. Se se cria(m) cargo(s) ou emprego(s), e se com isso, principalmente, se fixa sua remuneração, então nem se imagina fazê-lo senão por lei;

b) além das atribuições dos controladores internos – sejam ocupantes de cargos ou empregos específicos, sejam efetivos detentores de funções gratificadas, ou empregados permanentes detentores de funções de confiança, já que as primeiras a Constituição reserva apenas a servidores efetivos –, torna-se importantíssimo que de fato a lei descreva e indique às claras em que consistem as garantias de liberdade de ação e a incolumidade funcional dos controladores.

Funções como esta, que como qualquer atribuição de fiscalização enseja inata e incontornável antipatia e sincera aversão por parte dos fiscalizados – e quem pretender negá-lo estará mentindo –, precisam estar amparadas por garantias excepcionais dentro da estrutura do pessoal do serviço público, incomuns à grossa generalidade dos cargos e dos empregos públicos de linha, sejam administrativos, sejam técnicos, sejam o que se costuma apelidar "braçais".

Tal qual na imunidade e inviolabilidade constitucional dos parlamentares, é imprescindível à boa e desimpedida atuação dos controladores que a lei especifique a especial e privilegiada garantia de desempenho livre de perseguições, dificultamentos, obstruções de qualquer ordem, imobilizações ou travamentos de qualquer natureza ao trabalho de controle e fiscalização, naturalmente se exercido dentro de padrões usuais de cortesia e civilidade, e sem abuso de autoridade ou atuação atrabiliária.

Não basta que a lei mencione o assunto e assegure genericamente esses direitos ao controlador: é imprescindível que especifique em que medidas exatamente consistem tais seguranças, em termos práticos e operacionais, de modo que sejam facilmente invocáveis e exigíveis pelo controlador – supostamente sem que ele precise apelar para mandados de segurança...

Assegurar sem informar exatamente o quê, como, quando e onde é o mesmo que nada assegurar, eis que matéria relativa a garantias não comporta discursos vazios da lei ou de regulamento, nem intelectuais abstrações sem objetividade;

c) os parágrafos seguintes transcritos, entretanto, contêm uma recíproca contradição. Se o controlador deve ter tempo de serviço, conduta ética e bom relacionamento com os colegas, será porque *já é servidor* e apenas em dado momento, indicado pela autoridade, passa a receber a função gratificada de responsável pelo controle interno – ou a função de confiança, se for celetista.

Se a Administração, no entanto, após criar o cargo (ou o emprego) abre concurso público para admitir um controlador interno, que venha a ocupar esse cargo ou esse emprego especificamente criado para tanto, então naturalmente não se poderá exigir nem tempo de serviço, nem bom relacionamento com colegas, vez que será pessoa nova dentro do quadro de pessoal respectivo;

d) mas mesmo quanto à questão da ética e do bom relacionamento, temos apreensão quanto à objetividade desses requisitos. Quanto à ética, se o servidor não é um contumaz contraventor, ou indisciplinado, ou alguém que acumula processos e penalizações ao longo de sua vida funcional, tudo rigorosamente documentado em seus assentamentos, então que mais ética se lhe pode exigir na carreira?

A só inexistência de fatores agravantes e denegritórios de sua conduta profissional já significa, só em si, suficiente ética, ou profissionalismo bastante. Não cabe a ninguém pressupor contra a conduta de qualquer servidor se não amparado em fatos ou indícios suficientemente sérios em outra direção – e nessa hipótese não se cuida de mera pressuposição.

Quanto a bom relacionamento com colegas, com todo respeito esse fator não favorece em nada o trabalho de um fiscal, antes pelo contrário. Quem se dá muito bem com todos os colegas dificilmente terá ânimo ou vocação para lhes apontar faltas funcionais ou desvios de conduta, indicando-as à instância superior para os devidos fins de correção...

Sobretudo em um país como o Brasil – generoso, benevolente, lascivo e permissivo, no qual para quase tudo de torto ou de indevido *se dá um jeitinho* –, melhor seria, quiçá, que o controlador fosse um ilustre desconhecido dos controlados, ao menos enquanto isso fosse possível, de modo a facilitar a isenção do seu trabalho. As amizades nesse momento, tanto quanto as inimizades, em nada favorecem essa espécie de atividade; ao inverso, induzem suspeição.

Ser controlador interno é, de certo modo, como ser membro de comissão processante de colega, em processo administrativo disciplinar. Inobstante possam existir circunstâncias que demandem rigor, alguém conhece algo humanamente pior para se executar?

Agora malandramente discursando, o epíteto *dedo-duro*, que desde o início acompanhou a função do responsável pelo controle interno, bem revela quão estimado, desejado e querido costuma ser esse servidor público. Alguém, entretanto, precisa realizar esse trabalho, e isso ninguém nega;[7]

e) compreende-se o contido no terceiro parágrafo transcrito do *Manual* do TCE como importante, e muito bem-vinda, orientação, recomendação, sugestão, porque aquela prédica não pode conter natureza de ordem ou determinação aos Municípios.

Um Município de cem mil habitantes, por exemplo, pode querer ter apenas um controlador interno, ou dez, hierarquicamente organizados,

---

[7] Seria o que se denomina *serviço sujo*? Jamais e em tempo algum! Essa é a noção ou a imagem mais doentia e torta imaginável para o trabalho do controlador e do fiscal, que apenas deve zelar para que tudo ande bem, direito, correto e justo, não o inverso. O serviço é por isso em verdade *o mais limpo dentre todos*, sendo lícito imaginar que na atual Alemanha, considerando-se a mentalidade do povo alemão, deve ser um dos mais cobiçados...

tudo a depender de sua anterior organização funcional, sem qualquer empecilho de natureza constitucional ou jurídica, pois que detém autonomia de vontade para tanto e para muito mais, constitucionalmente assegurada no art. 30, inc. I, da Carta de 1988.

Se, ali naquela comunidade, a estrutura funcional e os fluxogramas funcionam qual relógio suíço, então o trabalho do controlador quase se torna uma obrigação formal, mantido apenas para "cumprir tabela", como fazem certos regentes de orquestras, que pelo seu nível de entrosamento literalmente dispensam regentes; mas se o quadro é o inverso, e o desmando, a desordem e o caos são a regra, ocasionalmente dez controladores não darão conta do seu recado institucional.

Outro Município, de sete mil habitantes, pessimamente estruturado do plano organizacional e que recorda a *festa do caqui* ou a *casa da sogra*, pode entender necessários dois controladores, tal a balbúrdia funcional de que padece.

Cada ente público sabe de si, onde a botina aperta ou a roda pega, sendo certo que quem não investe pesado em sua própria organização *torrará* o dobro ou o triplo dos seus recursos em controles, fiscalizações, franca repressão, processos e apenamentos – com quase sempre *pífio resultado* ao final, porque remediar, em todos os sentidos, é sempre muito pior que prevenir.

O país melhorará imensamente quando cada ente público pensar e agir como uma grande e sólida empresa, na qual os recursos humanos trabalham muito bem ou são rapidamente arrojados ao olho da rua, e não como é de nossa triste tradição no serviço público, de franco acomodamento dos servidores estáveis – e mesmo amiúde os não estáveis, diga-se de passo.

Num quadro assim, os servidores que produzem muitíssimo – aqueles dos quais se costuma afirmar que têm *vergonha na cara* – fazem-no somente por senso de dever e de probidade interna e não por cobranças; mas os que nada produzem, ou quase nada, acabam por merecer o mesmo vencimento ou salário, as mesmas vantagens e o mesmo tratamento institucional dedicado aos produtivos, num absoluto encorajamento à inércia, à mediocridade, ao desinteresse, ao descompromisso e, com tudo isso, à rematada ineficiência.

Se grandes e honrosas exceções existem, o quadro conhecido da população quanto à produtividade da Administração pública, muito lamentavelmente, é esse descrito, e a função dos controladores internos foi concebida, *inter alia*, para pôr cobro a isso, que é vergonha nacional desde o dia do descobrimento.

Um controlador interno precisa ter atribuição de cobrar resultados dos fiscalizados e de repassar os resultados à autoridade a que se deve reportar;

f) um penúltimo comentário diz respeito à reiterada menção, no *Manual* do TCE, ao quadro *efetivo*, e a servidores *efetivos*.

Ora, é absolutamente certo e pacificado – se é que algum dia o problema foi real, porque essa sempre nos pareceu uma *falsa questão* – que o regime jurídico único do pessoal dos Municípios pode ser tanto o *estatutário*, que tem *funcionários* ocupantes de cargos de provimento efetivo, os assim ditos *efetivos*, e funcionários ocupantes de cargos de provimento em comissão, quanto o regime da CLT, contratual trabalhista.

O regime da CLT conta com servidores públicos *empregados*, sejam os contratados para empregos públicos *permanentes*, sejam os contratados para desempenhar funções de confiança do empregador – os chamados empregados públicos *de confiança* – por vezes também referidos empregados *em comissão*.

Falando de São Paulo, no início da década de 90 havia mais Municípios paulistas que adotaram a CLT que os adotantes do estatuto, e depois esses entes, gradativamente e em geral, mudaram-se para o regime estatutário – que sem dúvida alguma é amplamente mais conveniente ao serviço público que o regime trabalhista, concebido para a empresa. Até o dia de hoje os Municípios transitam livremente de um para outro regime, por vezes de modo surpreendente e traçando a direção inversa à da maioria.

Após a definição do regime jurídico por lei de iniciativa do Executivo, o quadro próprio do regime escolhido é criado por lei, com seus respectivos postos de trabalho e as suas características e descrições.

Por vezes os Legislativos municipais, espelhados no plano federal e na forma de cada Lei Orgânica municipal, criam cargos ou empregos (conforme seja o regime) por ato infralegal e após fixam a remuneração por lei de iniciativa do Legislativo. Mas, seja como for, a matéria se esgota dentro da legislação local, sendo livre o Município para eleger suas instituições conforme queira, eis que a Constituição disso o assegura.

Assim, se o Município tem como único o regime da CLT, então não se haverá de falar em servidores efetivos no controle interno, eis que estes inexistem na CLT, mas de servidores celetistas, ocupantes de empregos permanentes. Em geral esses são concursados, mas pode haver, como ainda existem, servidores celetistas não concursados e estabilizados pela Constituição de 1988, ainda no serviço ativo – e um desses pode ser o responsável pelo controle interno, eis que nada jurídica nem materialmente o impede.

O regime estatutário, ainda que mais adequado ao serviço público, jamais confere ao servidor maior ou menor dignidade institucional e profissional que o regime da CLT. O regime trabalhista não é nem nunca foi de categoria, *status* ou dignidade inferior à do regime estatutário – ainda que, repita-se, não seja tão adequado ao serviço público como aquele;

g) o último comentário: coerentemente com o que vimos afirmando, um Município, lastreado na sua constitucional autonomia de vontade e já que inexiste regra jurídica alguma em sentido diverso – certo que ninguém é obrigado a fazer ou a deixar de fazer alguma coisa senão em virtude de lei –, pode ocasionalmente, em má técnica, mas que não reveste irregularidade formal-jurídica, nomear algum servidor *em comissão* para a função de controlador interno.

Desaconselha-se-o enfaticamente em face do suposto comprometimento deste com a autoridade que o nomeou, e do seu descomprometimento com a estável continuidade dos serviços internos e externos (serviços-fim, cuja aquilatação integra as atribuições do controlador interno) prestados pelo órgão a que pertença, tudo a desfavorecer a isenção, a imparcialidade e a liberdade de ação exigidas no controle interno.

Ainda que nem um pouco técnica nem recomendável essa indicação de servidor em comissão para o controle, o fato é que, friamente considerado do prisma puramente formal-jurídico, isso a nosso ver é *possível*, uma vez que norma cogente alguma o impede. Trata-se de mais um exercício da – desimpedida – autonomia de vontade pela autoridade, neste caso municipal. E invocar princípios neste caso é valioso até certo ponto, mas não constitui suficiente obstáculo àquela indicação.

Apenas por "desencargo técnico de consciência" se alude a algo assim, de modo que não seja nunca lida esta derradeira observação como recomendação ou proposição – e nem sequer como palpite, ou de outro modo num átimo reviveria, do limbo tenebroso do cancioneiro popular, o *palpite infeliz.*

Conta regular, mas com multa

Este é o segundo tema do título e diz respeito a uma curiosa espécie de julgamento, ou de resultado de julgamento, que os Tribunais de Contas com alguma frequência pronunciam: a conta principal é julgada regular, mas uma *multa* ao ordenador da despesa é fixada na mesma decisão. Em primeira mão a colocação é estranhável, mas nada deve ser concluído de antemão.

Estão na regra geral alguns casos de repasses financeiros pelo Poder Público a entidades do terceiro setor, quer por força de convênios onerosos, quer por contratos de gestão, hipóteses em que é pronunciado julgamento *favorável* ao repasse, mas com imposição de *multa* ao responsável por liberar ou autorizar o repasse, que é uma autoridade do ente repassador, variável segundo as diferentes estruturas organizacionais e os diferentes ajustes que são formados.

Sabe-se que os julgamentos de contas nos TCs contêm fases ou instâncias distintas, após todo o processamento pelos órgãos técnicos de todo o expediente, iniciado com o relatório da fiscalização, que pode se referir a contas anuais ou a uma ou outra conta isolada, cuja apreciação específica foi deflagrada por alguma denúncia ou por outro motivo certo.

Após a manifestação da origem, a qual por vezes também tem comportado etapas e fases sucessivas em nome da ampla defesa e do contraditório – e quanto a isso *tiremos o chapéu* para o Tribunal de Contas do Estado de São Paulo, que não hesita em aceitar razões complementares de defesa, prorrogações de prazos administrativos, sustentações orais e todo e qualquer outro exercício da defesa –, e após a conclusão dos autos, o expediente sobe para a decisão do Conselheiro relator, ou do Auditor relator conforme a matéria, para que essa autoridade redija a sentença para o caso.

Tais sentenças constituem, chamemos assim, o primeiro grau de jurisdição do Tribunal, que se sujeita sempre ao segundo grau, que é o recurso ordinário ao Tribunal Pleno.

Muito bem, é de imaginar o número e a variedade de ocorrências a cada novo caso, nova conta e nova despesa pública. Os mais variados acontecimentos têm vez sempre que a Administração contrata, convenia, celebra parceria, terceiriza serviços ou obras, concede serviço ou obra, permite serviço, patrocina atividades, subsidia ou subvenciona entidades beneficentes, filantrópicas ou de interesse social, autoriza atividades transitórias de interesse público, ou mesmo quando se mantém na esfera mais trivial dos contratos de compra e venda, ou dos serviços mais comuns.

Virtualmente não têm fim as ocorrências, por vezes as irregularidades mais heterodoxas e as menos imagináveis, que com frequência refogem por completo a qualquer trivialidade, ou mesmo previsibilidade. Nem é para ser diferente, com a proliferação patente de legislações, de novos institutos jurídicos, novos controles, novos órgãos e de novas técnicas de fiscalização, e em face disso com os novos cuidados de que os ordenadores públicos de despesas precisam se cercar.

Fato é que os responsáveis pelas contas, como também os beneficiários de repasses de verbas públicas, são também muito amiúde responsabilizados em grau maior ou menor pelas apontadas irregularidades daquelas contas.

Em face daquilo, nas suas sentenças o Tribunal a todo tempo impõe a ambos – ordenadores de despesas e beneficiários dos repasses – variadas obrigações e penalidades, dentre as quais devolução corrigida de repasses, multas, proibição de novas celebrações onerosas de mesma natureza, suspensão das celebrações até a regularização da pendência em questão, e mesmo, agora no grau mais grave, rejeição de contas que não sejam do Poder Executivo, pareceres desfavoráveis à aprovação das contas do Executivo, quase sempre com remessa ao Ministério Público de Contas para os fins que esse ente entender devidos, e cuja gravidade é conhecida.

E o descumprimento das obrigações impostas pelo Tribunal àqueles apontados devedores, se positivado em definitivo, adicionalmente gera a remessa dos autos à fazenda do Estado, para que essa, entendendo devido, lance a conta em dívida ativa e a execute na forma da lei das execuções fiscais.

Se implementada a execução, daí a se discutir se os julgamentos definitivos de contas públicas pelos Tribunais de Contas estaduais podem ter natureza de título executivo como as respectivas Leis Orgânicas pretendem, ou se não podem em face de que legislar sobre direito processual é prerrogativa da União, será outra penosa novela, de resultado rigorosamente incerto. O problema para a autoridade ordenadora da despesa, ou para o particular beneficiário, entretanto, torna-se virtualmente *cavalar*, monumental.

E quando se sabe que um dos efeitos da conta rejeitada é a *inelegibilidade* do agente responsável, tanto mais apavorante o cenário para ele se torna, daí todo o cuidado ao seu alcance se faz imprescindível na simples assunção de obrigação pública onerosa.

As irregularidades de que aqui se fala podem de um lado ser *materiais*, substantivas ou de fundo, relativas à natureza mesma da despesa e do seu mérito, e essas são importantes, como de outro lado podem ser meramente *formais*, instrumentais, adjetivas, acessórias, quando o seu defeito for a inobservância de uma forma exigida na regra legal, sem prejuízo de quem quer que seja e sem embaraço da legitimidade da despesa, sendo essas muito menos importantes que as primeiras.

Vezes ocorrem, entretanto, em que resta difícil precisar se a falha é só formal e externa ou se avança pelo terreno da essencialidade, da substância mesma da despesa – porque esse julgamento costuma ser matéria mais *humana* do que exata e com isso pouco ponderável ou "planilhável" como o é um cálculo ou uma tabela.

Num tal momento de fundada dúvida ante duas reais possibilidades é que se apela ao senso de razoabilidade das autoridades julgadoras, se as alegações da defesa derivarem por aí, como com muita frequência tomam esse rumo.

E, quanto a essa matéria de defesa, em geral não se trata de escaramuça, subterfúgio ou evasão a responsabilidades maiores, porém de questão a ser friamente avaliada pelos julgadores, muito particularmente se não ocorreu enriquecimento ilícito de alguém – autoridade ou particular – nem prejuízo de alguém, como outros licitantes ou a própria entidade administrativa.

Se em casos assim não se patenteia má-fé nem intenção de fraudar e de ludibriar, nem o propósito de permitir a alguém tirar ilegítimo e desonesto proveito de uma situação artificial e arquitetada para isso, mas apenas um erro de forma ou formalização – como acaso um esquecimento, um descuido, uma desatenção, um atalho ou um abreviamento inadmitido na regra de regência, mas que mal maior não provoca, e que no mais das vezes operacionalmente *ajuda* –, então é de se esperar do julgador a visão clara do ocorrido e o seu enquadramento adequado na pouca ou nenhuma culpabilidade do agente.

Estas são palavras antes de um advogado defensor que de um distante comentarista e por isso precisam ser compreendidas como dentro de, e para um, senso médio e frequente de ocorrências, usuais e sem dúvida comuns, antes que para qualquer situação dentre as infinitas que acontecem desde que existe licitação e contratação na face do planeta.

Ninguém desconhece a existência de legiões ou de miríades de fornecedores de obras, de serviços e de material que se qualificam *picaretas*, aventureiros ditos *paraquedistas*, safados de todo gênero, semidelinquentes ou delinquentes plenos, de caráter entre asqueroso e intragável, que somente vicejam em terreno adequado – e lamentavelmente tudo isso se aplica a certos contingentes de servidores públicos, como se sabe.

Existem rotineiros conluios entre os, digamos, bandidos da esfera privada e os bandidos do Poder Público, ambos cânceres da comunidade que arruínam qualquer erário, qualquer esperança e qualquer perspectiva de bom governo ou de progresso de qualquer país.

A esses, naturalmente, ferro e fogo, e não é a tais pessoas que nosso lampejo de advocacia, anteriormente esboçado, se direciona nem se vocaciona; eles têm a sua e de fato precisam ter, mas nós é que não detemos resistência estomacal suficiente para tanto.

Quando, então, se trata de pequenas e inicialmente irrelevantes e desculpáveis falhas formais, o natural de esperar do julgador é indicá-las precisamente, informando e descrevendo a falha, mas que a seguir, sob esse fundamento, seja relevada ante sua pouca ou quase inexistente gravidade.

Se tais falhas, entretanto, por mais advertidas que tenham sido, e por mais insistentemente que tenham sido enunciadas e explicadas, repetem-se invariáveis ao longo do tempo e dos anos nas mesmas contas ou em situações similares, por óbvio começa a se agravar a questão.

Uma pequena falha sempre repetida se torna virtualmente uma falha cada vez mais grave, porque não se admite ao agente público a inexplicada resistência à legalidade, à regularidade procedimental, ao escorreito expediente.

Podem existir e todos sabem que existem leis e regras de péssima qualidade, por vezes injustificáveis sob qualquer argumento, porém de outro lado continua vigente o adágio segundo o qual *dura lex, sed lex* – a lei é dura, mas é lei.

Nós frequentemente na profissão combatemos, como podemos e como nos é dado, certas leis e certas regras sempre que nos pareçam indignas de um Estado civilizado, digno e institucional. *Mas um tremendo cuidado há de ser adotado nesse combate.*

Não se pode tentar descumprir a ordem institucional, boa ou ruim, sem muito forte fundamento e ao largo de justificativas voltadas ao bom senso, à necessidade de interpretação e de aplicação *inteligente* da lei – como sempre nesse sentido pugnou o grande Carlos Maximiliano –, com apelo à jurisprudência, à analogia, aos princípios de direito, à equidade, ao finalismo da norma e do direito em si, tudo na desejável intenção de um dia ver *reformada* a norma capenga e não para apenas descumpri-la.

Sim, porque, seja ele lá o que for, o Direito tem de ser melhor que um imenso cipoal de *porcarias* normativas que assolam nosso país, genuínos *enroscos de rio*.

Tudo isso nos parece claro e certo, porém o que nas contas públicas com toda frequência acontece e se observa é o mais variado rol de comportamentos pela autoridade que depois será fiscalizada, desde o mais inocente e ingênuo equívoco até o crime evidente, a malversação estampada e a má-fé mais escancarada.

Quanto a esses últimos nenhuma leniência deve ter o fiscal, porque com criminosos se deve lidar de maneira apropriada; mas quanto a quem se equivoca sem mau propósito tanto para si quanto para quem quer que seja, a razoabilidade e a proporcionalidade indicam paciência, tolerância e muito esclarecimento – para que a ingenuidade não se torne escudo e regra.

Alguém pode ser ingênuo uma vez ou duas, mas não se pode admitir o ingênuo *profissional*, useiro e vezeiro de um alegado despreparo "que a ninguém prejudicou". A ingenuidade habitual é a cada vez menos ingênua e mais culpável – e os Tribunais de Contas o sabem muito bem e sempre alertam responsáveis por contas públicas sobre os perigos do descuido de rotina, ainda que ao fim, em inúmeros casos, relevem a atitude.

Quando, entretanto, a fiscalização denota a habitualidade dos descuidos formais, e a sua reiteração pouco ou nada justificável – a denotar muita vez a presença do mais grave dos pecados mortais, a *preguiça* do agente –, ainda que por vezes deixe de julgar a irregular respectiva conta por essa razão, ao cabo do julgamento impõe penalidade como *multas* àquele responsável, ou ao seu chefe por falha *in vigilando*.

Sem ir muito a fundo nessa particular questão, é sempre preciso e muito saudável ao fiscalizado tentar ver as coisas sob a ótica do fiscal público e concluir que ele por princípio não pode ser tido como ingênuo nem como despreparado, e seu trabalho é o de fiscalizar e com isso apontar acertos e indicar erros a serem reparados. Será, sim, despreparado se tolerar, sem os ver, erros evidentes e será também pouco apto se for duro demais para com a conta fiscalizada e com seu responsável.

Mas até aqui já é possível enxergar por que certas contas, mesmo que aprovadas com ou sem ressalvas, adicionalmente vêm acompanhadas de imposição de *multas* ao agente: quase sempre nesses casos está presente o erro reiterado, ou mesmo reiteradíssimo... O que francamente não se tolera, nessas hipóteses ou em qualquer outra imaginável sobre o assunto que for na face do planeta, é o *abuso* da inteligência alheia, o pouco caso com o profissionalismo da fiscalização, a incúria patenteada sob qualquer de suas vertentes, o desleixo formal habitual e rotineiro.

Por estranho que possa parecer, então se compreende a figura do julgamento que de um lado aprova as contas e de outro lado impõe ao responsável uma pena de multa.

Ainda que ocasionalmente revele-se até mesmo *simbólica*, sempre que for justa – proporcional, ponderada, dosimetrada, razoável, equilibrada, sensata, condizente com a gravidade da falha ou do histórico da situação – essa penalidade resulta, afinal, profundamente educativa.

Rejeição de contas do Legislativo por excesso de cargos em comissão

Um assunto muito em voga, e uma inegável tendência dos julgadores de contas públicas, é a rejeição de contas dos Legislativos por excesso de cargos em comissão.

Refere-se a um assunto sempre candente e mais atual do que nunca, sobretudo visto o aparente endurecimento que a fiscalização dos Tribunais de Contas vem procedendo em suas respectivas deliberações, com crescente intolerância ao (muito encontradiço) grande número de cargos em comissão nos Legislativos.

Este tema não é inédito nem na doutrina nem em defesas judiciais e administrativas de contas, mas parece que o interesse dos jurisdicionados vem crescendo ante o fechamento gradativo de posição que se observa por parte dos Tribunais de Contas quanto à questão da necessária proporcionalidade entre o quadro dos cargos de provimento efetivo (ou o de empregos permanentes) dos Legislativos e o seu quadro de cargos em comissão, ou ao de empregos em comissão, ou de confiança.

Esclareçamos e reiteremos isso afirmado antes de prosseguir: o regime jurídico único dos servidores públicos municipais pode ser estatutário ou celetista.[8] Se for estatutário – o que é tecnicamente sempre desejável –, então esse Município tem o quadro de cargos efetivos e o de cargos em comissão. Se o RJU for o contratual trabalhista, regido pela CLT, então esse ente terá os quadros de empregos permanentes e o de empregos de confiança, também denominados empregos em comissão – daí a ressalva do parágrafo anterior.

Prosseguindo, falou-se de necessária proporcionalidade entre o número dos cargos em comissão e o quadro total de cada Legislativo municipal, cada Câmara Municipal. Cogita-se também da

---

[8]   E quem, em pleno ano de 2021, ainda pretender que o RJU municipal só possa ser o estatutário a nosso ver pode perfilhar-se entre os que negam que o homem tenha ido à Lua, e que se trata de farsa cinematográfica americana aquela filmagem que apareceu em todas as televisões do planeta; ou então alinhar-se entre os defensores da Terra plana, ou da geração espontânea de micro-organismos; ou ainda inscrever-se entre os defensores da teoria geocêntrica, segundo a qual o Sol gira em torno da Terra. Estão no seu direito.

proporcionalidade ideal entre cada Vereador e os cargos em comissão de que deveria dispor. Então, que proporções ideais são ou seriam essas?

Sem resposta possível. Nada na Constituição, em Leis Orgânicas Municipais, nem em qualquer outro sítio da legislação aplicável a cada Município contém parâmetros numéricos para orientar uma tal proporcionalidade razoável, sensata, coerente, até porque tudo isso é de absoluta subjetividade e varia a cada cabeça julgadora.

Falemos antes dos Vereadores.

Existem parlamentares a entender que 20 (vinte) cargos em comissão para cada Vereador são medida razoável, que atende as necessidades de apoio nas funções políticas e funcionais dos parlamentares. Outros entendem exageradíssima essa quadra, e para esses apenas dois por Vereador estarão de bom tamanho. Quem tem razão?

Para tentar responder, se há de considerar antes de mais nada a população municipal e suas necessidades, e o porte financeiro de cada comunidade, além, naturalmente, da tradição local nesse tema. Visto isso a lei local, de iniciativa parlamentar, orientará o tamanho do quadro de confiança.

Mas, francamente, norte objetivo algum existe para orientar essa fixação.

O Município de São Paulo pode e deve ter mais cargos em comissão, e cada Vereador paulistano deve dispor de mais cargos em comissão a indicar para a nomeação, que um pequeno Município, isso é óbvio.

Outro Município menor que São Paulo, mas de porte médio, terá menos que São Paulo, porém mais que o pequeno Município. Um pequeno Município terá mais cargos em comissão que um Município pequeníssimo. Até aí tudo é claro.

Nem as regras constitucionais de fixação do número de Vereadores para cada Município conforme sua população, figurantes do art. 29, inc. IV, da Carta – mesmo com a matemática interna desse artigo conforme fixou o Supremo Tribunal Federal –, ajudam na fixação daquelas proporções.

E com tudo isso se observam frequentes apontamentos por parte dos Tribunais de Contas dos Estados dando até mesmo por irregulares as contas anuais das Câmaras Municipais, por alegado abuso das leis locais que criaram cargos em comissão no Legislativo, por alegado exagero e falta de razoabilidade.

As defesas daqueles números por vezes dão certo e o julgamento é alterado, mas não é essa a regra mais comum.

Agora ventilemos a proporção entre cargos efetivos (ou empregos permanentes) e cargos em comissão (ou empregos de confiança) dentro de cada Legislativo municipal.

É sabido que a Assembleia Legislativa do Estado de São Paulo tem alguns milhares de cargos em comissão, para algumas centenas de cargos de provimento efetivo.

É voz comum a de que os parlamentares, para o desempenho de suas atribuições parlamentares e políticas, dependem diretamente dos seus indicados em comissão, não podendo contar com os efetivos de cada Casa para as funções de assessoramento parlamentar, porque evidentemente não é atribuição de efetivos essa função.

Outra vez, quem tem razão? Se é certo que não é papel de efetivos auxiliar Vereadores, ou Deputados, ou Senadores, em suas funções parlamentares e políticas de base e de fundo, a pergunta que se faz é até onde é lícito empregar pessoas, não eleitas por votação popular e pagas com dinheiro público, para aquele trabalho que tem caráter fortemente político?

Algo é certo: enquanto existir um ser humano na face da terra, essa pergunta não terá resposta razoável e definitiva.

Se a Constituição – não menos que ela – não ditar as regras aritméticas para reger esta questão, então é certo que se discutirá até o dia do apocalipse, o armagedon bíblico, e esterilmente, sem luz à vista, este problema.

Obtivemos no passado, há perto de duas décadas, êxito definitivo em defesa de um próspero Executivo municipal paulista cujo titular sofreu ação civil pública por manter cargos em comissão, no Executivo, alegadamente em demasia.

Sabe-se que hoje essa tendência se alterou, invertendo-se, e eis que é mais comum, em primeiro, que não seja o Executivo o Poder visado nessas ações mas o Legislativo, e em segundo que a vocação do Judiciário é de prover tais ações, determinando ao réu reduzir seu quadro em comissão.

As alegações, as bases e os fundamentos tanto das ações propostas quanto das decisões afinal promanadas do Judiciário são bastante variadas, porque é sempre um osso duro fundamentar e decidir objetivamente dentro de uma imponderabilidade tão marcada.

O que apenas se visa levantar neste momento – absolutamente sem a mínima pretensão de equacionar um problema tão subjetivo quanto o julgamento de uma obra artística ou o do gosto de alguma iguaria – é a necessidade de os entes julgadores, como o Judiciário, os Tribunais de Contas, as Controladorias, os controles internos, bem como os entes e as pessoas competentes proporem ações de inexcedível virulência como por excelência são as ações civis públicas contra administradores por vezes simplesmente desavisados.

Há nesse esquivo terreno os culpados sem justificativa, mas há os meramente incautos e, se todos são sempre lançados no mesmo balaio como réus daquelas ações, então algo deve andar errado.

Sem pretender dominar a verdade, é imprescindível a necessidade de todos esses titulares das ações refletirem demoradamente consigo mesmos, de modo sereno e desapaixonado, distanciados de qualquer prejulgamento, gosto, preferência pessoal, coloração ideológica ou inclinação política, nem facciosidade alguma em qualquer direção, antes de exercerem seus tremendos poderes institucionais contra autoridades, instituições ou outras pessoas naturais ou jurídicas.

Seja o assunto o dos cargos em comissão nas Câmaras Municipais, seja correlato, seja mesmo bem diverso disso, recorde-se sempre o potencial autor dos drásticos procedimentos incriminatórios de alguém, de natureza civil ou criminal, que ao mover uma ação civil pública contra alguém o autor já venceu, na medida em que terá provavelmente destruído a vida e a alegria do réu, quando não sua saúde – ainda que após vinte anos a ação seja improvida, como a maioria o é. Um lenitivo final na terra arrasada...

A questão dos cargos em comissão nos Legislativos é apenas um dos temas que suscitam esta conclusão.

CAPÍTULO 3

SEGURANÇA JURÍDICA EM CONTRATOS ADMINISTRATIVOS

Esta breve reflexão tem o exclusivo propósito de chamar a atenção para um ponto absolutamente fulcral – se não for porventura o mais importante dentre todos – dos contratos em geral, porém, por força de nosso ofício, com o seu enfoque voltado aos contratos administrativos: a *segurança jurídica* que precisa anteceder a celebração, acompanhar toda a execução e persistir mesmo depois de cumprido e arquivado qualquer contrato. Explicamos.

Contrato administrativo é, como bem se sabe, aquela espécie de contrato celebrado entre a Administração Pública e um particular, com objeto de *obra* ou *serviço* – e ainda nas várias modalidades de *concessão* –, e no qual existe ampla predominância de direitos da Administração contratante sobre os do particular contratado.

O nome que se dá a esses direitos inequivalentes é o de cláusulas *exorbitantes*, ou cláusulas *derrogatórias do direito comum* (o direito civil ou das gentes), sempre em favor do Poder Público contratante, e que para o contratado representam obrigações *de suportar* ou ocasionalmente obrigações *de fazer*.

A principal lei enfeixadora das regras do contrato administrativo é a lei nacional das licitações e dos contratos administrativos, a Lei nº 8.666, de 21 de junho de 1993, já amplamente modificada ao longo dos anos, sendo porém que existem disposições sobre os contratos administrativos dispersas por outras leis como a das *parcerias público-privadas* (PPPs), a lei dos *consórcios públicos*, a lei das *concessões e permissões de serviço público*, as leis instituidoras das agências nacionais de serviços e em outras ainda com caráter mais pontual.

Nessas referidas leis se observa um grande cuidado com a segurança da Administração Pública ao celebrar contratos administrativos – o que denota preocupação sem dúvida fundamental e indispensável do legislador –, porém ao se abordar o tema da segurança jurídica em contratos o último em que se pensa é nisso, porque é sabido e consabido que a Administração já desfruta de modo inato, e sem nenhum titubeio nos últimos séculos, da mais ampla segurança nas suas relações com os particulares e com as pessoas do mundo civil.

Todos os institutos jurídicos naturalmente já convergem, desde o nascedouro, para assegurar as mais absolutas garantias materiais e formais ao Poder Público no seu trato com a iniciativa privada, e essas margens de segurança parecem, de tempo em tempo, apenas aumentar, solidificar-se, expandir-se e se consolidar. A faca e o queijo estão nas mãos do todo-poderoso Estado desde que o mundo é mundo, e jamais seria diferente.

O que exige atenção e alerta máximos, entretanto, é a segurança que o Direito precisa emprestar e assegurar *aos particulares* nas suas relações com o Estado, vez que estes representam – ainda que contrato seja contrato – a parte fraca e débil naquela desigual relação, e como toda parte fraca demanda proteção institucional bastante evidente, e destacada. Esse é o foco destas linhas.

***

Não se ignora nem jamais se despreza o fato de que a lei de licitações contém diversos importantes dispositivos de garantia ao particular daquela indispensável segurança jurídica, nos contratos que celebra com o Poder Público. Dentre esses figuram os seguintes:

- *art. 65, inc. II, al. "d"*, que permite às partes consensualmente revisar o contrato em inúmeros casos, desde que presentes os motivos aí indicados, como o é um *fato imprevisível* ou *de consequência pouco previsível* para a execução do contrato; ou uma ocorrência de *força maior* ou de um *caso fortuito* (expressões praticamente sinônimas em direito público, ambas a significar um acontecimento indevido à vontade das partes contratantes e que essas não puderam ou poderiam ter evitado, e que ocorreu em direto detrimento da normal execução do contrato); ou algum *fato do príncipe* (ato de governo de amplitude geral e imprecisável na prática, prosaicamente referido na lei pelo tradicional apelido que lhe deu o Direito Administrativo), todos a prejudicar a manutenção das condições econômico-financeiras iniciais do contrato, pressupostamente equilibradas como eram;

- *art. 65, §§1º e 2º,* que *limitam* o poder ou a capacidade de alteração unilateral, pela Administração contratante, das cláusulas de serviço dos contratos, estabelecendo o valor máximo que essas alterações podem implicar para mais ou para menos;
- *art. 65, §4º,* que assegura ao contratado receber o valor dos materiais que, por força do contrato de obra ou de serviço celebrado, haja adquirido e posto na sede da execução, caso seja potestativamente suprimida parte do contrato pela contratante;
- *art. 65, §5º,* que garante a revisão dos preços contratuais em caso de ocorrer aumento de tributo ou encargo legal, desde com comprovada influência sobre os preços contratados;
- *art. 65, §6º,* que assegura ao contratado o reequilibramento financeiro do contrato em caso de alteração unilateral pela Administração do objeto, em manobra prejudicial ao primeiro;
- *art. 78, parágrafo único,* que assegura contraditório e ampla defesa ao contratado ameaçado, ou em vias, de ter o contrato rescindido pela Administração;
- *art. 79, §2º,* que garante ao segurado um importante conjunto de direitos pecuniários e indenizatórios em caso de rescisão com base nos incs. XII até XVII do art. 78, em caso de a Administração contratante não conseguir demonstrar culpa ou dolo do contratado no episódio, direitos esses consistentes em *ressarcimento dos prejuízos demonstrados* (como lucros cessantes e danos emergentes, e eis aí o terreno para uma batalha administrativa ou judicial interminável, amiúde mais alongada que o *Guerra e paz* de Tolstói); *devolução da garantia,* que só viria após recebido definitivamente o objeto; *pagamento em destaque da desmobilização,* que já estava incluído no preço do contrato, e o *pagamento do executado até o momento da rescisão;*
- *art. 79, §5º,* que garante a prorrogação automática do crono-grama de execução da obra ou do serviço contratado – e atenção: não se fala de prorrogação do contrato, mas apenas do cronograma de execução, o que é muito menos que o contrato inteiro, e constitui apenas uma parte dele – em caso de impedimento ou paralisação da execução, que seja devida a fatores naturais incontroláveis pelo contratado, ou à própria Administração contratante;

- *art. 109, inc. I, al. "e"*, que assegura o direito a *recurso administrativo* ao contratado que teve seu contrato rescindido unilateralmente pela Administração contratante.

***

Trata-se de uma plêiade aparentemente impressionante de direitos e de garantias ao contratado no seu ajuste com o Poder Público em caso de obras e de serviços, que são os contratos administrativos basilarmente disciplinados na Lei nº 8.666/93, e isso não se nega.

Ocorre que todos bem sabem e todos bem conhecem o poder do Estado, desmedidamente imenso na sua relação com o particular e o administrado, dentre os quais o seu contratado.

Não foi à toa nem por acaso que Rousseau, nos pródromos da teoria que culminou com seu *Contrato social*, se referia ao Estado como um *monstro*, o Leviatã aparentemente tão caro a Hobbes, a exigir todo um sistema constitucional, institucional e legislativo que, a par de legitimar sua atuação na defesa do bem comum, também e de outro lado assegurasse aos cidadãos um plexo de direitos sem os quais restariam à mercê do poder absoluto dos seus dirigentes, para os quais o direito era apenas o seu próprio.

Essa consciência dos direitos civis evoluiu de modo *feroz* desde então em todas as nações civilizadas, a tal ponto que em países líderes mundiais como os Estados Unidos chegam hoje, talvez, a turvar um pouco a noção de equilíbrio que deve permear a relação de direito público-privado. Em certos temas os direitos civis norte-americanos são tão abundantes e variados que tolhem ações governamentais sem-conta, que para outros países constituem a realidade mais normal – e mesmo desejável – que se possa imaginar.

E o Brasil, a sua maneira, cada vez mais se aproxima de uma realidade assim mesma, com os direitos civis avançando de modo aparentemente incoercível por sobre antigas reservas estatais, até há pouco tempo tidas por sagradas e inabaláveis.

Veja-se apenas o caso do art. 5º da Constituição Federal, dos direitos e das garantias individuais. Não existe território constitucional mais intocável nem mais protegido por todas as forças humanas e celestiais conhecidas. Se se altera o art. 5º constitucional é para *acrescer novos direitos civis* ao imenso plexo deles, que ali figura.

Apenas uma nova Constituição Federal reduz, restringe, prejudica, aperta, constrange ou limita direitos e garantias individuais, cláusulas pétreas que são da carta magna, e nenhuma das 76 (setenta e seis) emendas constitucionais promulgadas até abril de 2012 *buliu* com aquele terreno sagrado, senão para sacralizá-lo ainda mais.

Consta que existem protocoladas no Congresso mais de 2.000 (duas mil) PECs – propostas de emendas constitucionais. Se se examinar cada qual delas, possivelmente nenhuma terá ousado intentar contra algum direito ou alguma garantia individual – e, muito longe disso, se cuidou do assunto foi para exalçar ainda mais aquela imensa pletora.

***

Não se está aqui tratando, entretanto, de direitos civis, mas de direitos do contratado pela Administração Pública.

Apesar de existir na lei de licitações a já examinada e muito considerável teia de dispositivos protetivos dos direitos do contratado – e, muito bem-vindos, que permaneçam por todo o futuro –, essa rede protetiva em muito pouco reduz ou afasta o temor de algumas eventuais atuações do Estado, que de quando em vez veiculam ou diretas intervenções na ordem contratual ou, de outro modo, mal disfarçadas *intimidações* aos contratados para que consintam com revisões reducionistas e fora de qualquer admissibilidade jurídica.

Assim exatamente ocorreu em 1995 e 1996 com relação a inúmeros contratos firmados pelo Estado de São Paulo, em geral para obras ou grandes e complexos serviços. Os contratados passaram a ser pressionados a admitirem redução dos preços contratados de modo ostensivo e francamente intimidatório, sob a alegação de que estavam inchados pela previsão de inflação, quando a economia se havia estabilizado pouco tempo antes.

Verdade ou não, o fato é que o contrato é um *ato jurídico perfeito* que graças a isso, por definição e por conceito, está imune a alterações unilaterais quanto ao valor, que a contratante pública visasse impor.

Admite-se a intervenção da Administração contratante, observados determinados limites de valor, apenas nas cláusulas *de serviço*, ou *operacionais*, das avenças, porém jamais para, a seu exclusivo talante, alterar preços e valores, que se supõem pactuados rigorosamente dentro dos formalismos da lei e da licitação. Isso, com todo o respeito, *nunca e em tempo algum*, num estado democrático de direito.

Para resumir, existem ainda centenas ou milhares de ações e ainda em curso, em instância superior, movidas por contratados pelo Estado que, não concordando com aquela ingerência ditatorial, antidemocrática, injurídica e inconstitucional, moveram ações contra o Estado pleiteando a manutenção das condições regularmente contratadas. E não se imagina quando verão um fim.

Algo assim é que se teme, porque balança o direito e o periclita de morte, contrariando Constituição, Código Civil, princípios basilares de direito, jurisprudência sólida e pacífica, tradição jurídica e respeito aos mais lídimos valores da sociedade – *malgrado toda aquela protetividade formal da Lei nº 8.666/93!*

Sim, porque quando o Estado resolve avançar com a força de seu poderio por sobre o particular, e com isso atropelar como bem entenda as mais sagradas instituições de direito, não há na Terra força que o detenha.

***

Um Presidente da República há mais de duas décadas confiscou *manu militari* as poupanças dos brasileiros, com tanto *arrebentando* todos os princípios de direito e todas as regras jurídicas que balizavam aqueles contratos formados por parcelas imensas da população – após vencer uma eleição em cuja campanha acusou o adversário de pretender fazer exatamente isso se acaso empossado.

Esse temor, de insegurança jurídica, é o que apavora o cidadão comum, o contribuinte, o potencial contratante, seja em contratos administrativos, seja em quaisquer contratos.

Quem confia nos *montepios*, nos sistemas privados de previdência, como um dia experimentou confiar no passado, após ver seus depósitos de anos e de décadas se evolarem como brisa após os conhecidos golpes dos espertalhões e dos manipuladores da boa-fé que os negociavam – sem que nada, ou quase nada, jamais acontecesse em tema de punição àqueles transcendentais velhacos, pós-doutorados em vigarice? Quem se aventura a ingressar, hoje em dia, em aventura semelhante?

Muito além de lesar os crédulos segurados, o grande desastre que tais criminosos pilantras ensejaram à sociedade foi exatamente a *quebra de confiança* em amplos sistemas securitários, previdenciais e assistenciais, que funcionam e sempre funcionaram perfeitamente bem em todo o mundo civilizado, mas que em nosso país não mereceram, no triste passado que se conhece, o mesmo destino.

As *caixas de pecúlio* que quebraram e desapareceram sem deixar vestígio, lesando milhares de incautos e inocentes contribuintes a ponto de que percam o gosto pela vida, que é feito delas?

***

Quanto aos contratos administrativos, o que não se admite é que uma empresa particular, duríssimamente habilitada numa licitação para uma concessão de serviço público, ou de obra pública, ou de serviço precedido de obra, venha a ter suas ações subitamente e de inopino desapropriadas pelo Estado, sob a esfarrapada alegação de que não investem o suficiente no país, e com isso desatendem o propósito da concessão – quando se sabe da essencial inverdade que aí se esconde, e do real desespero político pela crescente miserabilização do povo governado.

Caso recente da Argentina, foi um péssimo exemplo de conduta de um governante, e do que mais se teme em um contrato administrativo, seja a instabilidade das relações jurídicas ou a insegurança institucional.

O que não se admite em caso semelhante é a desapropriação pelo Estado de uma empresa que investiu milhões ou bilhões de dólares em algum país estrangeiro, e que com isso supre a ineficiência desse mesmo país – pois que se fosse eficiente não concederia seus serviços e a exploração de seus bens essenciais a estrangeiros, mas prestaria os serviços e exploraria seus bens e suas riquezas, e se não o faz é porque não o consegue, face a incapacidade intrínseca. São os casos recentes da Bolívia e da Venezuela, para não ir além.

Como alguém que seja honesto de propósito pode confiar em estabelecer-se em país que não respeita ato jurídico perfeito – eis um grande mistério da alma humana.

Como alguém admite contratar com quem, pessoa pública, não tenha tradição em respeitar contratos, e em não prezar a segurança jurídica do contratado – como gostaria de testemunhar caso estivesse do outro lado –, eis outro mistério.

Em se sabendo, por fim, da lentidão dos trabalhos jurisdicionais do Poder Judiciário em nosso país – pelos motivos arquiconhecidos de pouca estrutura e de sobrecarga funcional, sim, porém que não resolvem o problema –, a insegurança jurídica constitui possivelmente o mais assustador fantasma a sobrepairar o horizonte do contratado na sua justa expectativa de simplesmente *ver cumprido o contrato*.

Não se desconhecem os infindáveis *picaretas* da iniciativa privada, profissionais desonestos que somente visam obter vantagens ilícitas de suas contratações. A estes o rigor pleno da lei – mas seja observado que mesmo contratos ditos *superfaturados*, e por cruel que possa parecer, merecem a proteção da segurança jurídica. Invalide-se-os, em casos assim, pelas regulares e formais vias de direito, porém jamais pela quebra da segurança jurídica, e pela instabilização institucional – por tudo o que é sagrado!

Também os celerados e os patifes de todo gênero têm direito ao *due process of law* – os penalistas o sabem mais que ninguém. O que jamais se justifica em tempo algum, sob a alegação que for, é a quebra da ordem institucional nos contratos celebrados por quem quer que seja, e muito menos pelo Poder Público, que deve sempre dar o primeiro exemplo de respeito às instituições, se quer ser respeitado a seu turno.

A segurança jurídica é para o Direito como o ar que se respira, ou a energia do sol. Sem o seu mais completo asseguramento, retrocedemos *ex abrupto* à pedra lascada.

CAPÍTULO 4

OS PRINCÍPIOS SÃO FONTES CONFIÁVEIS DE DIREITO PROCESSUAL? NÃO CUSTA REFLETIR UM POUCO

A Constituição de 1988 deu um impulso decisivo à configuração dos *princípios de direito* como fontes primárias e básicas de direito. Os arts. 37, 70 e 93 ilustram o que se afirma.

Se se consultarem os juristas, os juízes, os promotores e outros profissionais do Direito sobre esta questão, possivelmente a unanimidade confirmará a tese de que os princípios constituem, cada vez mais, fontes originárias de direito, e não apenas longinquamente secundárias, supletivas ou subsidiárias como se ensina e se aprende na universidade – ao menos até passado recente.

As fontes de direito, em um país juspositivista como o é o nosso, são ordenadas e claramente hierarquizadas conforme, digamos, a relevância, a confiabilidade e a indiscutibilidade da sua coerção, da sua impositividade, da sua autonomia mandamental, da sua capacidade ordenativa da vida social – eis que apenas para isso serve a invenção do direito.

Estas qualidades, de cunho em parte objetivo e em parte subjetivo, devem e somente podem aqui ser consideradas dentro da configuração que já está entranhada e profundamente assentada na mentalidade jurídica nacional, e do modo como se acham incorporadas e arraigadas no pensamento jurídico de nosso povo. E num contexto assim a *lei* desponta naturalmente como a primeira fonte de direito, sendo a Constituição a mais alta lei.

Ninguém imagina que abstrações como são os princípios de direito possam ter existência autônoma ou independente de (I) um ordenamento jurídico complexo e abrangente, dentro do qual façam sentido como supranormas informativas das normas, e de (II) um intérprete, um pensador dedicado, um analista, um decodificador que os traduza para o plano do dia a dia, um decifrador equidistante e isento na medida do possível.

Sem esse trabalho de os trazer das nuvens e os arrastar até o chão em que as pessoas vivem, os princípios de direito não são mais que devaneios ou idealismos, unicamente sedutores, porém, tal qual os espíritos da natureza, incapturáveis, inapreensíveis, insubjugáveis, insuscetíveis de qualquer utilização e de qualquer cunho de praticidade.

***

O dilema é facilmente identificável: num sistema de direito positivo como o nosso, de leis e de normas escritas a disciplinar tudo o que a autoridade divisa como humanamente disciplinável, e num Estado que se constituiu e se amoldou todo inteiro dentro dessa quase absoluta rigidez formal, então como conviver um *direito principiológico* com esta camisa de força institucional?

O princípio sugere, induz, inspira, aponta, intui; o normativismo amarra, comprime, acorrenta, agrilhoa...

O princípio, na sua eloquentíssima concisão, aponta a senda da liberação e da liberdade – a quem tem a sensatez de observá-lo nos atos que pratica. A norma, em outra direção e já tendo resolvido os conflitos do percurso, sufoca o pensamento, coíbe a criatividade, inibe a iniciativa... afinal, ela já deu a solução!

Alguém então dirá – *abaixo as normas, e vivam os princípios?* Absolutamente não e nunca, sobretudo em país positivista como o Brasil.

Acontece que, e este é o despretensioso alerta que esta reflexão pretende transmitir, até há algumas décadas a lei era a soberana absoluta e incontrastável no plano operacional do nosso direito, porém hoje em dia, acredite-se, aquele panorama *quase se inverteu.*

Hoje em dia pode-se dizer que os princípios de direito simplesmente se assenhoraram da consciência jurídica e jurisdicional brasileira, e que vêm à mente dos profissionais do direito antes mesmo que as regras do ordenamento positivo.

***

Seja qual for o lado do balcão em que situado o profissional – julgador, jurisdicionado, advogado, membro de poder, ou mesmo simples e ocasional observador –, e por força das mais variadas invencionices, modismos, descaradas demagogias, hipocrisias, teatralidades do momento, e depoimentos tão críveis quanto as lágrimas de um crocodilo, e ainda por bazófias eleitoreiras ou tiradas quixotescas que não têm fim, o fato é que todo esse conjunto nada recomendável de narrativas vem crescentemente emprestando um destaque por completo *artificial* aos princípios de direito.

O inadequado manejo converte os tesouros mentais e intelectuais de que os princípios são feitos em vulgaridades desprezíveis, faltando-lhes apenas a moldura do picadeiro de um circo. Quem não tem altura para tratar com princípios deveria escolher outro objeto com que lidar.

Com aquela banalização do sagrado os seres honestos de propósito, que enxergam a falsidade e o fingimento dos discursos, acabam por no mínimo perder o interesse na vertente principiológica, quando não passam a nutrir por ela franca antipatia e repulsa à simples menção ao princípio tal ou qual.

Desde que o mundo existe cada coisa deve ficar em seu lugar e se manter na sua função, como deve cada macaco tão somente atuar nos domínios de sua rama. Todo exagero prejudica, e toda acentuação imoderada do que quer que seja denigre o objeto que pretendia exaltar – e em Direito não é diferente.

O que é divino – e precisa sê-lo – não tolera farisaísmos nem moralismos de fancaria, nem fachadas de luxo, se não tiver materialidade ou conteúdo, nem consistência que se possa aquilatar.

Um discurso vazio ou interesseiro sobre aquele tema sagrado tem amiúde a capacidade de deslustrar, aos ouvidos neófitos ou desprevenidos, a excelência originária do princípio. Tal qual o detentor da peça de ouro que a revestir de chumbo.

E não se fala aqui de algum dos loucos de todo gênero, mas tão só dos seres *mal-intencionados*.

Mendelssohn pouco empregava os trombones na sua música, por considerá-los por demais sagrados para serem banalizados. Em Direito assim são os princípios, que pela mesma razão não devem figurar no discurso de qualquer um.

***

A preocupação ensejadora desta reflexão é o uso desparametrado, banalizado e abusivo dos princípios de direito em ações judiciais e na doutrina, tal qual fossem eles uma recente invenção de alta tecnologia e apta a resolver os mais intricados impasses a cargo da ciência jurídica.

Mesmo antes da Constituição de 1988, e sem citar obras, Themístocles Brandão Cavalcanti asseverava que os princípios podiam, já naquele então (anos 70 e 80), ser invocados como fontes primárias de direito e fundamentos processuais em mandados de segurança. Alegava o magnífico publicista, não sem a muita ousadia que o seu arcabouço técnico lhe ensanchava, que os princípios eram capazes de só em si conformar um plexo de direitos em favor de alguém, amparável portanto pelo *writ*.

Nessa mesma tônica é bastante conhecida a máxima jurídica, alardeada por nomes como Celso Antônio Bandeira de Mello, de que violar um princípio é mais grave que vulnerar uma norma. É que, sendo o princípio a supranorma da qual derivam e na qual se substanciam as normas, então deve ser pior afrontar a matriz que a filial... [9]

No polo oposto José Cretella Jr., em palestras e conferências que presenciamos, rebatia aquele raciocínio ao recordar que o juiz defere o mandado de segurança que violou o artigo tal da lei qual, e não o princípio invocado pelo impetrante ou pelo impetrado. Num direito positivista como o nosso assim é de esperar: direito líquido e certo é o decorrente da lei, de modo expresso e objetivo.

E seja reconhecida a dificuldade monumental que enfrenta um juiz para conceder uma segurança arrimada n'algum princípio de direito... Exatamente como preconizou Hely Lopes Meirelles, para quem *o direito invocado, para ser amparável por mandado de segurança, há de vir expresso em norma legal e trazer em si todos os requisitos e condições de sua aplicação*.[10] (o destaque é nosso)

O extraordinário sistematizador do Direito Administrativo brasileiro, notável dentre suas outras virtudes pela de manter sempre o pé no chão, não diria o mesmo dos princípios. Cada macaco...

***

Um princípio, em tese (ou *em princípio*...) não contém a objetividade necessária para configurar, *juris et de jure* e incontestavelmente, direito nenhum a ninguém. Perdoem os idealistas e os ufanistas do direito, mas a verdade é essa.

Por mais resplandecentemente escrito e descrito que seja um princípio, num pleito judicial constituirá apenas – e sem nenhum demérito, porque cada coisa deve figurar em seu lugar e não em outro – um fundamento *juris tantum*, vale dizer relativo, parcial, aproximado, adventício, circundante, acessório, suplementar, periférico, adjutório, sugeridor. E de modo quase invariável não será suficientemente preciso e fulminante para configurar algum direito objetivo.

O princípio da *legalidade*, que é o primeiro dos princípios invocados pela Constituição no art. 37, é explicado pela própria Constituição no

---

[9] *In: Curso de direito administrativo*. 12. ed. São Paulo: Malheiros, 2000, p. 748.

[10] *In: Mandado de segurança*, 25. ed. São Paulo: Malheiros, 2003, p. 37.

art. 5º, inc. II, segundo o qual *ninguém será obrigado a fazer ou a deixar de fazer alguma coisa senão em virtude de lei.* Jamais a Carta cogitou a ideia de obrigar alguém a alguma coisa decorrente de princípio de direito...

O princípio é de fato a supranorma, matriz das regras e das normas escritas, porém se não existirem as regras e as normas os princípios ficarão suspensos no espaço sem nenhuma função objetiva... daí a invocá-los como fundamento de pleitos judiciais, ou como configuradores de direitos líquidos e certos, é uma grande temeridade.

Tanto é verdade que o Supremo Tribunal Federal, ao editar suas súmulas vinculantes, como a nº 13, coloca a prudência em destaque ao salientar que a conduta tal ou qual, relativa a nepotismo dentro do serviço público, viola a Constituição – e se refere ao princípio da impessoalidade, e por consequência ao da moralidade.

O *timor reverencialis* que a Suprema Corte revela no tratar de princípios é sintomático, porque bem sabe que princípios de direito não são leis de imposto de renda, de aluguel comercial nem de infrações de trânsito.

Fossem objetivos os princípios, então não haveria razão para tanto cuidado, nem para a edição de súmulas que ensinam o entendimento da corte sobre as limitações recomendadas ou sugeridas pelos princípios, e das condutas que, nessa melindrosa tônica, afrontam a Constituição.

Observam-se compreensivelmente muitas mesuras e muito tato no convívio e com os princípios, que são por completo desnecessários ou descabidos quando se lida com leis e com normas objetivas. Regras e normas objetivas se manuseiam, se dispõem e se aplicam sem maior dificuldade. Mas quando se cuida de princípios...

***

Desce-se, agora, ao plano do Direito Processual.[11]

Aparentemente nada é mais *oposto* que um princípio de direito e uma regra processual: o primeiro é causal, etéreo, flutuante, sobranceiro, espirituoso; a segunda é rígida, implacável, fria, mandatória – e a rigor tem de ser, por excelência, objetiva.

Falamos especificamente da ação civil pública, com a nota de improbidade administrativa por violação aos princípios de direito aplicáveis.

O art. 11 da assim chamada lei *da improbidade,* em verdade contra a improbidade, que é a Lei nº 8.249, de 1992, assim reza:

---

[11] Com efeito, passar do plano dos princípios de direito para o do processo não é propriamente uma descida, mas uma queda livre.

Art. 11. Constitui ato de improbidade administrativa que atenta contra os princípios da administração pública qualquer ação ou omissão que viole os deveres de honestidade, imparcialidade, legalidade, e lealdade às instituições, e notadamente:

I – praticar ato visando fim proibido em lei ou regulamento ou diverso daquele previsto, na regra de competência;

II – retardar ou deixar de praticar, indevidamente, ato de ofício;

III – revelar fato ou circunstância de que tem ciência em razão das atribuições e que deva permanecer em segredo;

IV – negar publicidade aos atos oficiais;

V – frustrar a licitude de concurso público;

VI – deixar de prestar contas quando esteja obrigado a fazê-lo;

VII – revelar ou permitir que chegue ao conhecimento de terceiro, antes da respectiva divulgação oficial, teor de medida política ou econômica capaz de afetar o preço de mercadoria, bem ou serviço;

VIII – descumprir as normas relativas à celebração, fiscalização e aprovação de contas de parcerias firmadas pela administração pública com entidades privadas;

IX – deixar de cumprir a exigência de requisitos de acessibilidade previstos na legislação;

X – transferir recurso a entidade privada, em razão da prestação de serviços na área de saúde sem a prévia celebração de contrato, convênio ou instrumento congênere, nos termos do parágrafo único do art. 24 da Lei nº 8.080, de 19 de setembro de 1990.

Este é um dos piores dispositivos da legislação brasileira de todos os tempos. Deve ter sido arduamente ideado e planejado, para conseguir ser tão péssimo. Naturalmente a intenção do legislador foi louvável, mas também o inferno legislativo está repleto de boas intenções.

Lembra auto de fé medieval, regido pela inquisição, que torturava e matava quem quisesse quando quisesse apenas por questão de crença, ou então as cruzadas que perseguiam os infiéis ou as bruxas em Salem, nos Estados Unidos, no século XVII, ou recorda ainda os infinitos moralismos que em geral as criaturas mais imorais e mais indecentes do planeta conduzem e lideram pelo que quer que seja – e as quais com muita frequência são pilhadas *com a boca na botija,* praticando as piores infâmias que anunciam combater.[12]

Constitui a quinta-essência da hipocrisia, um discurso mais falso que uma nota de quinze unidades monetárias, genuína conversa de

---

[12] Sempre recomendamos a quem deseje encontrar o mais imoral dos homens procurar o presidente da associação mundial dos moralistas. Não perca tempo procurando em lugar errado.

fariseus num moralismo de circo. O Brasil, em momentos assim, não se apercebe da miserável indigência de sua legislação.

Uma lei com dispositivos como estes realmente deveria e deve ser alterada – como o está sendo atualmente no Congresso –, sendo que, antes disso, jamais deveria ter sido editada. O curioso é que cerca de um terço dos parlamentares federais, que aparentam exigir tanta moralidade dos cidadãos que representam, estão sendo processados pelos mais diversos motivos nem um pouco encomiásticos... e portanto esta deve ser lei *para os ouros*, não para alguns dos autores.

***

Imagine-se uma sentença condenatória às pesadíssimas penas do art. 12 da lei por violação ao princípio da *lealdade às instituições*, porque o réu atrasou em publicar um ato de ofício... ou porque descumpriu normas de acessibilidade!

Ou uma condenação a alguém porque um dia inadvertidamente (como espera demonstrar...) deixou de observar todas as regras de aprovação das contas de uma parceria público-privada! Foi *desleal às instituições* pertinentes! Alguém porventura sabe o que é isso?...

Existirá por acaso um juramento de fidelidade às instituições, como nos casamentos? Algum fiscal da lealdade institucional estará atuante, dia e noite, contra os traidores?... Alguma autoridade brasileira sabe com alguma precisão e objetividade a que exatamente deverá ser leal em matéria de instituições?

Qual é a referência objetiva de uma tal coisa? Qual a bússola, qual o norte, qual a postura a adotar, quais parâmetros seguir?

Alguma autoridade executiva, legislativa, ministerial ou julgadora pode em sã consciência levar a sério uma fantasmagoria ou abantesma jurídico como é isso?

O legislador, que aprova o que o seu partido lhe manda aprovar sem ter a menor noção do que se trata, valida então um texto desses, da pior origem e da pior inconsciência institucional imaginável, e depois o que o país observa é a condenação de autoridades incautas, que, se leram a lei como se duvida que o tenham feito, pelo visto incidiram em crimes de lesa-humanidade – comparáveis talvez ao holocausto da Segunda Guerra – como, por exemplo, atrasar uma publicação de ato de ofício...

Alguém leva algo semelhante a sério dentro de um ordenamento jurídico positivista, objetivista e concretista?... Alguém pode levar a sério um *desabafo legislativo* como este art. 11 da lei da improbidade à conta de sério?

Somos o país da piada, do analfabetismo institucional, do deboche, da chanchada, da música sertaneja que o cantor decora para cantar porque não deve saber lê-la... até nas nossas leis tidas como as mais importantes.

***

Os princípios são o extrato da sabedoria se figurarem no seu altíssimo lugar, no seu plano essencial e de tudo informativo, e não na miséria baixíssima de dispositivos com o art. 11 da dita lei da improbidade.

Já dissemos que improbidade, realmente configurada, é redigir uma infâmia como essa, e o reafirmamos. Algo como improbidade intelectual.

Quem aprova regras como o art. 11 tem tudo para ser uma autoridade mal-resolvida como pessoa, insegura e sequiosa por se afirmar na profissão e no mundo, e uma daquelas criaturas que ao se casarem com alguém só com isso farão exceder o débito cármico do seu consorte, do tamanho que for...

No frio balanço dos valores parece que pouca diferença entre si ostentam um defensor desse artigo e um criminoso da especialidade que for, porque ambos ensejam um grande mal à espécie humana. Ninguém é dono da verdade, mas certas verdades todos sabem e todos veem.

Um é bandido do mal, outro se diz um agente do bem – mas é bandido da mesma forma, porque se compraz em condenar inocentes desinformados, e em crucificar incautos, e em sacrificar desavisados. Regozija-se quando o consegue, e então exibe a façanha aos seus colegas, parceiros ou comparsas.

Pobres de nós somos todos, enquanto esta miséria institucional existir. Mas ninguém espere evolução institucional provinda de um povo que deixou a educação de lado e que por isso somente involui.

CAPÍTULO 5

PRESCRIÇÃO DE ADINs. SE ADIN NÃO É AÇÃO DE RESSARCIMENTO, ENTÃO PRESCREVE

ADIn é a sigla de *ação direta de inconstitucionalidade*, por vezes abreviada apenas por ADI.

É a tradicional ação pela qual o autor pleiteia obter a declaração judicial de que uma lei, ou um decreto, ou um ato administrativo normativo, é inconstitucional, quer totalmente, quer parcialmente.

Assim, se obtiver êxito, o autor – dentre os poucos que a Constituição legitimou para propor tais ações – consegue fazer retirar do mundo jurídico um texto normativo, por o Poder Judiciário entender que contraria a Constituição Federal, ou a Constituição do Estado conforme o caso e o objeto.

A Constituição Federal, que dá o modelo para as Constituições dos Estados, indica quem são os possíveis autores das ADINs[13] e traça as linhas mestras do processo, que depois é minuciado em lei federal que disciplina a propositura de ADINs ante o Supremo Tribunal Federal.[14]

De outro lado, o art. 37 da Constituição reza em seu §5º que a lei estabelecerá o prazo de prescrição para ilícitos praticados por qualquer agente, servidor ou não, que causem prejuízos ao erário, *ressalvadas as respectivas ações de ressarcimento* (destaque nosso).

---

[13] Cf. art. 103. E quanto ao §2º desse artigo, que atribui ao Congresso a atribuição de expedir decreto legislativo suspendendo a execução do diploma que já foi declarado inconstitucional, é mais inútil que uma gripe. Não vale a tinta em que foi escrito. Os tribunais já de longa data, conhecendo a ineficiência e o ritmo paquidérmico do Legislativo brasileiro, consideram que o diploma declarado inconstitucional já está suspenso tão logo assim declarado, salvo se a decisão dispuser de outro modo. O Legislativo figura no processo como uma faca sem lâmina e sem cabo.

[14] Cf. Lei Federal nº 9.868, de 10 de novembro de 1999.

A impressão corrente de que as ações de ressarcimento de valores ao erário são imprescritíveis foi muito recentemente confirmada pelo Supremo Tribunal Federal, em 8 de agosto de 2018 (RESP nº 1.089), de modo que, enquanto predominar esse entendimento, se uma ação é de ressarcimento de valores ao erário, então não prescreve.

Uma ação de ressarcimento pode, assim, ser proposta 120 anos depois de acontecido o fato, talvez contra o tetra tataraneto dos responsáveis pelo negócio público, o que contraria toda a teoria geral do direito existente no planeta em todos os tempos e provocou a indignação do Min. Marco Aurélio em seu voto, no qual afirmou que não tem o mais remoto cabimento a ideia de existir ação patrimonial imprescritível.

Mas é o que a Suprema Corte decidiu, e assim está posto o direito hoje em dia. Então, se uma ação é de ressarcimento, não prescreve.

***

Que é uma ação de ressarcimento ao erário público? É aquela pela qual o ente público que pagou algo a terceiro pede de volta aquele valor por entender indevido o pagamento.

Ressarcir é devolver, restituir, dar de volta, retornar, reembolsar, reaver. Somente quem pagou pode mover ação de ressarcimento, porque quem não pagou não tem do que se ressarcir – di-lo a lógica mais primária. Se alguém que nada pagou a ninguém pleiteia a devolução de valores ao ente que pagou, então a isso não se pode denominar pleito de ressarcimento, mas uma ação de cobrança, ou de indenização, movida por estranho ao negócio realizado e em nome de quem pagou – mas isso não é ressarcimento.

Não se ressarce nenhum valor a quem não pagou valor nenhum, na medida em que não se devolve algo a quem não seja o seu titular.

O objeto da ADIn é declarar a inconstitucionalidade de lei ou ato normativo.

O objeto da ação de ressarcimento é fazer quem pagou receber de volta o valor que pagou a terceiro.

Nenhum ponto em comum têm as duas ações, cujos objetos são absolutamente distintos e apartados.

Se por mero acaso a declaração de inconstitucionalidade implicar alguma devolução de valores de alguém para algum ente público, isso precisará constar da decisão que declarou a referida inconstitucionalidade – porque o objeto da ADIn não foi, porque não pode ter sido, ressarcimento nenhum.

E em geral, quando leis que concedem vantagens a servidores públicos são declaradas inconstitucionais, os servidores que se haviam beneficiado daquelas vantagens não são obrigados a devolver valor nenhum ao ente público que os pagou por força daquela lei, porque os receberam de boa-fé, porque prestaram os serviços e porque não participaram da formação da mesma lei, nem foram responsáveis pela sua existência, nem pela das próprias vantagens – e assim os acórdãos com toda frequência o declaram com todas as letras.

Quando ADIn for o mesmo que uma ação de ressarcimento, então uma ação de retificação de loteamento será o mesmo que uma ação renovatória inglesa, e uma ação de despejo equivalerá a uma de anulação de casamento nuncupativo.

***

Estivemos envolvidos na defesa de uma lei de Município paulista, declarada inconstitucional pelo Tribunal de Justiça do Estado, movida pelo sr. Procurador Geral de Justiça e julgada procedente naquela instância originária.

Ora, como se disse, aquela nunca foi uma ação de ressarcimento, porque o autor não pediu ressarcimento de valor algum, que o seu órgão não pagou. Trata-se do Ministério Público pedindo devolução de valores *a um Município*, como se fora advogado desse Município. E, curiosamente, fê-lo contra a vontade do próprio Município, que respondeu à ação e a contestou em suas informações.

Tanto o Executivo quanto o Legislativo local contestaram a ação, o que converte o episódio num curioso caso de advocacia *contra a vontade do cliente...*

Assim, tratando-se de uma ação de inconstitucionalidade de lei municipal, e se com a ação o Município autor da lei não concorda, então resta evidente que *não se trata de uma ação de ressarcimento*, porque, repita-se:

a) o autor, Ministério Público, não pediu ressarcimento de nada, porque não pagou nada a lhe ser ressarcido, e ressarcimento significa *devolução a quem pagou alguma coisa a alguém*, e

b) jamais poderia pedir ressarcimento numa ADIn, porque o objeto dessa ação é ver declarada inconstitucional no caso uma lei, e apenas isso.

Seria aliás muito atípica e processualmente arrevesada a ideia de uma ação de ressarcimento contra a vontade de quem aprovou a lei e que, portanto, não quer ressarcimento nenhum...

Reitere-se: uma possível ação é a de ressarcimento de valores públicos movida pelo ente público que pagou aqueles valores; outra ação, absolutamente diferente e que nenhuma relação guarda com aquela, é a ação direta de declaração de inconstitucionalidade de lei, cujo único propósito é retirar do ordenamento jurídico um texto normativo, para que no presente e no futuro não mais produza efeito.

Os objetos, o conteúdo, o processo, os fundamentos das ações, e os seus respectivos pedidos, são rigorosamente diversos entre si. Ação de ressarcimento será ou uma *ação ordinária*, regida pelo CPC, ou uma *ação civil pública*, regida pela Lei nº 7.347, de 24 de julho de 1985.

Já a ADIn é regida pela Lei Federal nº 9.868, de 10 de novembro de 1999.

Nunca uma ADIn pode ser tratada como se fora uma ação de ressarcimento, pelos dois motivos já alinhados antes. Formal e materialmente, nada tem uma ação com outra.

Tanto uma ADIn não é ação de ressarcimento que

a) o autor nunca pede nenhum ressarcimento de coisa alguma ao Município autor da lei, e

b) o Tribunal de Justiça de São Paulo, coerentemente com o único pedido da ADIn, não condenou ninguém a devolver coisa nenhuma.

***

E nenhuma estranheza existe em que decisão de inconstitucionalidade opere *ex-tunc*, ou seja, retroativamente desde o nascedouro da norma, como decidiu o Tribunal de Justiça. Ilógica seria uma solução diferente, porque uma lei não pode ser declarada inconstitucional a partir da data tal ou qual, se nada mudou na Constituição-referência nesse meio tempo.

Toda lei declarada inconstitucional o é, sempre, desde seu nascedouro, mas só isso não significa que os casuais beneficiários de outrora terão de devolver coisa alguma ao ente autor da lei, porque isso não consta nem do pedido da ação nem, portanto, da decisão do Tribunal.

E realmente não deveriam devolver coisa alguma em hipótese nenhuma, porque

a) são terceiros de boa-fé, como o v. acórdão reconheceu, como em geral reconhece, *tendo sido pedido esse reconhecimento ou não;*

b) não têm responsabilidade pela lei; e ainda

c) trabalharam porventura, *mais de um quarto de século*, percebendo o benefício que uma lei municipal lhes atribuiu. E aí reside o real motivo deste curto artigo.

***

O que até este momento não se informou é que a lei municipal declarada inconstitucional data de 1992, e a ADIn foi proposta em 2018, vinte e seis anos depois portanto.

Reza o art. 205 do Código Civil:

> Art. 205 A prescrição ocorre em 10 (dez) anos, quando a lei não lhe haja fixado prazo menor.

Dormientibus non succurrit jus, reza o conhecido adágio jurídico. E não é porque se trata de uma ADIN que o seu prazo prescricional pode ser desrespeitado ou ignorado.

Esta ação está portanto, pelo Código Civil à falta de qualquer disposição diversa em outras fontes de direito, prescrita desde 2002.

Com todo efeito, se não se trata de ação de ressarcimento a que se refere o art. 37, §5º, da Constituição, então está prescrita esta ação já no nascedouro, porque nem a Constituição Federal nem a lei que rege a ADIN, nenhuma delas contém nenhuma exceção ou ressalva à regra do Código Civil sobre prescrição de ações.

A prescrição desta ADIN é *a mais comum que existe em nossa legislação processual*, incidindo neste caso o art. 205 do Código Civil, que é de 10 (dez) anos porque a lei da ADIn não estabeleceu prazo prescricional algum, e porque o art. 206 do Código Civil, que enuncia as prescrições, nunca se refere à ADIn.

A prescrição incide sobre qualquer ação salvo se a Constituição disser diferente, como fez quanto às ações de ressarcimento, no art. 37, §5º.

E ação direta de inconstitucionalidade não é nem nunca foi ação de ressarcimento.

E tanto neste caso não é, que o v. acórdão decidiu:

> Considerando, no entanto, que a vantagem é concedida há longos anos, *ressalva-se a não repetição das parcelas recebidas de boa-fé até a data deste julgamento*, em homenagem ao princípio da segurança jurídica.

Nesse mesmo sentido:

> A inconstitucionalidade aqui proclamada embora produza efeitos *ex tunc*, comporta a seguinte observação: com fundamento na segurança jurídica,

e, em respeito ao princípio da boa-fé, resta assegurada a irrepetibilidade das parcelas pagas até a data deste julgamento." (v.g. ADIn no 2.073.282-81.2016.8.26.0000 p.m.v. j. de 17.08.16 Rel. Des. AMORIM CANTUÁRIA). Daí a procedência da ação, declarando-se a inconstitucionalidade dos arts. (...) com efeitos ex tunc, *assegurada a não repetição dos valores percebidos de boa-fé até a data do presente julgamento* (destaques nossos).

Ora, se se tratasse de ação de ressarcimento, e *triunfante como até este ponto foi,* então jamais poderia comportar uma tal decisão de não mandar ninguém devolver nada, corretíssima de resto, que preservou de devolução os valores percebidos com inteira boa-fé pelos servidores municipais beneficiados em 1992.

Se, tendo sido a ação julgada *procedente* como foi, não mandou os beneficiários devolverem valores, então por forçado raciocínio é porque *não se trata de ação de ressarcimento.*

E assim, em não sendo ação de ressarcimento, então incidem os prazos prescricionais do Código Civil e os decadenciais da Lei nº 9.784, de 29 de janeiro de 1999 – como se examinará em tópico adiante.

***

Nessa direção é ainda o r. acórdão proferido pelo e. Tribunal de Justiça do Estado de São Paulo, numa ação civil pública, nos autos da Apelação nº 636.047.5/5-00, datado de 12.09.07, e do qual se lê o seguinte excerto:

> Ementa: Administrativo – Ação Civil Pública – Procuradores do Município – Equiparação salarial concedida sem respaldo legal – Ilicitude ou improbidade não demonstradas – Ato que gerou efeitos no campo de interesse individual dos servidores – Impossibilidade de anulação devido ao tempo decorrido – Prescrição ocorrente – Precedentes dos Tribunais Superiores – Improcedência que se decreta – recurso passivo provido, desprovido o outro. (...)
>
> Ocorre que, embora de rigor a anulação perseguida, o fato é que *transcorridos quase dez anos entre a concessão da benesse* (maio/1996 – fls. 53 e 55) e o ajuizamento da ação (agosto/2005 – fls. 02), achando-se já decorrido o lapso de cinco anos do Decreto 20.910/32, aplicável aqui por não se cuidar de direito real. (...)
>
> Destarte, é reformado o r. decisório, para, diante da prescrição, julgar-se improcedente a ação, nos termos do art. 269, IV, da lei processual civil, invertidos, em consequência, os ônus sucumbenciais e observado o valor da causa como base de cálculo dos honorários.
>
> Dá-se provimento ao recurso passivo, negando-se ao outro.
>
> IVAN SARTORI – Relator Designado (grifos originais).

De tal sorte, o direito subjetivo de arguir, do recorrido, está há muito tempo prescrito, e, por isso, aquela ação proposta, vista temporalmente, não tem o menor cabimento em face da prescrição ocorrida.

***

Mas não é só.

Além da verificação da prescrição decenal, e no mesmo exato diapasão, denota-se que o ilustre autor *decaiu do direito de anular artigos de uma lei municipal (Lei nº 2.458) datada de 25 de março de 1992,* por força do disposto no art. 54, da Lei Federal nº 9.784, de 29 de janeiro de 1999, que reza:

> Art. 54. O direito da Administração de anular os atos administrativos de que decorram efeitos favoráveis para os destinatários *decai em cinco anos,* contados da data em que foram praticados, salvo comprovada má-fé (grifamos).

Dessa vez, decadência e não mais prescrição, não mais se fala em 10 (dez) anos, mas apenas em 5 (cinco) anos.

Sobre tal dispositivo, o e. Superior Tribunal de Justiça, nos autos do Mandado de Segurança nº 6.566/DF, julgado em 15.05.00, decidira, de forma irrepreensível, que

> PROCESSUAL CIVIL – MANDADO DE SEGURANÇA – PORTUÁRIOS – ANISTIA – APOSENTADORIA EXCEPCIONAL DO INSS – CANCELAMENTO DO BENEFÍCIO – DECADÊNCIA DO DIREITO – LEI 9.784, DE 29.01.99, E SÚMULA 473 DO STF *"Após decorridos 5 (cinco) anos não pode mais a Administração Pública anular ato administrativo* gerador de efeitos no campo de interesses individuais, por isso que se opera a decadência. Segurança concedida" (com caixa alta original, e itálicos nossos).

Observa-se, portanto, e conforme é sabido, que qualquer autor decaiu do direito de anular atos de que decorreram efeitos favoráveis a alguém, mesmo que esses atos sejam decorrentes de uma lei municipal.

Não é porque decorreram de uma lei local os efeitos benéficos a servidores locais que deixa de prevalecer para o caso, e de incidir sobre o caso, a disposição fulminante da Lei Federal nº 9.784, de 29 de janeiro de 1999, figurante de seu art. 54.

***

E, no sentido da aplicabilidade do art. 54, da Lei Federal nº 9.784, de 1999, ao caso presente, mesmo sendo norma federal, em face da sua ampla generalidade e abrangência esta foi a conclusão do sintético Parecer ACJ nº 388/04, de lavra do dr. Caio Marcelo de Carvalho Gianinni, no qual cita no mesmo sentido Celso Antônio Bandeira de Mello, *verbis*:

> Não é por outro motivo que o douto Professor Celso Antônio Bandeira de Mello é tão peremptório: *o prazo de cinco anos adotado pela lei federal é aplicável a todas as esferas da Federação por força da própria Constituição Federal* (grifamos).

E, portanto, no caso presente o interregno de cinco anos também é o único aplicável ao caso presente, e, portanto, a presente ação direta de inconstitucionalidade precisa por esse motivo ser rejeitada desde já por esse e. Supremo Tribunal Federal.

E, ainda, no mesmo sentido aqui defendido, leia-se r. acórdão do e. STJ, no Recurso Especial nº 628.524 – RS, proferido contra uma autarquia estadual gaúcha, o Instituto de Previdência do Estado do Rio Grande do Sul, *por aplicação analógica daquela referida Lei Federal nº 9.784/99*, a lei do processo administrativo federal, e cuja ementa tem o seguinte teor:

> ADMINISTRATIVO. SERVIDOR PÚBLICO. FILHA SOLTEIRA MAIOR DE 21 ANOS. DEPENDÊNCIA. ASSISTÊNCIA MÉDICO-HOSPITALAR. INÉRCIA DA ADMINISTRAÇÃO. DECADÊNCIA ADMINISTRATIVA.
> 1. Não pode o administrado ficar sujeito indefinidamente ao poder de autotutela do Estado, sob pena de desestabilizar um dos pilares mestres do Estado Democrático de Direito, qual seja, o princípio da segurança das relações jurídicas. Assim, no ordenamento jurídico brasileiro, a prescritibilidade é a regra, e a imprescritibilidade exceção.
> 2. Na ausência de lei estadual específica, a Administração Pública Estadual poderá rever seus próprios atos, quando viciados, *desde que observado o prazo decadencial de cinco anos. Aplicação analógica da Lei nº 9.784/99.*
> 3. Recurso Especial não conhecido (destaque nosso).

***

E não foi isolada aquela magnífica decisão do e. STJ, eis que o próprio acórdão cita diversos precedentes do mesmo Tribunal. Enumeremo-los:

> 1º) *ADMINISTRATIVO. RECURSO ESPECIAL. MANDADO DE SEGURANÇA. PENSÃO INDEVIDA. INÉRCIA DA ADMINISTRAÇÃO. ANULAÇÃO DO ATO. DECADÊNCIA.*

Não pode a Administração Pública, após o lapso temporal de cinco anos, anular ato administrativo que considera viciado, se o mesmo gerou efeitos no campo de interesse individual de servidor público ou administrado, incorporando-se ao seu patrimônio jurídico. Precedentes.

Recurso não conhecido (Resp 515.225/RS, 5ª Turma, rel. Min. FELIX FISCHER, DJ de 20/10/2003);

2º) PROCESSUAL CIVIL. VIOLAÇÃO À SÚMULA. IMPOSSIBILIDADE DE ANÁLISE EM SEDE DE RECURSO ESPECIAL. PRESCRIÇÃO ADMINISTRATIVA. ART. 54 DA LEI Nº 9784/99. PRECEDENTES. LEI LOCAL. SÚMULA 280/STF.

I – Verbetes ou enunciados de Tribunais não equivalem a dispositivo de lei federal para fins de interposição do recurso especial. Precedentes.

II – Nos termos do art. 54 da Lei nº 9784/99, o direito da Administração de anular os atos administrativos de que decorram efeitos favoráveis para os destinatários decai em cinco anos, contados da data em que foram praticados, salvo comprovada má-fé. Precedentes.

III – O manejo do recurso especial reclama violação ao texto infraconstitucional federal, sendo defeso ao Superior Tribunal de Justiça reexaminar a aplicação de legislação local, a teor do verbete Sumular 280 – STF.

IV – Agravo interno desprovido (AgRg no Resp 595.627/RS, 5ª Turma, rel. Min. GILSON DIPP, DJ de 19/04/2004.)

Observe-se a existência de farta jurisprudência sobre o tema, a evidenciar que já existe apascentado entendimento pela positiva aplicabilidade, mesmo que analógica, da regra da decadência quinquenal, contra a Administração Pública, mesmo que indireta, do direito de anular atos administrativos benéficos aos administrados se decorridos mais de cinco anos da sua prática, sempre em face da nacional abrangência do art. 54, da lei federal do processo administrativo.

***

Mas o que é principal, a esta altura do relato, é que o próprio Supremo Tribunal Federal já se pronunciou de forma definitiva sobre esta questão, no MS nº 25.963 – DF, Rel. o Ministro César Peluso, julg. em 04.05.07, *in DJ* 11.05.07, *verbis* (citado no já mencionado acórdão do TJSP, a Ap. nº 636.047-5/5-00, e que por sua vez cita outros precedentes):

Não ocorrendo a má-fé dos destinatários do ato administrativo, ficaria a administração pública inibida de anulá-lo, assegurando, assim, a estabilidade das relações jurídicas, com base no princípio da *segurança jurídica*. Para essas situações, o art. 54 da Lei nº 9.784/99 deu a medida do que seria prazo razoável para influir no juízo de *precedência do princípio da segurança jurídica sobre o da legalidade*, no cotejo ou no "balancing test" entre esses dois princípios em face da prolongada inação da administração pública no que diz com o exercício do seu poder (que para nós é um poder-dever) de autotutela (destaque nosso).

Nesse mesmo sentido, aliás, alinharam-se além do precedente citado pelo autor, MS nº 22.357 (Pleno, Rel. Min. Gilmar Mendes, *DJ* 05.11.04), também o MS nº 24.268 (Pleno, Rel. Min. Ellen Gracie, Rel. para o acórdão Min. Gilmar Mendes, *DJ* 17.09.04) e a *PET* nº 2.900 (Rel. Min. Gilmar Mendes, *DJ* de 01.08.03).

Leia-se, ainda, daquela decisão do Supremo Tribunal Federal (MS nº 25.963 – DF), este especial excerto:

> Não ocorrendo a má-fé dos destinatários do ato administrativo, ficaria a administração pública inibida de anulá-lo, assegurando, assim, a estabilidade das relações jurídicas, com base no princípio da *segurança jurídica*. Para essas situações, o art. 54 da Lei nº 9.784/99 deu a medida do que seria prazo razoável para influir no juízo de *precedência do princípio da segurança jurídica sobre o da legalidade,* no cotejo ou no "balancing test" entre esses dois princípios em face da prolongada inação da administração pública no que diz com o exercício do seu poder (grifamos).

Com todo efeito, quanto à observância da prescrição trata-se de observância do princípio da *segurança jurídica,* sendo que a estabilidade das relações jurídicas prevalece até mesmo sobre o princípio da legalidade estrita no *balancing test,* ou o confronto de predomínio, entre esses dois basilares e fundamentais princípios de direito.

***

A esta altura fácil é perceber que uma ação direta de inconstitucionalidade de uma lei de mais de vinte anos *é improcedente,* porque:

a) o direito subjetivo de arguir a inconstitucionalidade da lei municipal em questão, que é de 1992, está *prescrito,* porque já se passaram muito mais de 10 (dez) anos da sua edição, e ainda porque

b) se observa a *decadência* do direito do autor de anular os atos que beneficiaram alguém, porque decorreram muitíssimo mais que 5 (cinco) anos desde a lei impugnada até a propositura desta ação, de modo que, nos termos do art. 54, da Lei Federal nº 9.784/99, não mais cabe discussão a respeito de tal matéria no Poder Judiciário, vez que em caso assim também incide o prazo decadencial, menor ainda que o prescricional.

***

Em conclusão, deve o aplicador da lei e do Direito desde o nascedouro afastar a ideia de que apenas por se tratar de uma ADIn essa ação é imprescritível, como se um sagrado manto de sacralidade constitucional a abrigasse do fatalíssimo instituto da *prescrição*. Nada disso existe em nosso Direito.

E deve ainda o homem do Direito ter presente o instituto da *decadência*, que fulmina pretensões da Administração Pública se decorreram mais de cinco anos da edição de atos de que resultem benefícios a alguém, ainda que se trate de leis.

CAPÍTULO 6

OS RISCOS DE SER SERVIDOR PÚBLICO. UM PARALELO COM OS CONTRATOS

Quem há ao menos umas duas décadas conhece o serviço público e a arte de ser servidor público – tendo sido servidor ou mesmo não o tendo, bastando nesse caso ser bom observador – seguramente já terá concluído que a carreira é uma *das mais arriscadas* no mercado das profissões, independentemente da especialidade pública.

Profissão de alto risco?... Atualmente sim. Não se cuida propriamente de riscos físicos, como os que enfrenta um mergulhador, um domador de feras, um instrutor de escalar o Everest, um dublê de cinema ou um empregado de plataforma marinha de petróleo. A periculosidade não é bem essa.

Também não se estão a referir os riscos de ser carteiro em certas regiões das grandes cidades, ou dono de loja lotérica nas mesmas regiões, atividades essas nas quais cada dia de sobrevivência é de ser comemorado pelo profissional. Os riscos ora a comentar não são dessa natureza.

Referem-se aqui os riscos *jurídicos* ao exercício da profissão, aqueles até há poucos anos eram nem sequer suspeitados por quem ingressasse no serviço público, em geral e com justo motivo alegre, despreocupada e esperançosamente.

Mas Guimarães Rosa, adequadamente citado certa feita pelo Desembargador paulista Ricardo Cintra Torres de Carvalho, já nos alertara de que *viver é perigoso*. O que não se sabe é se o extraordinário romancista mineiro incluía as carreiras públicas no perigo...

***

A teoria dos riscos nos contratos – ou seja, a zona *aleatória* que todo contrato contém, expressão a significar simplesmente o campo de risco – foi desenvolvida no Direito Civil e posteriormente também no Direito Público, especialmente o Administrativo, e tem imediata utilidade no campo dos contratos administrativos de obras e de serviços.

Aleatório é referente à álea, que é zona de azar, de risco, de incerteza, de insegurança, de precipitação, de inconfiabilidade ou de instabilidade, seja maior, seja menor. O neologismo advindo do inglês para aquilo é *randômico*, de *random* ou área de risco, de incerteza, de imprevisão, do que não é firme e do que é variável.

A atual lei brasileira de licitações e contratos contém menção à *álea econômica extraordinária e extracontratual dos contratos* (Lei nº 8.666/93, art. 65, inc. II, al. "d", *in fine*), o que abrange a sua zona de riscos, de caráter tão somente econômico e não de outra natureza, que ultrapasse o risco natural e de certo modo calculado que qualquer contrato contém – já que todo contrato implica ao menos algum risco de parte a parte.

Assim como existe álea econômica, outras zonas de risco também estão quase sempre presentes nos contratos, como:

a) a *operacional* ou *física*, que se refere a riscos físicos para a execução, como em obras que dependem de prospecções e de trabalhos em terrenos não suficientemente palmilhados e conhecidos;

b) a álea puramente *financeira*, que não chega a ser econômica porque se refere apenas a problemas de caixa, da moeda ou de sua liquidez, sem afetar a situação econômica da empresa propriamente;

c) a álea da *gestão*, relativa a problemas derivados ou consequentes tão só da fiscalização, do acompanhamento e do gerenciamento dos contratos, e que podem ser gravíssimos e comprometer toda a execução – como aliás frequentissimamente ocorre em nosso país –, existindo ainda

d) a álea *institucional* ou, particularizando de outro modo, *jurídica*. Trata-se da zona de riscos de caráter puramente institucional com relação aos fundamentos jurídicos do contrato, e às regras de direito que incidem sobre o pacto e sua execução. Nessa álea estão principalmente contemplados os riscos de alterações das regras jurídicas, que, mesmo que não devessem atingir o contrato firmado sob regras anteriores, na prática em nosso país infelizmente muita vez atropelam o contrato por ordem das autoridades contratantes.

As autoridades contratantes com frequência em verdade *obrigam* os contratados a engolir as novas regras, para por exemplo dar descontos, ou realizar o que não estava contratado sem alterar o preço, sob pena de rescisão contratual – e não se preocupam muito com as consequências financeiras dessa antecipada e injustificada rescisão, sabendo que as ações indenizatórias consumirão algumas décadas até serem resolvidas.

Trata-se de o mais forte exercer seu poder sobre o mais fraco como sempre aconteceu na face do planeta, na mesma igualdade que existe entre um leão e um ratinho. E o Direito... ora, o Direito!

Se na teoria os atos administrativos são pressupostamente idôneos, na prática as coisas muitas vez são bem diferentes, a exemplo dos sucessivos *calotes* no pagamento dos precatórios e os planos ou embustes governamentais de confisco de dinheiro da população.

Mas é fato certo que até mesmo as *imperfeições técnicas* das leis e das normas regedoras dos contratos, imperfeições essas que não eram sabidas de início, mas que ficaram evidentes ao largo da execução, integram a álea institucional dos contratos. Por vezes revela-se tão defeituosa a legislação de regência – ou por ultrapassada, ou por irrealística, ou por anacrônica – que esse fato precisa ser considerado ante pleitos por qualquer das partes, da revisão ao ajuste, vítima das instituições insuficientes. Não é comum, mas com a legislação que temos nunca será de espantar que ocorra.

Se resumidamente assim podem ser os riscos do contrato, quanto à vida dos servidores públicos estão mais restritos, nos dias que correm, a uma espécie: os jurídicos. Que raio é isso?

***

À guisa de explicar, passamos a apenas relatar alguns casos defrontados ao longo da vida profissional, em geral de clientes, cujos nomes evidentemente são omitidos. Deixamos de tecer impressões ou comentários, que ficam a cargo e por conta do gentilíssimo leitor.

Caso 1: a servente que *se lascou.*

Em um Município do norte do Estado de São Paulo alguns servidores do Legislativo, sobressaindo o caso de uma servente, sofreram ação civil pública, com nota de improbidade administrativa, porque receberam sem oferecer resistência, e durante algum tempo, uma gratificação dada pela lei municipal.

Esses servidores não tiveram, como dificilmente poderiam ter tido, nenhuma mínima participação na formação legislativa daquela vantagem. Todo o processo legislativo se deu independentemente da sua vontade ou da sua atuação, e enfim a lei, aprovada e sancionada, estabeleceu uma gratificação aos servidores.

Foram processados numa ação civil pública, e condenados em primeira e em segunda instância, por ato de improbidade. O ato, repita-se, foi o de receber a gratificação que a lei municipal lhes concedera, e de cuja origem não participaram.

Atualmente recorrem para os tribunais superiores em Brasília, mas a esperança de reformarem a decisão não é alentadora. Seu ato: receber o que a lei lhes deu, sem rebelar-se e sem suscitar nenhum incidente de juridicidade.

***

Caso 2: a condenação dos R$ 30,00.

Um cidadão, então cliente, foi condenado em segunda instância numa ação civil de improbidade que sofreu pela acusação de ter adulterado uma nota fiscal, que o autor pretende que era originariamente de R$ 3,00, para o valor de R$ 33,00.

Ouvido o proprietário do estabelecimento emissor da nota, este informou em juízo que o seu restaurante não vendia nenhum produto a R$ 3,00; a emissão daquela nota por ele seria portanto virtualmente impossível, a uma porque devem ser raras as pessoas no planeta que pedem comprovante de uma despesa desse valor em restaurante, e a duas porque não existia produto algum no estabelecimento vendido àquele valor insignificante.

Houve também neste caso processo criminal, no qual o mesmo réu foi absolvido. Mas isso, por ele arguido na ação civil, não impediu a sua condenação em primeira e em segunda instâncias, sendo que os recursos superiores se arrastam na capital federal.

***

Caso 3: a cor do veículo.

Outra pessoa em nosso Estado viu-se processada e condenada em primeira instância em ação pública na qual a parte autora a acusava de ter direcionado uma licitação para aquisição de um veículo de passeio, porque do edital constava a cor cinza chumbo, ou verde abobrinha, ou laranja rocambole, que a servidora autora do edital mencionara na descrição do bem desejado.

Só existia uma agência de automóveis na cidade, e a incauta pessoa valeu-se do nome da cor que algum vendedor lhe informara que existia na agência, quando fora indagado sobre se tinham carro daquela cor.

O carro foi vendido afinal a preço inferior ao da tabela da empresa, e a escolha da cor se deveu a uma informal padronização que existia na Prefeitura. Apenas a agência local participou do certame, que foi regularmente anunciado e publicado, e não era um convite mas modalidade licitatória de limite superior.

Processada, a servidora responsável pela licitação foi duramente condenada em primeira instância, mas absolvida em segunda.

***

Caso 4: a licitação trágica.

Uma servidora de uma Câmara Municipal da Grande São Paulo viu-se processada em ação civil pública, com nota de improbidade, porque, membro da comissão de licitação de sua entidade, encaminhou documentos que licitantes haviam apresentado no certame, e depois o autor da ação acusou a todos os envolvidos de viciar, por direcionamento, a licitação.

Teve bens, contas bancárias e valores bloqueados, e não apenas seus como de sua família, que nem sequer fazia ideia do que estava acontecendo. Acham-se bloqueados até o dia de hoje, por mais reiterados e insistentes apelos que oferecesse ao Judiciário, indicando o descabido da medida.

Primária em ser ré de quaisquer ações, desde então perdeu o sono, como sói acontecer a réus neófitos ou jejunos nessa matéria em que jamais pretenderam ser experientes.

***

Caso 5: ação por nepotismo contra o entendimento do Supremo Tribunal Federal.

O Supremo Tribunal Federal decidiu por repetidas vezes que o cargo de Secretário Municipal tem índole política e por isso escapa à abrangência do conceito de *nepotismo* que se extrai da Súmula Vinculante STF nº 13, que versa sobre o assunto. *Extrai-se o conceito*, porque a Súmula, por mais esforço que por certo seus autores despenderam na sua elaboração, deixa talvez mais dúvidas que certezas quando de sua aplicação na vida prática.

Reconheçamos que o tema é assaz *cabeludo*, porque nada fácil é resumir ou sumular em poucas linhas toda a regra do nepotismo a ser tido como inconstitucional; e se bem que o panorama quanto a isso tenha melhorado, está ainda longe de resolvido em definitivo.

O fato é que a Suprema Corte, desde a edição da referida Súmula nº 13, já pronunciou diversos julgamentos fixando que Secretário Municipal é posto que não sofre as restrições do nepotismo proibido, em face de seu caráter eminentemente político e não de linha ou de carreira – e que por isso mesmo nem sequer se perfilha ao lado dos demais cargos em comissão.[15]

Uma irmã de um Prefeito paulista, entretanto, confiante na orientação do Supremo Tribunal, mereceu processo por improbidade por ter aceitado o cargo de Secretária Municipal, e o Prefeito é também réu. Prevaleceu até este ponto portanto a leitura estadual da Súmula Vinculante e não a do seu autor, o Supremo Tribunal Federal.

***

Caso 6: o impossível acontece.[16]

Durante um curso em Recife há quase duas décadas dizíamos da quase impossibilidade de se desclassificar uma proposta por inexequível, em qualquer licitação. Antes de sair da sessão o presidente da comissão já estaria sendo processado por improbidade administrativa, talvez com seus bens bloqueados, sua vizinhança em polvorosa e sua família chorando em desespero pela infausta novidade. Neste Brasil de hoje é o que se esperaria.

Apenas em caso de preços ilegais, como propor pagar menos que um salário mínimo aos empregados do proponente, é que se viabiliza aquela desclassificação, porque mesmo que evidente a *picaretice* da proposta, e a intenção fraudatória evidente do proponente, neste atual ambiente de caça às bruxas e de moralismo que lembra o da inquisição espanhola ou os autos de fé medievais as autoridades fiscalizatórias preferem ver a ruína da Administração ao realizar negócio inexequível a admitir que a proposta tal ou qual somente pode ser desclassificada por inexequível, como na hipótese da lei.

Assim dizíamos na exposição, quando um cidadão, já idoso, nos interrompeu para informar que estava sendo processado civil e criminalmente porque desclassificara uma proposta, numa licitação que presidira, na qual o proponente, de acordo com sua planilha de preços consignava pagar um terço do salário mínimo nacional a cada empregado que trabalharia em jornada integral na execução de sua proposta, caso fosse vencedora.

---

[15] Sempre sustentamos, e ainda pensamos assim, que a natureza do cargo de Secretário Municipal, como do de Secretário de Estado e como do de Ministro de Estado, é *híbrida*, um misto de cargo em comissão e cargo de agente político. Observando-se atentamente, não são bem nem uma coisa nem outra, porque detêm características de cargo e de mandato, ou ao menos de designação política. Mas parece que prevalece o entendimento de que são postos políticos, de modo que fomos vencidos... mas não convencidos.

[16] Como nas *Seleções do Readers Digest*.

Tivera os bens bloqueados, e sua reputação profissional, até então imaculada, assim como sua saúde física e mental, periclitava... *No comments.*

***

Observa-se assim que uma das mais arriscadas profissões do momento, em nosso semicivilizado país, é a do servidor público, muito particularmente em atribuições que envolvam os negócios públicos.

Os riscos a que está sujeito são absolutamente imerecidos em certas funções e atividades, como a de membro de comissão de licitação. Merece, aí, pesado adicional de *periculosidade*.

Existem servidores organizados em quadrilhas de meliantes da pior espécie – todos o sabem –, porém existem os que, providos de vergonha na cara e de honra de que se orgulham, com frequência são arrojados no mesmo balaio dos cascões astrais que integram a primeira categoria.

Isso não pode acontecer, pena de o primitivismo próprio dos caçadores de bruxas e dos modernos inquisidores prevalecer sobre o estado de direito conquistado, de que tanto nos ufanamos a cada dia que passa.

CAPÍTULO 7

PARECER, LAUDO TÉCNICO E LAUDO PERICIAL – O DESABAMENTO DAS BARRAGENS

A recente segunda tragédia brasileira da mineração – desastre mundial, porque o Brasil é por demais exíguo para circunscrever só para si semelhante catástrofe humana, ambiental, técnica e civilizatória –, que foi a explosão das barragens da cia. Vale do Rio Doce em Brumadinho, Minas Gerais, em janeiro de 2019 e a menos de quatro anos da primeira hecatombe similar, em Mariana, também em Minas, sugere um tema por certo mais afeto ao direito que aquele oceano de lama: que diferença ostenta um *parecer* de um *laudo técnico*, e ambos de um *laudo pericial*?

Que são trabalhos diferentes é fácil ver, mas até onde, e precisamente em que, é o que se indaga.

A questão outra vez se coloca em nosso direito porque imediatamente após aquele *débacle* desencadeou-se a caça aos responsáveis, e logo – no mesmo dia – vieram à tona laudos técnicos que haviam sido expedidos sobre a segurança das barragens, apresentados pela empresa mineradora na tentativa de justificar a sua atuação, ou a sua inação, no tétrico episódio.[17]

Não é inédito o problema conceitual, mas sempre vale reventilá-lo.

***

Os laudos e os pareceres são peças de importância extrema na condução de inúmeras atividades empresariais, bem como nas deliberações da Administração Pública, nas decisões do Poder Judiciário,

---

[17] E tão sérios eram os laudos que dois engenheiros seus autores, e três servidores da Vale, foram presos temporariamente na terça-feira, 29 de março, sob a suspeição de homicídio qualificado. É a inédita figura do *laudo assassino*, o que reforça a necessidade de reflexão.

nas ofensivas do Ministério Público, no diuturno exercício da advocacia privada, na atividade policial a todo tempo e, também, sob outra denominação, mas com o mesmo conteúdo e a mesma natureza, em áreas das ciências biológicas, como a medicina e a odontologia.

O resultado dos exames laboratoriais não deixa de constituir laudo técnico, expedido por máquinas programadas sob regras fixas e parâmetros objetivos.

Sem laudos e sem pareceres do mais amplo e variado espectro todas essas atividades se travariam melancolicamente, pois que deles dependem de modo umbilical para instruir cada passo, cada iniciativa e cada deliberação técnica a seu cargo e em cada caso. Existem atividades, aliás, para as quais os pareceres e os laudos são simplesmente *pressupostos*, ou condições preliminares de execução, sem os quais nada anda e nada se realiza – por primitiva questão de *responsabilidade profissional* da parte dos agentes executores.

Nessas específicas atividades aqueles agentes amiúde se louvam inteiramente dos pareceres, dos laudos e das requeridas orientações técnicas, muita vez sem os discutir ou os comentar a fundo como seria desejável, para então, na sua conformidade, deliberar como agir, algo mais ou menos como um organismo meramente executante do que outro organismo, conceptor e ideador, orientou fazer.

Mais que simplesmente *sugeridor* ou *recomendador*, o laudo e o parecer com toda frequência desempenham função de *iluminar o caminho a seguir*, clareando a senda do executor dos serviços por lhe emprestar guias, balizas, trilhas, bases, limites, cautelas, parâmetros, fundamentos.

E já por aí se inicia a fundamental diferença entre um laudo e um parecer.

***

Já escrevemos em recente artigo que

> Parecer é tão só uma opinião, um entendimento, uma interpretação, uma leitura, a externação de uma reflexão, um arrazoado, uma tese, a manifestação de um pensamento, uma ideia que se exterioriza, uma convicção que se manifesta e que se justifica, um ensaio – desejavelmente fundamentado. Não pode ser mero palpite nem gratuita intuição, mas também não configura ato administrativo.
>
> Por mais abalizado, erudito, consistente, coerente, responsável ou comprometido que seja com o que o autor entenda ser a verdade, o parecer nada mais é que aquilo: a leitura interpretativa de alguma realidade, jurídica quando é o caso. Mas parecer é opinião sempre, sobre o assunto que for.

(...) O parecer veicula a mais irrestrita e sagrada liberdade de pensamento, de opinião, de ideologia e de crença. Pelo parecer o autor exercita toda a sua criatividade na área que for, constitucionalmente protegida como o sólido direito e garantia individual que se alcunha cláusula pétrea da Constituição, a salvo de oscilações ou modas congressuais, e de maus-humores do Executivo. (...)

Quem postula que um parecer determine alguma coisa pode estar se referindo ao direito de Júpiter ou de Vênus, mas não ao de nosso planeta. Em nosso mundo o parecer jurídico tem essencialmente a mesma natureza de um comentário de futebol ou de moda, ou de uma crítica de cinema ou de teatro, ou ainda a de uma crítica literária ou política, apenas que versando sobre matéria jurídica. Nada além disso se pode vislumbrar num parecer jurídico, por mais invejável que seja a erudição do autor ou a fantasia do observador.

**

O foco destes comentários é posto no parecer jurídico, porém qualquer parecer, sobre o assunto ou a matéria que for, mantém a característica fundamental de constituir mera opinião, desejavelmente fundamentada e lastreada em fatos e em realidades que evoque, porém, sendo tecnicamente respeitável ou não, sendo mais ou menos fundamentado, sendo realista ou fantasista, o parecer nada mais significa que o entendimento pessoal de alguém sobre o problema indagado ao seu autor.

Ninguém vislumbre no parecer mais que isso, como por exemplo algum efeito liberatório para a autoridade que o pediu, ou alguma impositividade, ou qualquer ato de império – nada disso.

Parecer nem sequer um *ato* é, nem administrativo, nem jurídico, nem de outra natureza: sendo mera opinião – ainda que tenha duzentas páginas, sessenta ilustrações em quatro cores, trinta tabelas, bibliografia e índice onomástico, somente expressa o que ao autor parece ser a verdade acerca dos quesitos formulados. Tem a mesma natureza, como se disse, de um comentário sobre a última rodada do campeonato de futebol, ou sobre o baile à fantasia de sábado passado.

Por isso o parecer não obriga ninguém a nada[18] e, assim, também por esse mesmo motivo, não gera responsabilidade alguma ao seu

---

[18] E as vacilantes orientações jurisprudenciais do Supremo Tribunal Federal sobre esse tema constituem uma das mais lamentáveis perdas de tempo que a Corte já teve ao longo de sua história, após ter resolvido o problema magnificamente ao tempo do Min. Carlos Velloso, o qual emprestou à questão a simplicidade que merece: parecer não enseja responsabilidade

autor, ainda que esteja totalmente errado, com fundamento falso ou de propósito nitidamente desonesto.

Sim, porque de outro modo seja inconsistente e inconclusivo – e daí existirem pareceristas respeitáveis, sempre requisitados, a par de pareceristas vendilhões que por alguns dinheiros escrevem o que lhes é encomendado escrever, quando não apenas assinam o que já lhes veio pronto.

Até por isso o parecer, como mera impressão de alguém, nunca vincula a vontade da autoridade, nem a obriga a observar as suas conclusões.

Como os astros o parecer no máximo inclina, mas não determina.

Laudo técnico

Laudo é outro assunto.

Se parecer é a impressão subjetiva de alguém – por mais que seja fundamentada –, o laudo nada tem de subjetivo, pois que sintetiza a conclusão de medições e de enquadramentos que se aplicam ao objeto sobre o qual se investiga.

Um laudo de engenharia, por exemplo, resulta da sujeição do objeto do questionamento a medições físicas e científicas, realizadas por máquinas pré-programadas ou por homens que aplicam regras técnicas e objetivas ao objeto, das quais não participam e nas quais não interferem com conteúdos pessoais.

Num laudo não sobra espaço para conclusões pessoais dentro do resultado, o que por vezes frustra algum observador desavisado que espera comentários e considerações *humanas* e calorosas na paisagem fria e distante da avaliação automática a que o objeto foi submetido. Nem sempre é automático o resultado, porém a discricionariedade do responsável pelo laudo, abundante e completa que é no parecer, nos laudos técnicos não tem vez.

Sabe-se que o azar da autoridade ao exercer seu poder discricionário é *escolher mal*, dentre as opções de conduta que a lei lhe faculta adotar. Esse risco, esse azar desaparece – ou deve desaparecer – na elaboração de um laudo técnico, para cuja conclusão o autor *lava as mãos*, pois que pessoalmente não interferiu na avaliação. Tal resulta ao final *muito cômodo* ao autor do laudo, e *muito incômodo* ao autor do parecer.

---

ao autor, porque é mera opinião e porque está constitucionalmente assegurado a todo cidadão o direito de livremente pensar, e de desembaraçadamente defender suas ideias.

Ressalte-se, porém e entretanto, que o autor do laudo *responde pela conclusão* no caso de algum erro nas premissas, ou de falsa leitura dos resultados gerados pela aplicação das premissas, enquanto que o autor do parecer *não responde por coisa alguma,* por mais esdrúxulo, sesquipedal e estapafúrdio que tenha sido seu parecer.

Sua renomada experiência profissional em caso assim e para o futuro deverá se ressentir, mas em matéria de responsabilização ficamos no zero absoluto.

***

Em geral laudos são atestações relativas a matéria de ciência exata, enquanto pareceres – sempre falando genericamente – se referem a ciências humanas, e até por isso o laudo tende a ser "exatista", algo que para um parecer não faz muito sentido. Se um parecer acabar sendo muito científico e exato, em dois tempos será chamado de laudo...

É da essência do laudo ser cientificamente programado para enquadramentos rígidos, categorizações precisas e conclusões forçadas, enquanto que o parecer trilha o roteiro operacional inteiramente livre que seu autor tenha em mente, já que o resultado será tão somente a síntese de sua opinião.

O laudo, nesse sentido e por assim dizer, *pisa chão firme,* enquanto o parecer deambula com liberdade máxima dentro do raciocínio que o autor escolhe para demonstrar sua tese. Mas isso não significa que o laudo seja técnico e confiável e o parecer não o seja, porque a verdade se obtém por infinitos meios, cada qual próprio de cada autor e adequado a cada veículo que utilize. O que existe, isto sim, são *autores sérios* e *autores irresponsáveis.*[19]

Dois pareceres do mesmo autor sobre o mesmo assunto podem desembocar na mesma conclusão por caminhos absolutamente diversos, como podem também, e de outro modo, concluir de modo diferente – caso o autor demonstre por exemplo – o que é bastante comum – que *evoluiu* seu entendimento sobre o assunto. Mas em um laudo técnico é difícil imaginar alguma "evolução do entendimento" que não seja em verdade a *correção de algum erro,* se as premissas e os parâmetros permanecem os mesmos.

---

[19] Voltamos à mesma tecla: se todo laudo fosse sério, então seguramente os responsáveis pelo laudo que atestou a segurança da destruída barragem em Sobradinho não teriam sido presos preventivamente pouco tempo após a hecatombe. Observa-se a gravidade dos fatos, eis que um laudo técnico é *peça científica,* e a ciência não pode ser traída ou malbaratada por profissionais irresponsáveis que muita vez praticam crime sem se dar conta da gravidade do seu procedimento.

Laudo pericial

Todo laudo é pressupostamente técnico. Não faz sentido imaginar um laudo sobre algo de domínio público e generalizado, que não dependa de conhecimento especializado do autor, particularizado sobre a matéria em análise.

Laudo é relatório técnico de um especialista, não raro detentor de exclusividade legal para o exercício da profissão. Um laudo de engenharia somente pode ser expedido por engenheiro, ou se configura o exercício ilegal da profissão.

Se todo laudo é técnico, entretanto nem todo laudo é *pericial*. Este é o laudo requerido a respeito de um problema que demanda análise técnica para determinado fim também específico.

Por exemplo, existe o laudo da polícia técnica em caso de um acidente, elaborado para produzir efeito no processo de investigação ou no processo judicial que se instaure. Outro exemplo é, dentro do processo, um laudo pericial que a parte ou o juízo requeira, para esclarecimento do mesmo juízo sobre de algum ponto sobre o qual precisará decidir.

São laudos técnicos invocados especificamente para permitir um julgamento, ou uma avaliação dos efeitos de uma ocorrência.

Outra hipótese é de laudos periódicos obrigatórios para o funcionamento de estabelecimentos e a prática de certas atividades. O laudo denominado AVCB – Atestado de Vistoria do Corpo de Bombeiros, é um laudo técnico que precisa ser produzido um dia e renovado a cada lapso certo na forma da legislação estadual e urbanística de segurança, e não visa responder questão específica nenhuma, nem esclarecer dúvida alguma suscitada em expediente administrativo ou judicial, mas tão só atestar que tal ou qual estabelecimento atende as normas de segurança cuja fiscalização compete ao corpo de bombeiros.

É técnico porque segue padrões de exame e análise, mas não pode ser classificado como pericial, até porque segundo entendemos pode ser produzido por servidor que não detenha a qualidade de perito no tema envolvido. Pericial é o laudo de um perito, o que não se coaduna com a natureza, estrutura e organização do (heroico) corpo de bombeiros.

Dentro da antiquada e francamente ruim legislação brasileira sobre atividades privativas de engenheiros – como de resto sobre as atividades privativas de qualquer profissão disciplinada em lei, descrição quase sempre da pior qualidade imaginável – não nos parece enquadrar-se como de engenharia aquela atividade, uma vez que o roteiro para a expedição daquele atestado é rigidamente padronizado e segue normas que independem do conhecimento especializado ou privativo de engenheiro – é nosso entendimento jurídico sobre questão da legislação de engenharia.[20]

Assim, o laudo pericial parece constituir uma *espécie* do gênero laudo técnico. Técnicos ambos são, mas pericial é apenas aquele demandado para esclarecer ponto obscuro específico no curso de alguma investigação, algo que outros laudos técnicos não fazem necessariamente.

***

Alguns exemplos mais ajudarão a compreender algumas diferenças.

A justiça norte-americana já há algumas décadas tem decidido que não mais aceita certificados de autenticidades de violinos antigos, sempre que esse assunto vem à baila em processos judiciais, devido ao subjetivismo que os cerca, na medida em que atestam algo como "em meu entendimento, diante da análise efetuada, este instrumento foi construído pelo *liutaio* x, no final do século XVIII".

Pouco têm valido atestados como esses ainda que por renomados especialistas, devido ao subjetivismo da conclusão, à falta de prova objetiva. Tais atestados têm portanto natureza de *pareceres*, já que afinal ao autor parece isso ou aquilo.

Em vez disso o que os tribunais americanos exigem são laudos técnicos produzidos por laboratórios, como análises dendrocronológicas, testes de carbono 14, radiografias analisadas, até mesmo ressonâncias magnéticas (!), tudo a constituir um *laudo técnico pericial* ao invés do tradicional certificado, que nada mais é que um – ocasionalmente abalizadíssimo – parecer.

É que a matéria, que tem seu lado humanístico, mas a cada dia que passa mais assume caráter científico, comporta ambos os trabalhos: parecer pessoal, repleto de conteúdos particulares do autor, e laudo pericial frio e impessoal, lastreado em exames laboratoriais.

Outro exemplo, para encerrar, e outra vez se retorna à tragédia recente, é o caso da barragem da cia. Vale do Rio Doce, em Brumadinho.

Pela notícia da televisão e da imprensa, e apenas por essa sumaríssima fonte, a conclusão do atestado de que a barragem era sólida e segura, pergunta-se, que natureza tem? Laudo técnico? Parecer?

Teria obrigatoriamente de ser um laudo técnico, não pericial mas técnico de engenharia, aquele documento.

---

[20] E não se sintam usurpados os engenheiros, porque o mundo, queiramos ou não, começa jurídico e termina jurídico. À exceção de em um acampamento de ciganos como é hoje, por exemplo, a Venezuela, as coisas somente são o que o Judiciário disser que são. O Criador possivelmente contava com advogados a seu lado...

Mas o curto excerto da conclusão, lida na televisão pelo presidente da cia., de um sintetismo atordoante numa matéria tão intricada e fundamental, leva a crer que a natureza daquele documento é a de um mero parecer.

Se de fato for, e se aquele documento afinal for considerado um parecer, então efetivamente que Deus nos acuda, porque um tal assunto, estritamente de engenharia e de tão monumental relevância, jamais se pode orientar por um pessoal, subjetivo e "humanístico" parecer, porque um parecer, repita-se, sendo mera opinião do autor, não gera a este nenhuma responsabilidade, o que neste caso é impensável. Ninguém é preso preventivamente por expedir um parecer.

Restou clara a diferença?

CAPÍTULO 8

RESPONSABILIDADE DO PARECERISTA. O PARECER NORMATIVO

O tema da responsabilidade do parecerista pelos contratos e pelos negócios que com seu fundamento se realizaram já foi objeto de numerosos artigos e alentadas manifestações da doutrina, assim como de decisões judiciais até mesmo do Supremo Tribunal Federal, sem contudo que a questão se pacificasse de vez.

Trata-se de uma dessas discussões que os profissionais do Direito mantêm viva e acesa ao longo das décadas que se sucedem, porém francamente não se atina com a razão de tanta celeuma e tanta insegurança.

A nós esse constitui um *falso problema*, um impasse com forte teor de encenação e de teatro ante fatos sabidos e notórios, como se as categorias jurídicas solidamente conhecidas pudessem periclitar ante modismos inventados por quem, inobstante sabidamente ocupado, deve querer parecer que nada mais tem a fazer.

Com esta breve reflexão se tentará lançar algumas pás de cal sobre a bizantina disputa, que ainda ocorre, mas que é tão relevante para a ciência quanto rediscutir se de fato é a Terra que gira em torno do Sol ou se ocorre o inverso, ou então se real e efetivamente o homem chegou à Lua, ou se se trata apenas de mais propaganda dos imperialistas *yankees*.

Natureza jurídica: parecer é ato administrativo?

Qualquer análise de instituto, fato ou ato jurídico deve se iniciar pela definição da sua natureza dentro da ciência jurídica.

O parecer jurídico – como de resto qualquer parecer – não constitui ato administrativo nenhum, e nem mesmo se o pode denominar instituto, que é uma instituição ou uma criação autônoma. Nada disso.

Parecer é tão só uma opinião, um entendimento, uma interpretação, uma leitura, a externação de uma reflexão, um arrazoado, uma tese, a manifestação de um pensamento, uma ideia que se exterioriza, uma convicção que se manifesta e que se justifica, um ensaio – desejavelmente fundamentado. Não pode ser mero palpite nem gratuita intuição, mas também não configura ato administrativo.

Por mais abalizado, erudito, consistente, coerente, responsável ou comprometido que seja com o que o autor entenda ser a verdade, o parecer nada mais é que aquilo: a leitura interpretativa de alguma realidade, jurídica quando é o caso. Mas parecer é opinião sempre, sobre o assunto que for.

Ato administrativo é algo radicalmente diverso do parecer. Ato é a manifestação da autoridade para produzir algum efeito, para gerar alguma alteração da ordem, para mudar de algum modo a situação anterior, ou para encaminhar algum procedimento, ou para direcionar ou condicionar um expediente, mas nunca significa uma mera opinião.

O ato administrativo é sempre funcional, utilitário, operacional, engajado em um procedimento que dele dependa, necessário para a regular continuidade da atuação do ente público naquele episódio específico.

Existe uma classificação extraordinariamente rica e ampla dos atos administrativos segundo os mais variados critérios e fins, e que varia também conforme os autores ponham sua imaginação para funcionar, e produzir prodígios de sistematização que brindam a inteligência e o discernimento humano e jurídico – *e o parecer não figura jamais entre nenhuma daquelas categorias ou dentro daquelas classificações.*

***

O parecer veicula a mais irrestrita e sagrada liberdade de pensamento, de opinião, de ideologia e de crença. Pelo parecer o autor exercita toda a sua criatividade na área que for, constitucionalmente protegida como o sólido direito e garantia individual que se alcunha cláusula pétrea da Constituição, a salvo de oscilações ou modas congressuais, e de maus humores do Executivo. Não é bem assim na Venezuela – infeliz acampamento de ciganos que deve acabar em fogo –, mas num estado democrático de direito a garantia de livre pensamento e livre expressão se vale do parecer, sobre o tema que for, a todo tempo como ferramenta e como instrumento de realização.

Coibir, cercear ou condicionar o parecer, além de uma desonestidade intelectual absoluta, é negar a forma republicana; porém emprestar-lhe força de ato administrativo é sinal de *nenhum discernimento* e tão desarrazoado quanto por exemplo inverter a hierarquia dos diplomas legais, ou tão alienado, em outras esferas, quanto acreditar em previsão do tempo, em horóscopo ou no bilhetinho que o papagaio retira da gaveta do realejo.

Quem postula que um parecer determine alguma coisa pode estar se referindo ao direito de Júpiter ou de Vênus, mas não ao de nosso planeta. Em nosso mundo o parecer jurídico tem essencialmente a mesma natureza de um comentário de futebol ou de moda, ou de uma crítica de cinema ou de teatro, ou ainda a de uma crítica literária ou política, apenas que versando sobre matéria jurídica.

Nada além disso se pode vislumbrar num parecer jurídico, por mais invejável que seja a erudição do autor ou a fantasia do observador.

Trata-se mais ou menos, por aludir fantasia, da patética e inominável tentativa de invenção da *improbidade culposa*, que a lei da improbidade administrativa – nesse ponto, os arts. 5º e 10, escrita por legisladores-mendigos do Direito – tenta vender aos incautos, como se no mundo pudesse existir desonestidade por imprudência, inidoneidade por imperícia ou safadeza por negligência, ou como se a palavra improbidade pudesse significar alguma coisa diferente de desonestidade ou de inidoneidade, que é sempre proposital.

Transferindo dali o foco da miopia, quem enxerga no parecer, por melhor e mais ilustre que seja, algo além de uma opinião, deveria correr a um oftalmologista, porque grande parte das doenças tratadas do início tem cura.

Parecer é, única e exclusivamente, *o que a alguém parece*. A quem assim não enxergar, insistimos, oftalmologista com urgência.

A doutrina

Já se escreveu consideravelmente sobre pareceres, sua natureza, seu papel, sua utilidade, sobretudo para permitir confronto com os atos administrativos. Alguns pareceristas, por sua índole, se ocupam mais com o entendimento judicial, entendendo-o predominante até para formar opiniões; outros, diversamente, antes prestigiam a sua própria impressão, querendo conformar o direito ou o pensamento jurídico.

Alguns autores fixam-se apertadamente na doutrina, de olho no que antes se produziu sobre os temas; outros ainda, ecléticos panorâmicos mais que seus antecessores, tentam ilustrar seu trabalho opinativo com o conjunto dessas vertentes todas, e de mais algumas ocasionais que se lhes antolhem vez que outra, sempre certos das infinitas possibilidades do intelecto humano.

Reitera-se que parece triste acreditar que alguma jurisprudência seja necessária a respeito de um tema tão desprovido de mistério ou de qualquer obscuridade. Mas muitos *pensadores*, podendo complicar para divertir-se, ou de outro modo *criando dificuldades para logo após vender facilidades*, não perdem a vaza de embarafustar por filosofismos tão profundos quanto uma poça d'água, ou da penetração de um estrepe de figo-da-índia, e seu resultado é o de esperar.

Escreveram *bem* sobre o tema – não raro demonstrando custar a crer que de fato precisariam tê-lo feito... – autores como Diogenes Gasparini (*Direito administrativo*, 13. ed. SP: Saraiva, 2008, p. 93); Maria Sylvia Zanella Di Pietro (*Temas polêmicos em licitação e contratos*, 5. ed. SP: Malheiros, 2001, p. 163); Hely Lopes Meirelles (*Direito administrativo brasileiro*, 25. ed. SP: Malheiros, 2000, p. 183); Celso Antônio Bandeira de Mello (*Curso de direito administrativo*, 13. ed. SP: Malheiros, p. 377); Gina Copola (*Da inviolabilidade do parecer do advogado público*, artigo em RSDA 124/190), Marcelo Galli, no artigo *Parecerista não pode ser responsabilizado em ação de improbidade*, no *site Consultor jurídico* da internet; Sara Mendes Carcará, no artigo *A responsabilização do parecerista jurídico no âmbito da Administração Pública: análise jurisprudencial e doutrinária*, maio/16, em *site* da *internet*, e muitos outros ainda, sempre em uníssono quanto à falsa polêmica sobre o que seja um parecer.

Todos os autores, sempre e invariavelmente, entendem que o parecer é mera opinião, por mais abalizada, e que por ser opinião não vincula vontade de autoridade alguma, não obriga ninguém a nada, não determina condutas, não impõe regras nem proíbe o que quer que seja.

Esta questão toda, no fundo, reitere-se à exaustão, é uma falácia.

Parecer não vincula nem obriga, porque não é ato administrativo

Um ato administrativo, na classificação de Diogenes Gasparini (obra citada. pp. 84 e seguintes), pode ser concreto ou abstrato; individual (singular ou plural) ou geral; vinculado ou discricionário; constitutivo ou declaratório; interno ou externo; simples (singular ou colegiado) ou complexo: negocial ou mero ato.

Pergunta-se: onde ou quando qualquer dessas qualidades se aplica a algum parecer? Nunca.

Um ato administrativo é a manifestação da vontade da autoridade para a finalidade específica de alterar a situação anterior. Como ideia central o ato contém uma ordem, um comando, uma determinação, ou que seja uma divisão de águas, uma delimitação de forças, algo assim.

Assim, são atos a admissão, a permissão, a autorização, a aprovação, a homologação, a licença, o alvará, a concessão, a dispensa, a adjudicação, a revogação, a anulação, a invalidação, dentre outros. Cada qual produz um resultado que muda o *status* anterior, e sem a sua prática o processo ou o procedimento em causa se paralisaria, à sua espera.

Não existe ato administrativo gratuito nem desmotivado, nem desvinculado de um fim certo e necessário. Costuma-se mencionar o *ato-condição*, que é aquele necessário para viabilizar o passo seguinte do processo ou do procedimento, ou ainda de outro ato mais complexo. Exemplo típico é a aprovação, que possibilita seguir o procedimento e sem a qual o mesmo procedimento resta travado à sua espera.

Indaga-se onde e como, nessa teoria do ato, se encaixa ou se enquadra o parecer, e ao que parece essa indagação poderia perfilar-se entre as quarenta perguntas que Pitigrilli formulou sobre a narrativa bíblica, como aquela sobre o modo como a serpente, encarnando a traição ao criador, andava antes de ser condenada a rastejar eternamente. A resposta, cá e lá, é a mesma: não existe.

O parecer não pode assumir configuração de ato tendente a produzir algum modificativo sobre algum procedimento, porque existe apenas para orientar ou ilustrar a autoridade – ou a quem seja –, informando-a tecnicamente e avivando-lhe o raciocínio e a reflexão para melhor encaminhar dado problema, e nada além disso.

Nesse sentido pode existir ou pode inexistir para que o procedimento prossiga e os atos possam ser praticados, salvo se a regra de fundamento exigir a sua produção, porém mesmo assim tal não significa que a vontade da autoridade se vincule à tese do parecer, facultando-se-lhe sempre, fundamentadamente se não for pedir demais, divergir e decidir em outra direção.

Uma diferença bastante evidente entre um parecer e um ato administrativo como a aprovação aparece na lei de licitações, art. 38, parágrafo único, a determinar que as minutas de editais e de contratos deverão *ser examinadas e aprovadas* por assessoria jurídica da Administração. Por que a lei não exigiu apenas o exame, ou apenas o parecer da assessoria? Por que não exigiu que a assessoria atestasse que apenas tomou ciência das minutas?

Simplesmente porque o parecer, ou o exame, ou a ciência não mudam coisa alguma no procedimento, nem liberam a minuta para ser veiculada pelo ente público como expressando a sua vontade, *mas a aprovação libera.*

É muito mais sério, portanto, aprovar uma minuta que simplesmente emitir parecer sobre ela. Uma rápida aprovação pesa decisoriamente mais que uma dúzia de alentados pareceres.

Pela aprovação a assessoria jurídica responde, porque o ato produziu efeito – liberatório – dentro da Administração e permitiu que a licitação prosseguisse conforme o que foi aprovado. Não tivesse havido a aprovação, travado restaria o procedimento, e resultado algum o procedimento licitatório produziria no âmbito interno nem externo. E negócio algum, bom ou mau, magnífico ou ruinoso, teria sido celebrado.

Não é portanto um simples parecer que a lei exige para a validade da minuta, mas o completo ato administrativo da aprovação. Sem qualquer embargo das suas razões, o mundo segue com o parecer, sem o parecer ou apesar do parecer, mas *não segue* sem a aprovação.

E seja por fim sempre lembrado que um economista, ou um engenheiro, ou um médico, ou o profissional que for *dentro da iniciativa privada* emitem pareceres regularmente, como um trabalho de sua rotina profissional, e o fazem com toda frequência para empresas ou pessoas físicas ou jurídicas também particulares, da iniciativa privada. O parecer de um economista para uma empresa de seguros é também um parecer – alguém nega?

Ora, se aquilo também constitui um parecer – não jurídico, mas de outra especialidade –, então alguém poderá pretender que esse parecer é um ato administrativo? Talvez o seja, desde que no mundo da fantasia de Walt Disney, ou no país das maravilhas de Lewis Carroll. No mundo do Direito, não é.

***

Nesse sentido de constituir mera opinião de alguém, um parecer pode estar simplesmente errado, ou de outro modo pode ser tecnicamente péssimo por lacunoso, omisso, evasivo, inconclusivo, confuso, tautológico, redundante. Pode ter o defeito que for, porém isso jamais implicará responsabilidade do autor por sobre o negócio que sob aquela orientação a autoridade celebrar, na medida em que uma simples opinião não pode ensejar responsabilização.

Se por orientação que recebeu por pareceres, a autoridade trabalhou mal, então desejavelmente que seja o parecerista substituído por outro, mas não se procure responsabilizá-lo por apenas opinar.

Acusa-se a ex-Presidente da República de ter adquirido por alto preço uma usina, situada em Pasadena, nos Estados Unidos, acaso em frangalhos e sucateada segundo o noticiário, e ela se defendeu atribuindo o mau negócio à errada orientação recebida por pareceres. Sem ir mais longe, o fato é que, se no caso foram apenas pareceres a orientar, então a responsabilidade negocial permanecia sendo da autoridade signatária do contrato, não do parecerista.

Se a autoridade não sabe apreciar sequer minimamente a qualidade de um parecer que obtém de subordinado, então seguramente não deveria estar ocupando o posto de direção. O mínimo que se exige de uma autoridade em chefia é saber discernir uma boa de uma má orientação, mais ou menos como alguém que decora a pergunta, mas não compreende a resposta.

Expedir um parecer errado *não é bonito*, mas não enseja responsabilização alguma na medida em que a Constituição a todos assegura a livre manifestação do pensamento (art. 5º, inc. IV) – até mesmo aquele promanado da legião das *bestas quadradas* que pululam no serviço público.

Tentativas de classificação dos pareceres. O parecer normativo

Parece tecnicamente estranho e de fato deve ser, mas existem ensaios de classificação de pareceres jurídicos. Na sua sanha classificatória de todas as categorias jurídicas imagináveis o doutrinador não poupou os pareceres, e de um modo ou de outro os tentou classificar.

É frequente encontrar-se uma tentativa, quase um arremedo classificatório do parecer, em *facultativo, obrigatório* e *vinculante*. E é também usual a instituição local do *parecer normativo*, uma espécie normativa oficial em algumas repartições, para certos efeitos. Vejamos.

Parecer *facultativo* é aquele de que o prosseguimento regular do procedimento, ou do negócio, não depende. Pode existir como pode inexistir, e o procedimento segue em frente. A autoridade, querendo, determina sua expedição para orientá-la, tanto quanto pode dispensá-la sem embargo da regularidade do que siga. Como exemplo pode-se figurar o parecer que o Prefeito pede a seu setor de obras sobre a conveniência de certa espécie de pavimentação; com parecer ou sem, ou apesar do parecer, o Prefeito está livre para seguir a orientação ou não a seguir.

Parecer *obrigatório* é aquele exigido pela norma de regência de um procedimento, ou de um ato complexo, ou de um contrato. Sem ele o procedimento não pode prosseguir validamente, faltando-lhe implementar essa condição. Tal não significa que o parecer vincule a vontade da autoridade, porque essa se dele divergir poderá requerer outro parecer, até se deparar com algum com que concorde, e que acate. Porém sem um parecer o procedimento não pode prosseguir validamente. Como exemplo existem certos regulamentos que exigem tais pareceres como "atos-condição" de um ato mais complexo.

Parecer *vinculante* é o que vincula a vontade da autoridade à sua orientação – em teoria. Isto constitui, no mais das vezes, uma grossa asneira teórica ou técnica, porque se um parecer é apenas parecer não vinculará a vontade de autoridade nenhuma nunca. Se vincula, provavelmente não é parecer, mas alguma espécie de ato administrativo.

***

Dentro desta já mal-ajambrada ideia de parecer vinculante observa-se a figura do parecer *normativo*, cuja concepção se prende exatamente a vincular a vontade da autoridade que o pediu ou determinou. Mas para que um parecer tenha função normativa – ou seja, de normatizar, de disciplinar, de regulamentar, de impor regras de atuação – será preciso que a autoridade competente, com ele concordando, *atribua-lhe força normativa*, de modo expresso e oficial, sem o que será apenas outro inofensivo parecer meramente orientador.

O parecer normativo de fato vincula a vontade da autoridade e dos servidores a ela subordinados naquela função, e isso ocorre *porque a autoridade assim o quer*, já que serviço precisa de uma orientação e uma normatização permanente e estável sobre dado assunto. Atribui então força normativa ao parecer que obteve, e ele passa a valer como cogente norma de conduta.

Poderia ser denominado *orientação normativa*, como aliás por vezes é, ou *norma técnica*, ou *normativa* simplesmente, ou ainda ostentar qualquer outra denominação que expressasse o mesmo conteúdo de *orientação que se tornou obrigatório*. Seria sempre a mesma figura: um "parecer que deixou de ser parecer", tornando-se norma.

São correntíssimos os pareceres normativos na área da receita federal e do comércio exterior, eis que essas atividades do Estado necessitam trabalhar sob normas detalhadas, seguras e, enquanto viger cada PN, estáveis, já que disciplinam extensos setores daquelas essenciais atividades do Poder Público, as quais inadmitem oscilações, personalismos ou subjetivismos dos agentes.

A responsabilidade do autor do parecer normativo sobre o procedimento ou o negócio que instruiu é *nenhuma*. Responde pela matéria do PN, isto, sim, *a autoridade que lhe atribuiu força normativa*, porque assumiu a paternidade da ideia, avalizando ou endossando o que era mero parecer.

O mesmo mecanismo se dá na homologação da licitação, ato esse que transfere da comissão, que até então conduzia o certame, para a autoridade superior a responsabilidade pela correção do procedimento, o que até então ficara nas costas da comissão de licitação. Ao homologar, a autoridade assume a responsabilidade pelo que a comissão realizou; em não concordando, então que não homologue e mande refazer a parte que entende desconforme a regra.

No parecer normativo, semelhantemente, a autoridade que atribui força normativa ao parecer com esse ato *assume a responsabilidade* pela regularidade do conteúdo do documento, como se dele tivesse sido a autora.

O resumo que se permite desta paupérrima classificação é que recorda *parolagem flácida para dormitar bovino*, a conhecida *conversa mole para boi dormir*. Parece ter faltado o que mais fazer ao classificador, e o artificialismo desta classificação, tal qual aqueles jogos que se realizam apenas para se cumprir a tabela do campeonato, fica evidente até ao mais neófito estudioso das ciências jurídicas e sociais. Consigna-se-a aqui apenas por desencargo de consciência deste equivalentemente paupérrimo escriba.

A jurisprudência do Supremo Tribunal Federal

O Supremo Tribunal é o desaguadouro definitivo das questões jurídicas no país – ao menos das que *conseguem aportar* naquele sodalício de inquestionavelmente difícil acesso. Com efeito, a corrida de obstáculos processuais que as ações em geral precisam superar para que se aceitem os recursos extraordinários exige esforço olímpico, a tal ponto que, de tão difícil o seu exercício, quase faz questionar para que exatamente existe o recurso extraordinário – para falar apenas desse.

Hoje é clássica a reportagem de uma evolução de três entendimentos da Corte sobre esse assunto, a partir de uma decisão relatada pelo Min. Carlos Mário da Silva Velloso, julgamento em 2002 e publicação em 2003, o MS nº 24.073 – DF, cuja ementa reza:

> CONSTITUCIONAL. ADMINISTRATIVO. TRIBUNAL DE CONTAS. TOMADA DE CONTAS: ADVOGADO. PROCURADOR: PARECER. CF., art. 70, parág. único, art. 71, II, art. 133. Lei nº 8.906, de 1994, art. 2º, §3º, art. 7º, art. 32, art. 34, IX. I. – Advogado de empresa estatal que, chamado a opinar, oferece parecer *sugerindo contratação direta, sem licitação*, mediante interpretação da lei das licitações. Pretensão do Tribunal de Contas da União em responsabilizar o advogado solidariamente com o administrador que decidiu pela contratação direta: *impossibilidade, dado que o parecer não é ato administrativo, sendo,*

quando muito, ato de administração consultiva, que visa a informar, elucidar, sugerir providências administrativas a serem estabelecidas nos atos de administração ativa. Celso Antônio Bandeira de Mello, "Curso de Direito Administrativo", Malheiros Ed., 13ª ed., p. 377.

II – O advogado somente será civilmente responsável pelos danos causados a seus clientes ou a terceiros, se decorrentes de erro grave, inescusável, ou de ato ou omissão praticado com *culpa, em sentido largo*: Cód. Civil, art. 159; Lei 8.906/94, art. 32. III. – Mandado de Segurança deferido. (STF – MS 24073 / DF – DISTRITO FEDERAL – Relator(a): Min. CARLOS VELLOSO – Julg. 6/11/2002 – Tribunal Pleno – Publicação: DJ 31-10-2003).

Desse primeiro entendimento evoluiu o e. STF para este, bem diverso, mas menos contrastante do que se costuma afirmar, no MS 24.584- DF, de 2008, com esta decisão:

ADVOGADO PÚBLICO – RESPONSABILIDADE – ARTIGO 38 DA LEI Nº 8.666/93 – TRIBUNAL DE CONTAS DA UNIÃO – ESCLARE-CIMENTOS. Prevendo o artigo 38 da Lei nº 8.666/93 que a manifestação da assessoria jurídica quanto a editais de licitação, contratos, acordos, convênios e ajustes não se limita a simples opinião, alcançando a aprovação, ou não, descabe a recusa à convocação do Tribunal de Contas da União para serem prestados esclarecimentos.

E dali o augusto sodalício prosseguiu até um ponto de certo modo conciliatório entre as estatuições anteriores, no MS 24.631-DF, relatoria do Min. Joaquim Barbosa, com a seguinte ementa:

CONSTITUCIONAL. ADMINISTRATIVO. CONTROLE EXTERNO. AUDITORIA PELO TCU. RESPONSABILIDADE DE PROCURADOR DE AUTARQUIA POR EMISSÃO DE PARECER TÉCNICO-JURÍDICO DE NATUREZA OPINATIVA. SEGURANÇA DEFERIDA. I. Repercussões da natureza jurídico-administrativa do parecer jurídico: (i) quando a consulta é facultativa, a autoridade não se vincula ao parecer proferido, sendo que seu poder de decisão não se altera pela manifestação do órgão consultivo; (ii) quando a consulta é obrigatória, a autoridade administrativa se vincula a emitir o ato tal como submetido à consultoria, com parecer favorável ou contrário, e se pretender praticar ato de forma diversa da apresentada à consultoria, deverá submetê-lo a novo parecer; (iii) quando a lei estabelece a obrigação de decidir à luz de parecer vinculante, essa manifestação de teor jurídica deixa de ser meramente opinativa e o administrador não poderá decidir senão nos termos da conclusão do parecer ou, então, não decidir.

II. No caso de que cuidam os autos, o parecer emitido pelo impetrante não tinha caráter vinculante. Sua aprovação pelo superior hierárquico não desvirtua sua natureza opinativa, nem o torna parte de ato administrativo posterior do qual possa eventualmente decorrer dano ao erário, mas apenas incorpora sua fundamentação ao ato.

III. Controle externo: É lícito concluir que é abusiva a responsabilização do parecerista à luz de uma alargada relação de causalidade entre seu parecer e o ato administrativo do qual tenha resultado dano ao erário. Salvo demonstração de culpa ou erro grosseiro, submetida às instâncias administrativo disciplinares ou jurisdicionais próprias, não cabe a responsabilização do advogado público pelo conteúdo de seu parecer de natureza meramente opinativa. Mandado de segurança deferido.

Um breve e panorâmico comentário sugere o seguinte:

a) o acórdão relatado pelo (excelente) ex-Ministro Velloso vai bastante bem ao isentar de responsabilidade o autor do parecer, mera opinião que é, porém, decerto temeroso de ser tão amplo e oniabarcante, adentra zona perigosa ao tentar alinhar algumas exceções àquela isenção, quando aborda erro grave, inescusável, ou de ato ou omissão praticado com *culpa, em sentido largo*.

Compreende-se a precaução do magistrado, porém o fato é que o erro é grave para mim, mas nem tanto para o ilustre leitor; de inescusável transita facilmente para escusável e compreensível se muda o julgador, e, para todos, ter certeza de que se trata de culpa em sentido largo, convenhamos, constitui um insuperável exercício de gosto pessoal, de juízo íntimo, de convicção pessoal – ou personalíssima.

Trata-se de somar uma subjetividade, *culpa*, a outra, *em sentido largo*. É esse, respeitosamente, o nosso *pavor*: o julgamento subjetivo, sem muita base externa, mas lastreado tão só em convicções íntimas.

Aí reside nossa única objeção à, de resto muito compreensível, cautela de um excelente ex-Ministro do Supremo Tribunal;

b) o segundo acórdão, de relatoria do Min. Marco Aurélio Mello, em verdade cuida de outro assunto, *que não é o parecer*. O art. 38 da lei de licitações *jamais menciona parecer*, sendo-lhe esse tema absolutamente estranho. Reza que as minutas devem ser previamente examinadas e aprovadas por assessoria jurídica da Administração.

Quem falou em parecer? Como seria possível confundir uma mera opinião, chamada parecer, com um solene e rígido ato administrativo de caráter liberatório denominado *aprovação*?

Parecer é tão similar à aprovação quanto um registro imobiliário recorda um casamento nuncupativo, ou uma ação renovatória inglesa.

Nada tem parecer com aprovação. Um parecer *não aprova nada*, mas apenas pode opinar pela aprovação de alguma coisa, recomendando-a à autoridade.

Um parecer pode ser uma invejável enciclopédia de Direito com cem folhas, e uma aprovação pode ter uma linha: para o andamento do procedimento administrativo importa a aprovação, não o parecer. O ato que gera responsabilidade é a aprovação, não o parecer. Ao aprovar, a autoridade avaliza o que até ali foi feito e libera o procedimento para prosseguir regularmente, porque somente com parecer, ou com pareceres, ela não vai nem até a esquina.

Então, o segundo acórdão referido, versando sobre aprovação e não sobre parecer, cuida de outro tema, que *não* é o da responsabilidade do parecerista mas sim o da responsabilidade do *aprovador da minuta de edital ou de contrato*.

É portanto bem diferente do primeiro acórdão, a começar pelo seu tema, *que é outro*;

c) o terceiro acórdão, relator o ex-Ministro Joaquim Barbosa, também não contraria nem a jurisprudência anterior nem, muito menos, a lógica jurídica. Se a norma de regência exige parecer, a autoridade precisará obter um parecer que a convença assim ou assado, para só então liberar o procedimento.

Inconvencida com o parecer, nem por isso a autoridade pode dispensá-lo e prosseguir sem ele; requeira outro, e outro ainda se necessário, e quantos mais forem necessários para que forme sua opinião, e enfim libere o que seja para prosseguir. Sem algum parecer, não vinculante em si mas *ao qual a autoridade vincule a sua vontade porque assim quer já que naquele sentido ficou convencida*, a autoridade não pode impulsionar o procedimento que depende de parecer.

Mas tudo isso, fique muito claro, *não responsabiliza o parecerista*, que somente emitiu sua opinião, mas sempre e exclusivamente a autoridade que conduz procedimento. O parecerista não tem culpa, nem genérica nem específica, nem em sentido largo nem estrito, por ser convincente...

Dos três acórdãos, e desse modo, o que nos parece mais convincente, pelo seu despojamento e sua simplicidade, é o primeiro.

A forçada conclusão

Não há como concluir senão por que o parecer *jamais gera responsabilidade ao autor*.

Compreende-se o cuidado dos Ministros do STF no trato da questão, que é delicada. Ocorre que as decisões que atribuem relativa e parcial responsabilidade ao autor do parecer pelo resultado do negócio que instruiu, em caso de alegada *culpa grave,* ou *erro grave ou grosseiro,* ou *falta inescusável,* tudo isso navega em um denso oceano de subjetivismo, de coloração unipessoal, de incerteza essencial, de personalismos, de critérios e de gostos particulares e intransferíveis, de opinações sem maior compromisso e sem referência externa sólida, de modo que nada de juridicamente confiável se pode extrair de um tal panorama – por mais honesto de propósitos e desapaixonado que seja a cada caso o julgador.

A falta grave para uns não é tão grave para outros; o erro inescusável que alguns apontam no trabalho alheio para alguns outros é absolutamente escusável, se é mesmo que é falta...; o erro que se afigura tão grosseiro para certos juízos a outros quadra como uma leve falha formal, plenamente suprível e sem condão de macular a conclusão apontada, ou a boa-fé do autor...

Nunca, jamais se uniformizarão conceitos tão personalíssimos quanto os de falta grave, erro grosseiro, culpa em sentido largo.

Resulta perigosíssimo tentar compartimentar aqueles conceitos de modo que produzam julgamentos homogêneos e confiáveis a cada trabalho do parecerista, e se se insistir nessa compartimentação será de esperar, em dado momento, uma tal barafunda de critérios de julgamento que só por si comprometerá e desmoralizará toda a tentativa.

Assim como são os textos literários, e as obras de arte plástica, e as peças musicais, e o teatro, e o cinema, também os pareceres contêm matéria tão subjetiva que incorrerá no mesmo ridículo do crítico de arte que se imagina onisciente quem visar analisá-los como se analisa a pintura de uma parede, o conserto de um automóvel ou a confecção de um paletó, tal qual se fosse redutível a semelhantes estandardizações.

Até que ponto uma opinião que depois se revelou errada constitui um erro grave, ou, pior ainda, inescusável, com todo respeito, é tarefa para um deus, não para um ser humano. E o ridículo está a um centímetro do empinado nariz do crítico.[21] É um risco que as pessoas sensatas devem evitar, porque nem tudo em Direito – para não dizer *quase nada* – é passível de avaliação objetiva e precisa.

---

[21]   Certa feita o maestro Diogo Pacheco em entrevista declarou ter parado de ser crítico musical porque estava *emburrecendo.* É um risco que correm todos os que abandonam o mundo ao seu redor, e os que rompem com o passado para aderir às modas.

As investidas de certos autores, e de certos juízes, contra essa verdade não vingam nem têm vida longa, e não resistirão ao único juízo garantido, o do tempo.

Tal qual a ideia de uma heteróclita *improbidade culposa* que se extrai dos arts. 10 e 15 da Lei nº 8.429, de 2 de junho de 1992, a lei da ação por improbidade administrativa, a tese de responsabilizar o parecerista pelo conteúdo de seu parecer que é apenas a sua opinião acerca de alguma questão que se lhe proponha, é basicamente doentia.

Tudo tem limite na liberdade de pensamento, direito sagrado garantido pela Constituição aos cidadãos dos estados democráticos. O limite não é ideológico nem partidário, nem imposto por ninguém a ninguém mais, mas ditado apenas pela lógica primária, e pela racionalidade mais simples de que cada criatura está provida.

Assim como a referida imbecilidade da lei de improbidade aos poucos imbeciliza o aplicador e por isso deve ser combatida com unhas e dentes por quem seja apenas dotado de um cérebro, também a ideia do parecer que gera responsabilidade constitui uma dessas múltiplas futilidades de moda.

Trata-se de uma daquelas rematadas e irrefletidas leviandades que em dado momento são simpáticas a uma sociedade que, como hoje é a brasileira, não lê, não pensa nem raciocina, esqueceu a língua, prefere esperdiçar toda a vida anotando asneiras em redes sociais antes que aprender alguma coisa, não fiscaliza o que fala sempre aos gritos... – mas que, convenhamos, por outro lado está enjoada da indigência humana dos seus governantes.

Até certo ponto se justifica o endurecimento de posição, porém é também certo que ninguém pode negar a simples necessidade de *ver as coisas como são*, e não como os arautos do apocalipse aguardam que sejam.

Se o parecer é mera opinião, e por mais lastreada e centrada que esteja lavrada, então *ipso facto* não pode ensejar efeitos no mundo, ou consequências ao autor, maiores que as de, por exemplo, ser tido como inadequado, ruim, fraco, superficial, evasivo, desarrazoado, infundado, lacônico, omisso, contraditório, insuficiente... mas nada muito além disso, para efeito nenhum.

O parecer consagra um autor por seus próprios argumentos, como ridiculariza outro autor, pretendente a literato, porém que, por má sorte, não dispõe de espelho em casa. Mas param por aí as consequências.

Parecer é *opinio*, nunca compromisso nem juramento sobre a bíblia.

CAPÍTULO 9

A ABSOLUTA INSTABILIDADE DO DIREITO BRASILEIRO. O DIREITO ADMINISTRATIVO E O DO TRABALHO

Os tempos andam sumamente difíceis, ou terríveis em quase todo aspecto imaginável, para o país, e o seu direito não escaparia da sina. A segurança jurídica, valor mais do que fundamental para toda criatura, merece no mínimo uma séria reavaliação se a regra for esta que todo o país observa a cada dia. Temos uma surpresa a cada manhã, um susto a cada momento, uma nova incerteza a cada curto lapso.

A nação vive uma revolução de costumes nada comum na sua história, que já de si não é afortunada, e dificilmente imaginável em tempos menos turbilionários, tempos que um dia viriam como todos sabem, mas que não se imaginava quando exatamente seria. Os acontecimentos inauditos, amiúde insólitos, se sucedem com velocidade *desanimadora*, maior que a assimilável pela sensibilidade mediana dos cidadãos.

As instituições sofrem provações até então desconhecidas e as quais, ainda que num primeiro momento pareçam injustas ou indevidas, farão resultar uma nova visão do Direito em futuro bem próximo. Com isso uma nova consciência da matéria constitucional se prenuncia, ao menos em vastas camadas da população, a cujo conhecimento correntio se integra como jamais até este momento. A Constituição, querendo ou não e já de alguns anos, teve deflagrado seu processo de conhecimento público, algo sempre alvissareiro e que não pode sofrer reversão.

Resta cada vez mais claro que as pessoas não mais se dispõem a aguardar apascentadamente o desenrolar dos fatos em Brasília ou em Chorrochó como se deles não participassem, naquele bovino conformismo já denunciado ao início do século passado por Monteiro

Lobato no configurar seu Jeca Tatu, uma criatura de nenhuma expectativa do que quer que seja. Mudou o cenário.

Os tempos de hoje, que se precipitam como nunca dantes e que até por isso mesmo *não marcam a lembrança das pessoas* como ocorria em décadas passadas, já não mais admitem que os cidadãos apenas contemplem a marcha dos acontecimentos e o tropel das instituições como se lhes fosse algo estranho ou apartado, ou uma realidade apenas exterior e pela qual não são responsáveis. *No more,* diriam os anglófonos.

Se existe alguma vantagem nesta nova configuração do mundo possivelmente é a de exigir que o cidadão enfim *ingresse na engrenagem institucional* que, por comodismo, desinteresse ou por indisfarçada covardia, sempre lhe deve ter sido distante, a cargo dos outros, por conta do governo e das autoridades – enfim de alguém, mas por favor *longe de mim.*

Não mais, parece. A mais ninguém é dado refugiar-se em seu omissivo conforto para observar o coletivo e imenso barco nacional a navegar, quer prosperamente em mar sereno, quer indo à breca e soçobrando miseravelmente.

***

O Direito brasileiro nestes dias que zunem tem sofrido tremendamente com um tal estado de coisas. Recorda o atropelado que não detectou o imenso caminhão, ou o atarantado lutador arremetido ao chão sob saraivada de coices na moleira.

As instituições experimentam duras provações diárias, com efeito muito sérias, e sem descanso. A tão imprescindível e decantada *segurança jurídica* capenga e periclita por todo o tempo sob modalidade diferente a cada breve período, ou a cada nova investigação oficial, ou a cada devassa desencadeada pela imprensa, ou a cada delação por bandido arrependido de ter sido pego, ou ainda a cada cambiância dos ventos que no Planalto Central uivam com fúria.

Os sustos de amplo espectro, dos apenas indigestos até os mais arrepiantes, vêm sendo ininterruptamente prodigalizados à grande coletividade. O jorro parece interminável, e os noticiários evocam filmes do mais genuíno horror inglês, algo como discurso de políticos, ou seja, um horror verdadeiro e não fingido.

Ao postar-se à frente de sua televisão à noite o cidadão pode aguardar calafrios renovados, não na película que acaso assista mas no anterior noticiário, devidos em parte à imponderabilidade jurídica que o país atravessa. Com efeito, quando a oscilação jurídica passa a incomodar, é sinal de que uma nova consciência desperta.[22]

Hoje o Direito se assenta de um modo e até parece bem, porém na semana seguinte o que se afigurava firme revoluteia em seus eixos e se contorce, e convulsiona, e serpenteia como no desvario próprio de perseguir sua própria identidade, seu objeto institucional, seu propósito primário dentro da sociedade a que serve.

Os assuntos mais essenciais a envolver a cidadania que tanto se apregoa são a imagem de um multicor camaleão, uma lula talvez, sem paz nunca e nem um minuto de sossego na fuga eterna do predador, e sem certeza de coisa alguma, nem do instante seguinte. Um quadro tal, simplesmente, não pode ser bom.

***

O Direito Administrativo, derivado imediato do Direito Constitucional que a tudo jurídico abarca, não escaparia de um semelhante cataclismo institucional, nem obteria restar protegido da tormenta institucional que avassala nossa gigantesca nação.

Observam-se os efeitos da turbulência nos temas mais diversos, administrativos porém sempre de matriz constitucional, como são por exemplo, dentre outros que se poderiam pinçar, o do *teto remuneratório dos servidores públicos*; a questão da *previdência pública* e os *regimes previdenciários locais*; o desrespeito e a desconsideração *oficial* de algumas normas gerais de licitação.

Outros ainda são alguns efeitos da denominada reforma trabalhista dentro do serviço público, como por exemplo quanto à nova prevalência do acordado sobre o direito legislado; a terceirização da atividade-fim; a nova sucumbência em ações trabalhistas, sendo que muito mais se poderia invocar.

E nem se precisa mencionar, nesta essencial incerteza, que a medida provisória que alterava a reforma e cujas regras já pareciam incorporadas ao direito, não foi aprovada pelo Congresso, fato que, ainda em abril de 2018, lançou novas sombras e nova angústia sobre o alcance das alterações trabalhistas, de modo que o novelão prossegue. Aliás, a instabilidade institucional parece ser a tônica dos governos federais.

---

[22] É curiosíssimo constatar que, neste país do futebol quando esteve a menos de dois meses de mais uma copa do mundo, as pessoas comuns, entrevistadas na rua em abril de 2018, demonstram dominar a *escalação* do Supremo Tribunal Federal, mas não conhecem a da seleção canarinha!.. Até ontem esse fato seria tido como saborosa piada, mas é real. Excelente! Será com isso que o brasileiro começa a despertar de sua hibernação?

Fiquemos entretanto, e muito brevemente, com apenas esses elencados temas para tentar ilustrar a forte convulsão que nosso Direito Público experimenta, tanto por força de importantes alterações legislativas quanto pela presente imponderabilidade jurisprudencial – que dificilmente se experimentou com parecida intensidade até esta ocasião da história.

***

Antes de rapidamente correr os temas citados é sempre preciso ter presente que *o mundo tem gente demais*, possivelmente muito mais do que deveria e poderia. O bíblico *crescei e multiplicai-vos* pode ter sido adequado há dois mil anos, porém transportado para hoje incentiva tragédias sem proporção, catástrofe diluviana, imprecação contra a humanidade, prenúncio de um apocalipse nada desejável.

O que significará, por exemplo, a China com 1,5 bilhão de habitantes, e estar a Índia prestes a ultrapassá-la, e qual o papel evolutivo de uma tal *macabra* realidade? Isto escapa à compreensão dos mortais e exige explicação esotérica, que é muita vez mais acreditável que a ditada pela racionalidade.

O Brasil está no mesmo mundo e, pelo seu intrínseco e quase medieval primitivismo, se ressente muitíssimo da tragédia superpopulacional.[23] E o Direito brasileiro, como não seria diferente, reflete à risca semelhante estado de coisas.

A autoridade executiva, o magistrado, o parlamentar, o fiscal, o policial, nenhum desses agentes pode ainda trabalhar como fazia há, digamos, quarenta anos. O ambiente nacional é radicalmente outro, quase oposto sobretudo no formigueiro das grandes cidades, e os costumes viraram e se reviraram várias vezes até atingir o estágio atual.

Nestes dias tudo se precipita incontrolavelmente, apontando a esmo para qualquer direção, até a menos imaginável. As tradições que sobrevivem tornam-se mais e mais irreconhecíveis.

Ninguém no Brasil conhece ou se lembra do *saci-pererê*, do *caapora* (ou *curupira*), de *Iara*, da *mula-sem-cabeça*, do *boitatá*, da *cuca*, do *boto*, mas todas as crianças detêm amplo domínio teórico e operacional daquela cucurbitácea fanfarronada norte-americana denominada *halloween*, à qual nosso finado genitor denominava *estupidez animada*.

---

[23] A Suíça tem pouco mais que oito milhões de habitantes, e o Uruguai mal tem quatro. A diferença com o Brasil é que esses dois são estados *civilizados*, o que nosso país não é. E não se alegue a diferença territorial, porque o Uruguai é 30% menor que o Estado de São Paulo, que em 2021 tem 45 milhões de habitantes.

E no Natal, sob quarenta graus e o asfalto borbulhando como lava vulcânica, multiplicam-se os papais noéis sob flocos de neve e entre perplexas renas (??) – e ai do pai que não se curvar a tais extraordinárias efemérides brasileiras, arriscando-se a processo para perda do pátrio poder e denúncia à corte de direitos humanos em Haia.

Infelizmente o Direito não escapa à sanha da irracionalidade nacional, e nesse ambiente convivemos, e o que aqui segue com isso se relaciona. Somente se anseia que o cidadão, um dia, comece a acordar do pesadelo histórico que vive, para que, talvez, o Direito retome seu papel social, em ambiente que enfim o permita. Parece distante, mas teoricamente não é impossível.

***

O primeiro assunto mencionado, assustador e tétrico, é o denominado *teto remuneratório* do agente público.

Trata-se, como afirmamos desde o advento da Carta de 1988 e os seus reais efeitos quanto a isso, de uma farsa burlesca, um teatro indisfarçado de muito baixa categoria, uma *commedia dell'arte*. Ópera bufa? Pantomima de marionetes? Encenação mambembe? Talvez nada disso, porém também nada sério.

A Constituição de 1988 tentou por três vezes a contenção do ganho dos agentes públicos. Fracassou retumbantemente as três vezes como já fracassara a Emenda Constitucional nº 1/69, jamais tendo sido cumprido ou executado o limite da remuneração dos agentes públicos.

As isoladas tentativas que se registram na história da Administração Pública, todas elas malogradas e baldadas logo na sequência, não se impuseram. E ninguém duvide de que o teto figurará, resplendoroso e impávido, na próxima Constituição que tivermos, nem que o seu teatral destino seja o mesmo dos anteriores.

Na sua última decisão sobre o assunto em 2018, após um acórdão que parecia ter equacionado de vez a questão, o egrégio Supremo Tribunal Federal determinou que o teto se refere a cada posto de trabalho exercido pelo mesmo agente dentro das acumulações constitucionalmente admitidas, sem soma que interesse para o estabelecimento do teto. Cada posto tem seu teto, e não importa soma alguma com a paga de outros postos.

Parece que não é exatamente isso o que está escrito na Carta, no inc. XI do seu art. 37, que manda juntar todos os títulos, de todas as naturezas, para o fim de se estabelecer o teto, porém esta foi a última assentada jurisprudencial sobre o assunto.

Compreende-se perfeitamente o fenômeno, pois que resta muito pouco provável que alguém diretamente interessado em determinado resultado de uma ação a julgue contra seus direitos e imediatos interesses.

Tal atitude dificilmente é exigível de alguém não provido de um idealismo mais próprio de um grande herói nacional, ou da abnegação de um santo verdadeiro – ambos os quais desde logo encarariam grandes problemas em casa...

Os magistrados, para falar apenas deles, geralmente percebem mais que o teto constitucional, em face de decisões judiciais que – segundo a Constituição, ao lado da Constituição ou apesar da Constituição – o admitem. Como então esperar que reduzam seu próprio ganho, em tal circunstância, em eventuais decisões de demandas com objeto de fazer valer a limitação constitucional para todo e qualquer agente público? Este humílimo escriba possivelmente faria o mesmo...

Considerando a instituição da *suspeição*, então a forçada conclusão é a de que em ações nas quais tenha interesse o próprio juiz – do grau que for –, o julgador *não deveria ser um juiz*, mas alguém fora da magistratura... e, formalmente, pode haver ideia mais ridícula?

O fato é que dentro desse conhecido quadro o *teto* aparece como uma pluma em meio a furacão – absolutamente instável, precário, movediço, inconfiável, etéreo como a brisa primaveril. Em verdade constitui uma *ficção* constitucional, desde a Carta de 1969 para não retroceder muito. A quem, então, o constituinte repetidamente insiste em tentar enganar com a farsa?

Tanto teatro constitucional nos leva a considerar, algumas décadas após o teto ter sido instituído na letra da Carta, que deve estar errado, e ser irrealizável. Possivelmente é muito baixo, ou de outro modo antitécnico e irrealístico.

Com efeito, misturar remuneração com indenização, e ainda com benefícios previdenciários, a tudo lançando num balde a ser remexido com colher de pedreiro para desse resultado, ou dessa mixórdia, extrair um limite de pagamento para qualquer agente público não parece ser trabalho dos mais refinados, nem de grande técnica.

O que se pode recomendar ao constituinte, do fundo da nossa desimportância, é repensar em profundidade a concepção do teto remuneratório do agente público brasileiro. Tudo o que até agora se realizou fracassou retumbantemente, a evidenciar que *algo está errado* naquela formulação. Tenha-se sempre presente que nem todo diletante do Direito Constitucional é afeito à arte do teatro.

***

O segundo tema a ser muito rapidamente focado é o da *previdência pública* e dos *regimes previdenciários locais*.

Não é necessário nascer encarnado no profeta Daniel, na pitonisa de Delfos, em Michel de Nostredame, ou mesmo na nossa gloriosa Mãe Dinah, para o cidadão minimamente consciente dar-se conta de que nenhum sistema de previdência que (I) não cobre contribuições de seus segurados; (II) pague aposentadorias e pensões integrais, iguais ao do último vencimento com vantagens incorporadas, e (III) despreze cálculos atuariais, e o exatismo dessa ciência, em prol de politicalhas crápulas e canalhas de índole eleitoreira e custeadas pelo dinheiro escorchado do cidadão em impostos e encargos dos quais ele não obtém fruto nem retorno nenhum, e (IV) com frequência estenda os benefícios a filhos do segurado até 21 anos, ou os prodigalize a filhas solteiras (ou que assim finjam ser) por toda a sua vida, possa dar resultado para sempre, e se manter hígido por muito tempo.

Somente irresponsáveis da pior categoria, seres leviandos e fúteis a mais não poder, desinteressados do futuro do seu país e dos seus cidadãos daqui a algum tempo, somente doidivanas sonhadores que imaginam viver no país das maravilhas e numa cornucópia interminável de benesses que brotam do nada, apenas arremedos de constituintes dessa natureza podem conceber, em seus delírios, um regime previdenciário que se sustente sozinho e pela graça da divindade, como orquídeas que só dependem do sereno noturno para viverem...

Pois bem, assim mesmo até há bem pouco tempo foram os regimes próprios de previdência social dos servidores públicos estatutários em nosso sofrido país! E há quem pague muito para visitar, nos Estados Unidos, o *reino da fantasia*, de Walt Disney!

Atualmente, e desde o início do milênio, esses regimes passaram a cobrar contribuições dos segurados, porém (I) nunca o fizeram antes, e o descalabro passivo se avolumou insuportavelmente através das décadas, e (II) já restou evidente que os 11% de início recolhidos não cobrem a despesa, e que a deflagração atômica de Hiroshima, de matiz previdenciário, se repetirá. Essa alíquota já subiu e vem subindo nos Estados, aliás.

Recorde-se, aliás, que aquela deflagração já se iniciou, por exemplo no Estado do Rio de Janeiro, e já inicia seus efeitos no Rio Grande do Sul, em Minas Gerais, no Ceará e alhures. Basta esperar, e como a coisa anda todos terão seu quinhão.

Nem o Executivo nem os parlamentares se dão conta de que, neste andar da carruagem, os Municípios pararão, os Estados pararão, a União parará, os aposentados ficarão sem receber seus proventos, e os pensionistas de mesma forma, e o caos mais tenebroso se instalará no país a persistir a indiferença daquelas autoridades ante uma questão que até deficientes visuais absolutos enxergam com nitidez.

Não se ignoram as ingentes tentativas pelo governo federal, ainda que com décadas de atraso, de reformar a previdência social, sobretudo dos estatutários que recebem benefícios integrais, porém esse mesmo público beneficiário rechaça qualquer alteração como se fora uma abrupta invasão de marcianos em sua casa.

Não se dão conta, aqueles servidores, de que dinheiro não dá em árvore, nem cai do céu como o bíblico maná, e que simplesmente acaba sem deixar rastro se não for suprido por fonte segura e sustentável. Não entrega os anéis, preferindo arriscar perder os dedos – e tenha certeza de que, a manter essa atitude, os perderá.

E os parlamentares a sua vez, que enxergam apenas até as eleições que se avizinham, jamais admitem desgastar-se junto ao eleitorado a arriscar a oportunidade de se reelegerem para a irreal mordomia que os viciou e que, convenhamos, ser-lhes-ia dolorosíssimo perder de uma hora para outra...

Resultado: nenhum. A hora do cadafalso se acerca, e – notável! – ninguém parece enxergá-la! Ao regime de previdência prefere-se outro, o da divina providência, o do *deus-dará*. E o beneficiário não se dá conta de que até mesmo a divindade, um dia, se cansa. E que, a julgar pelo Rio de Janeiro e ao que tudo indica, esse dia chegou.

***

O assunto seguinte a ser ventilado nesta ligeira, mas apocalíptica resenha é relativo à indisfarçada e resoluta atitude, pelos governos estaduais e municipais, de descumprir às claras e sem nenhum disfarce algumas normas gerais de licitação, constantes da ainda viva e saudável lei nacional das licitações e dos contratos administrativo, a Lei nº 8.666, de 1993.

Trata-se das *fases procedimentais do certame licitatório*, que a norma geral de licitação estabelece como sendo, antes, a da habilitação dos licitantes, e depois a do julgamento das propostas dos licitantes definitivamente habilitados.

Sempre constituiu um alcandorado sonho dos operadores e dos estudiosos das licitações inverter aquelas fases – e com todo motivo deste mundo –, de modo que antes se abrissem as propostas de todos, e depois se abrissem os documentos habilitatórios apenas do vencedor das propostas. Imagine-se o ganho de eficácia do procedimento, e o tempo, e o ranger de dentes, e os ódios entrecruzados e as ameaças de atentados, que se poupam.

Sim, porque a grande dificuldade nas licitações sempre foi a habilitação, onde tudo acontece pelos motivos melhores e pelas infâmias mais sórdidas dos pilantras e dos cafajestes de plantão que apenas participam, sabendo que jamais vencerão os certames até porque não é isso que lhes interessa, para criar dificuldades aos demais, um dos quais se sagrará vencedor, com o fito de na sequência vender-lhes as mais gentis facilidades. Talvez as licitações em nosso país reúnam mais ratazanas que os arrabaldes da Paris pré-revolucionária.

O pregão – Lei nº 10.520, de 17 de julho de 2002, editada após 18 (dezoito) medidas provisórias se sucederem introduzindo a modalidade, aliás *contra previsão expressa da lei de licitações, art. 22, §8º* – inverteu aquelas fases, e com isso a ideia foi enfim materializada para uma espécie de licitação. Era o mote que todos aguardavam!

Considerando que o Executivo federal e também o Congresso jamais tiveram interesse real em trocar a lei de licitações por outra melhor – e a baboseira interminável dos discursos contra ela sempre foi conversa fiada, ou parolagem flácida para dormitar bovino – e não mais suportando a inércia da União, então um Estado resolveu solucionar o problema dentro do seu âmbito e editou lei com a inversão. Foi a Bahia.

Seguiu-a Minas Gerais, depois o Espírito Santo, e a seguir São Paulo, no que logo foi imitado pela sua Capital, todos editando suas leis que copiavam a inversão da lei do pregão. Na sequência praticamente todos os Estados fizeram o mesmo, e os Municípios, sem ter por que esperar, aderiram à ideia.

Hoje em dia a regra, absolutamente pacificada e isenta de qualquer cogitação de legalidade, é essa, e a lei de licitações, com suas normas gerais prevendo que antes deve vir a habilitação e apenas depois o julgamento das propostas... ora, a lei...

Isto é o direito de nosso país: *revogação por desuso,* como jocosamente Márcio Cammarosano costumava referir entre os amigos. O mecanismo é esse: se a lei unanimemente cansou os aplicadores, e se francamente não mais atende o (correto e razoável) interesse dos aplicadores, então se a muda *ipso facto, sic et simpliciter,* sem indesejáveis conflitos ou dissensões que tanto agastam os ânimos e irritam as pessoas. O Brasil sempre foi, com justo orgulho, o país da conciliação e do entendimento, e da paz na terra aos homens de boa vontade.

***

Prossigamos evocando outro hodierno tormento das paragens tupiniquins, o da assim dita *reforma trabalhista*, vista de dentro do serviço público. Deve ser examinada, mesmo nesta curta seleção de aspectos, *au vol d'oiseau*, muito breve e superficialmente, porque ao final de abril de 2018 o panorama não poderia ser mais confuso e incerto.

A medida provisória que atenuava os efeitos da dita reforma, que foi promovida pela Lei nº 13.467, de 13 de julho de 2017, teve seu prazo de validade transcorrido sem aprovação, de modo que caducou e desapareceu do ordenamento. Neste momento, 2021, vale portanto a lei na sua redação originária. Em uma semana entretanto tudo poderá ser diferente nesta *casa-da-mãe-joana* que é nosso país, e nesta *festa do caqui* que está nosso Direito.

O primeiro ponto da reforma a merecer reflexão é a tão propalada *prevalência do acordado sobre o direito legislado*. Lê-se do art. 511-A da CLT, com a redação dada pela lei da reforma, que

> *A convenção coletiva e o acordo coletivo de trabalho têm prevalência sobre a lei quando, entre outros, dispuserem sobre:* I – pacto quanto à jornada de trabalho, observados os limites constitucionais; II – banco de horas anual; III – intervalo intrajornada, respeitado o limite mínimo de trinta minutos para jornadas superiores a seis horas; IV – adesão ao Programa Seguro-Emprego (PSE), de que trata a *Lei no 13.189, de 19 de novembro de 2015*; V – plano de cargos, salários e funções compatíveis com a condição pessoal do empregado, bem como identificação dos cargos que se enquadram como funções de confiança; VI – regulamento empresarial; VII – representante dos trabalhadores no local de trabalho; VIII – teletrabalho, regime de sobreaviso, e trabalho intermitente; IX – remuneração por produtividade, incluídas as gorjetas percebidas pelo empregado, e remuneração por desempenho individual; X – modalidade de registro de jornada de trabalho; XI – troca do dia de feriado; XII – enquadramento do grau de insalubridade; XIII – prorrogação de jornada em ambientes insalubres, sem licença prévia das autoridades competentes do Ministério do Trabalho; XIV – prêmios de incentivo em bens ou serviços, eventualmente concedidos em programas de incentivo; XV – participação nos lucros ou resultados da empresa (grifo nosso).

Observa-se assim o vasto número de assuntos em que prevalece a convenção coletiva e o acordo coletivo de trabalho sobre o direito legislado, ou seja, a letra da lei, que até ontem era sagrada e, dissesse o que dissesse, prevalecia sobre outra fonte infraconstitucional de direito. Inverteu-se o antigo panorama, e vale antes a tratativa coletiva sobre a lei.

Até este ponto, entendemos *magnífica* a ideia, que ineditamente admite que trabalhadores e empregadores sejam capazes de negociar recíprocas vantagens e obrigações, escapando à tutela muita vez bisonha, muita vez abertamente estúpida e quase sempre ultrapassada, da lei.

O empregado não é um retardado mental que necessita a tutela estrita e permanente da lei e do Estado, e o empregador não é um feitor de escravos e torturador implacável de seus servidores. A lei reconhece que as partes detêm inteligência e discernimento bastantes para negociarem condições dos contratos, tal qual nos contratos civis.

O que entretanto para aqui se chama a atenção é a implicação dessa negociabilidade dentro do serviço público, na organização dos quadros de servidores públicos regidos pela CLT.

Por muito nova que seja a matéria, resta claro que dentro do serviço público *não poderá existir toda aquela liberdade negocial* entre as partes, de um lado o Estado e de outro o servidor celetista.

Sabe-se que um dos pilares da Administração Pública, talvez porventura o principal e que rege toda a concepção do Estado moderno e institucionalizado, é o *princípio da legalidade*, que vem inscrito no art. 37 de nossa Constituição, segundo o qual a Administração só faz o que a lei lhe permite fazer, ou lhe manda fazer, proibida a liberalidade onerosa não autorizada na lei.

Trata-se de uma das mais salutares e indispensáveis balizas de Administração Pública, sem a qual o Estado voltaria a ser uma selvageria medieval, ou anterior, na qual o poder do soberano, do príncipe, do sultão, do califa, do cacique ou do tirano não teria limite algum em nenhum assunto.

A diferença principal entre Calígula e um presidente de república institucionalizada é a existência do princípio da legalidade, que reduz a discricionariedade do último a trilhas pré-traçadas e objetivas, enquanto que no primeiro caso o humor do cafajeste e tarado imperador é que a cada momento ditava a sua conduta, até que em excelente hora foi assassinado.

Nesse sentido o serviço público organiza seus quadros de pessoal, há muitas décadas, segundo a Constituição e a legislação administrativa local, uma a ditar normas amplas e a outra a disciplinar internamente a sua organização. Fora da lei não se concebe, desse modo, nenhuma organização legítima e juridicamente regular.

Tanto é verdade que é regra pacífica na organização do Estado brasileiro que não se aplicam convenções e acordos coletivos ao pessoal do serviço público regido pela CLT, porque decisão alguma entre as partes se pode sobrepor, nessa matéria, à regra da lei local. O erário e o orçamento público não podem, com todo efeito, ficar à mercê de instabilidades e de incertezas de semelhante ordem, virtualmente opostas a qualquer regra organizativa do serviço público, estritamente rigorosa como precisa ser.

Não se pode imaginar que um acordo coletivo, figura absolutamente estranha à organização do pessoal do serviço público e que nunca teve qualquer participação naquela organização por incompatibilidade institucional absoluta, possa agora impor-se à lei local, emanada do Executivo, que propõe o que pode e o que entende conveniente, e o que o Legislativo a seguir aprova, modificando ou não, segundo também entenda plausível e adequado.

É a própria Constituição que, de outro modo, assim o determina, além de no *caput* do art. 37 ao prever genericamente a regra da legalidade, em momentos como o inc. X do mesmo art. 37, a estabelecer que *a remuneração dos servidores públicos e o subsídio de que trata o §4º do art. 39 somente poderão ser fixados ou alterados por lei específica, observada a iniciativa privativa em cada caso.*

Outro momento da Constituição, o art. 6º, §1º, inc. II, al. "a", fixa que são de iniciativa exclusiva do Presidente da República as leis que disponham sobre a criação de cargos, empregos e funções da Administração direta e autárquica e o aumento da sua remuneração.

Fecham-se assim as portas a qualquer outra forma de criação de postos de trabalho ou de fixação da remuneração de servidores públicos que não a lei. O acordo e a convenção coletiva, portanto, passam longe do serviço público e não se está tratando das estatais, que são empresas do Estado, constituídas sob o modelo privado.

***

Passa-se à questão, suscitada pela reforma trabalhista, da assim denominada *terceirização da atividade-fim* das empresas, e sobre que reflexo isso possa ter dentro da organização do Estado.

Ocorre que havia sérias restrições, da lei, mas sobretudo da implacável jurisprudência trabalhista, a que as empresas contratassem outras empresas para que pelas primeiras executassem trabalhos compreendidos na atividade-fim e no objeto social das primeiras.

O trabalho final que a empresa deveria realizar para sua clientela era então executado por outra empresa em nome da primeira. A clientela obtinha o trabalho contratado, ainda que não executado pessoalmente pela empresa que para aquilo fora contratada.

A ABSOLUTA INSTABILIDADE DO DIREITO BRASILEIRO. O DIREITO ADMINISTRATIVO E O DO TRABALHO

E daí? – pergunta-se. Se o serviço foi entregue corretamente, onde algum impasse de legalidade, de regularidade ou de normalidade negocial?

Apenas na imaginação de medievais autoungidos protetores dos trabalhadores, tuteladores que ninguém pediu e que em geral os trabalhadores gostariam de ver bem longe, próprios de um país do terceiro mundo, retrógrado, atrasado, paternalista, caolho e míope como é nosso Brasil, que ainda hoje prestigia a legislação outorgada por um ditadorzinho dos mais ordinários.

Mil vezes bem-vinda seja a reforma trabalhista, porém neste ponto temos outra inaplicabilidade da regra ao serviço público. Em primeiro lugar porque a terceirização está *amplamente permitida pela reforma*, para qualquer atividade, inclusive a principal, da empresa que terceiriza os serviços que alguém lhe contratou.

Reza a lei da reforma, ao dar a seguinte nova redação à Lei nº 6.091/74, que versa sobre o serviço terceirizado – e que *se desmoralizou total e completamente* com a reforma, e que atualmente merece ser jogada num porão de antiguidades curiosas:

> Art. 5º-A. Contratante é a pessoa física ou jurídica que celebra contrato com empresa de prestação de serviços relacionados a quaisquer de suas atividades, inclusive sua atividade principal.

Se, portanto, a Administração Pública tinha de se preocupar com condenações trabalhistas por terceirizar fora das hipóteses da *péssima* Lei nº 6.091/74, essa preocupação teve fim. O país dá um passo em direção ao futuro, e os trogloditas jurídicos que defendiam a proibição de terceirizar precisarão encontrar algo diferente a fazer.

***

Foca-se agora, e por fim, a nova sucumbência em ações trabalhistas.

A imprensa noticia repetidamente em 2018 que após a lei da reforma trabalhista – a qual, sozinha e isoladamente considerada, a nosso ver já justifica o mandato do atual presidente da República – caíram em cerca de 70% (setenta por cento) as ações trabalhistas.

Só esse feito já indica que nem tudo está perdido em nosso país, como parecia e muita vez ainda parece. Existe um alento de vida inteligente a perlustrar os espaços de nossa nação, e alvíssaras.

Os fanfarrões irresponsáveis que ingressavam com enxurradas de reclamações trabalhistas as mais *picaretas* e desavergonhadas apenas o faziam, instilados muita vez por profissionais de baixíssima qualidade moral e técnica, porque nada tinham a perder com aquilo. Eram frequentemente trabalhadores de mínima ou de nenhuma qualificação, que buscavam sobreviver não do seu trabalho mas pelo resultado daquelas ações.

Não havia honorários de sucumbência na Justiça do Trabalho – porque o ditadorzinho retro-referido a seu tempo não o permitiu –, de modo que era voz corrente a de que "em ação trabalhista sempre alguma coisa se leva". Assim, por que não tentar?

Esse cidadão muita vez ingressava em um emprego já arquitetando que espécie de reclamação moveria ao cabo de algum tempo, e disso vivia – inclusive na Administração Pública, porque empregados medíocres nunca constituíram exclusividade da empresa privada.

A reclamação trabalhista, entretanto, neste momento deixou de ser o, potencialmente muito lucrativo, divertimento de aventureiros, porque passou a ser previsto o honorário de sucumbência, tal qual ocorre no processo civil, aos perdedores da ação, mesmo que o reclamante. E os efeitos da novidade não tardaram, com a subsequente notícia, repita-se, de que o movimento das reclamações caiu em cerca de 70% após advinda a nova sucumbência.

A imprensa noticiou, em março de 2018, que um ex-empregado, reclamante perdedor, foi condenado na sucumbência mínima da lei, em uma ação contra sua ex-empregadora, no montante de R$ 750.000,00 (5% do valor pleiteado, o percentual mínimo da nova regra legal). Deve ter se arrependido da orientação de seu patrono no valorizar a reclamação, mas o caso serve de magnífico exemplo a outros aventureiros, para ao menos refletir sobre dois pontos: a) o risco da ação compensa? e b) o valor pedido deve mesmo ser este ou aquele?

Para a Administração Pública, vítima histórica e incomensurável das decisões trabalhistas ao longo de muitas décadas, a alteração da regra da sucumbência é alvissareira, pois que também os órgãos públicos receberão honorários de sucumbência nas ações trabalhistas que vencerem.

E, pelo princípio da *indisponibilidade dos interesses públicos,* se não forem pagos pelos sucumbentes precisarão ser executados – execução por título judicial –, pena de a autoridade a qualquer tempo ver-se responsabilizada por incúria no trato do erário do ente que dirige, com as piores consequências políticas, civis e criminais de imaginar.

***

Direito brasileiro: durma-se com um barulho destes...

CAPÍTULO 10

ADVOGADO E CONTADOR – NATUREZA SINGULAR DO SEU SERVIÇO. VENCIDA UMA IMPORTANTE BATALHA

Depois de derrubado o veto total aposto pelo Presidente da República a dois projetos de lei, um originário da Câmara dos Deputados (PL nº 10.980/18) e outro do Senado Federal (PL nº 4.489/19), ambos os quais modificavam o Estatuto da OAB para enfatizar e de vez consagrar a *natureza singular* dos serviços de advogado e de contador, foi sancionada pelo Executivo a Lei nº 14.039, de 17 de agosto de 2020 (*DOU* 18.08.20), com este teor integral:

Lei nº 14.039, de 17 de agosto de 2020
Altera a Lei nº 8.906, de 4 de julho de 1994 (Estatuto da OAB), e o Decreto-Lei nº 9.295, de 27 de maio de 1946, para dispor sobre a natureza técnica e singular dos serviços prestados por advogados e por profissionais de contabilidade.
O PRESIDENTE DA REPÚBLICA Faço saber que o Congresso Nacional decreta e eu promulgo, nos termos do parágrafo 5º do art. 66 da Constituição Federal, a seguinte Lei:
Art. 1º A Lei nº 8.906, de 4 de julho de 1994 (Estatuto da OAB), passa a vigorar acrescida do seguinte art. 3º-A:
"Art. 3º-A. Os serviços profissionais de advogado são, por sua natureza, técnicos e singulares, quando comprovada sua notória especialização, nos termos da lei.
Parágrafo único. Considera-se notória especialização o profissional ou a sociedade de advogados cujo conceito no campo de sua especialidade, decorrente de desempenho anterior, estudos, experiências, publicações, organização, aparelhamento, equipe técnica ou de outros requisitos relacionados com suas atividades, permita inferir que o seu trabalho é essencial e indiscutivelmente o mais adequado à plena satisfação do objeto do contrato."

Art. 2º O art. 25 do Decreto-Lei nº 9.295, de 27 de maio de 1946, passa a vigorar acrescido dos seguintes §§1º e 2º:

"Art. 25..

§1º Os serviços profissionais de contabilidade são, por sua natureza, técnicos e singulares, quando comprovada sua notória especialização, nos termos da lei.

§2º Considera-se notória especialização o profissional ou a sociedade de profissionais de contabilidade cujo conceito no campo de sua especialidade, decorrente de desempenho anterior, estudos, experiências, publicações, organização, aparelhamento, equipe técnica ou de outros requisitos relacionados com suas atividades, permita inferir que o seu trabalho é essencial e indiscutivelmente o mais adequado à plena satisfação do objeto do contrato." (NR)

Art. 3º Esta Lei entra em vigor na data de sua publicação.

Brasília, 17 de agosto de 2020; 199º da Independência e 132º da República.

JAIR MESSIAS BOLSONARO

Merece comentário, porque representa mais uma importante vitória de ambas as categorias profissionais, advogados e contadores, na genuína *guerra* que travam exatamente com este propósito há quase três décadas no país contra as entidades e as autoridades detentoras da ação civil pública e da ação por improbidade administrativa.

Nesse contexto sobressai o Ministério Público como o maior autor daquelas ações como se sabe, porém não há como ignorar o importantíssimo papel que o Poder Judiciário desempenha ao julgá-las, o que até este momento se deu sob o influxo da legislação existente antes desta Lei nº 14.039, de 2020, e que em razão dela, parece claro, não poderá permanecer o mesmo.

Trata-se de uma guerra profundamente desigual como se denota às claras, algo como a de um rato contra um leão. Com todo efeito, são duas profissões – sendo que os advogados, pela própria Constituição, art. 133, exercem uma *função indispensável à administração da justiça* – em luta por seus direitos *contra o Estado*. Uma contenda bastante indigesta, para dizer o mínimo.

O pano de fundo deste novo panorama é o conjunto de algumas leis, a saber:

- a Lei nº 8.666, de 21 de junho de 1993, a lei nacional de licitações e contratos administrativos;
- a Lei nº 7.347, de 24 de julho de 1985, a lei da *ação civil pública*, e
- a Lei nº 8.429, de 2 de junho de 1992, lei da *ação por improbidade administrativa*.

CAPÍTULO 10
147

Mas a partir deste momento integra a cena também esta Lei nº 14.039, de 2020, que modificou a Lei nº 8.906, de 4 de julho de 1994, o Estatuto da Ordem dos Advogados do Brasil, assim como o Decreto-lei de 1946, disciplinador da careira de contador.

***

Como profissionais do Direito Administrativo e Constitucional nós nos batemos há ao menos duas décadas em prol da tese de que todo e qualquer serviço privativo de advogado tem natureza singular. Mas não é só o do advogado. Todo profissional de nível superior que tem a profissão disciplinada e organizada por legislação federal específica,[24] ao prestar serviço privativo de sua profissão fá-lo com caráter de singularidade, pois que esse trabalho é sempre provido de natureza singular, inimitável na sua fatura, de feição peculiar e caráter apertadamente individual.

Sim, porque para prestar serviço comum ou indiferenciado não seria necessário nem lógico existirem cursos universitários que emprestam uma formação específica aos alunos após longos e duros anos de formação. Nem haveria exames de Ordem, como para os advogados.

***

Sobre a singularidade da prestação pode-se com muita frequência falar mesmo de natureza *personalíssima* do trabalho dos profissionais universitários, ou seja, daquela característica unipessoal que constitui a marca autoral do realizador, o seu timbre próprio e indelével, a sua identidade inimitável e insuscetível de generalização.

Nesse sentido dentre outros estudos escrevemos, em conjunto com o excepcional publicista Mauro Roberto Gomes de Mattos, o artigo *"Serviço singular"*. *Todo serviço privativo de advogado é singular. A jurisprudência atualizada para 2014.*[25] É um trabalho longo e detalhado, que felizmente, alguns anos depois de publicado, tem agora a sua tese consagrada na lei nacional.

***

---

[24] Costumeira e estupidamente designada por profissão regulamentada, quando é muito mais do que isso. Trata-se da profissão disciplinada solidamente por leis federais e não simplesmente regulamentadas por decretos, circulares, instruções, portarias de ministros afastados de presidentes interinos – como aconteceu no anterior governo federal – ou bilhetinhos de Jânio. Quem confunde o disciplinamento legal de uma carreira com mera regulamentação precisa voltar à escola.

[25] Publicado em *Boletim de Administração Pública Municipal*, Fiorilli, fev. 14, assunto 249; *Revista Zênite*, Informativo de Licitações e Contratos, p. 319, abr. 14; *Boletim Governet* de Administração Pública e Gestão Municipal, p. 482, abr. 14; *Revista Síntese* Licitações, Contratos e Convênios, p. 25, jun./jul. 14.1

A mesma tese entretanto está muito longe de ser nossa. Para não retroceder exageradamente no tempo – porque seria lícito mencionar a Lei paulista nº 89, de 1972 –, voltemos apenas até a edição do Decreto-Lei nº 2.300, de 21 de novembro de 1986, que confessadamente na exposição de motivos se baseou naquela lei do Estado de São Paulo, originária da pena de Hely Lopes Meirelles.

O Decreto-Lei nº 2.300/86 era a lei reunidora dos princípios e das *normas gerais* de licitações no país, e quanto a isso unificou as desencontradas e desconexas normas esparsas regionalmente sobre o tema das licitações e dos contratos administrativos, e nesse sentido, por mais odiados que fossem os decretos-leis, constituiu um marco inesquecível de nossa história legislativa. Rezava:

> Art. 23. É inexigível a licitação quando houver inviabilidade de competição, em especial: (...)
> II – para a contratação de serviços técnicos enumerados no art. 12, de natureza singular, com profissionais ou empesas de notória especialização.

Era o antecedente da regra atual, do art. 25 da lei de licitações, e já mencionava inexigibilidade de licitação por inviabilidade de competição, vinculando essa hipótese à contratação de profissionais notoriamente especializados para serviços singulares.

Da maneira como exposto no elogiável inc. II, entretanto, deve ter ficado a impressão de que podem existir serviços, mesmo que prestáveis por notórios especialistas, que não tenham natureza singular.[26]

Se essa foi a leitura, então seguramente terá sido o pomo da discórdia e a origem de toda a confusão e o impasse interpretativo que imperou nas décadas seguintes no Brasil junto aos operadores da lei, e que se augura que a partir desta Lei nº 14.039/20 tenha seus dias contados.

***

Em 1993 a lei atual das licitações – Lei nº 8.666, de 21 de junho de 1993 – sucedeu o decreto-lei de 1986, nele inspirada e por processo de aumentação e detalhamento em geral exagerados, prolixos, cansativos e prejudiciais, quando não simplesmente inexequíveis pelas mais variadas razões.

Em lugar do antigo art. 23 do decreto-lei surgiu o art. 25 da Lei nº 8.666, e aí dispôs de maneira quase idêntica à do Decreto-Lei nº 2.300/86,

---

[26] Algo difícil de engolir e menos ainda de digerir, com um caroço de abacate ou o palito cravado num sanduíche. E quanto mal tem provocado...

porém a grande diferença foi a de ter definido *notória especialização*, no seu §1º. O decreto-lei não a havia definido.

E a definição foi exatamente aquela do parágrafo único do novo art. 3º-A do Estatuto da OAB, trazido pela Lei nº 14.039/20, copiada – como também quanto aos contadores foi a mesma, constante dos novos §§1º e 2º do art. 25 do Decreto-lei nº 9.295, de 27 de maio de 1946, disciplinador da profissão de contador.

A ideia foi bastante boa para tentar objetivar o essencial subjetivismo do conceito de notória especialização, conceito esse que é fortemente abstrato e depende de interpretação a todo tempo.

E foi bastante bem a definição até o seu final, quando tentando precisar um conceito subjetivo caiu num buraco pior:

> (...) permita inferir que o seu trabalho é *essencial e indiscutivelmente o mais adequado à plena satisfação do objeto do contrato*. (Itálico nosso)

Pelas barbas da baleia branca! Pelo óleo que escorre das barbas de Aarão! Pelas ametistas de Xangrilá!

Existirá na terra algum profeta de tamanha envergadura que consiga detectar qual é o profissional cujo trabalho é essencial e indiscutivelmente o mais adequado à plena satisfação do objeto de algum contrato técnico com o Poder Público?

Se o trabalho for advocatício, somente no Estado de São Paulo existiam, no início de 2020, mais de 430.000 advogados inscritos na Seção Paulista da Ordem. Terá condição algum ente público, então, de saber, ficando somente em São Paulo, qual deles é essencial e indiscutivelmente o mais adequado ao contrato público pretendido?

E no Brasil existem mais de 1.100.000 advogados inscritos. Algum deles será indiscutivelmente o mais adequado ao que quer que seja? E não falamos de contadores, que são em menor número, mas aos quais pergunta também se aplica.

Isto é poesia pura, mas nunca Direito. Na tentativa de ajudar, por não conhecer até onde pode ir a lei, o legislador produziu um estrago na vida nacional que decerto nunca imaginou, esse aliás o resultado de esperar quando a lei resolve definir obra, serviço, compra (lei de licitações, art. 6º) ou outras banalidades e platitudes que uma criança domina.

Imagine o gentil leitor se a lei de licitações, de 1993, não tivesse definido compra! Ninguém saberia o que é? Precisa uma lei dizer ao brasileiro o que é compra? Então até 21 de junho de 1993 ninguém sabia o que era compra, antes da lei de licitações? Onde começa o senso de ridículo do autor da lei de licitações?

Teria sido preferível, num quadro assim patético e que deve envergonhar o cidadão de bom senso, deixar o conceito de notória especialização – que todas as pessoas compreendem à suficiência e sem precisar de explicação – sem definição. No instinto e no senso comum as coisas ficariam melhor... como com aquela criança que, indagada pelo pai se entendeu sua explicação, respondeu que antes sabia, mas após a explicação deixou de saber.

Bastaria substituir o "essencial e indiscutivelmente o mais adequado" – porque nenhum serviço no planeta ninguém pode demonstrar que o seja, jamais e em tempo algum – por algo como tecnicamente adequado, ou tecnicamente apropriado, expressões muito mais realísticas e razoáveis, e ao alcance de qualquer aplicador da lei e dos conceitos jurídicos.

Quanto a essa parte da definição, portanto, o problema da subjetividade – com todos os seus perigos, conflitos e horrores – persiste. Do modo como está na lei, o conceito é ilíquido e iliquidável. Abstrato e impossível de concretizar. Virtualmente irrealizável.

Fica mais uma vez consignado este registro, ainda que a preocupação principal destas reflexões seja a questão da natureza singular dos serviços de advogado, e de contador.

E essa questão é antiga como se disse, já existindo em 1986 graças ao inc. II do art. 23 do Decreto-Lei nº 2.300/86.

***

Diante da inviabilidade de uma definição precisa do que seja a natureza singular de algum serviço – e considerada a *enxurrada* interminável de ações civis públicas, com nota de improbidade, fundadas numa combinação das Leis nº 7.347/85 (ACP) e nº 8.429/92 (improbidade) –, deliberou finalmente o legislador federal definir o que seja aquilo.

Assim funciona o Direito: se é impossível decifrar os conceitos abstratos, indeterminados e subjetivos da lei, chega um momento em que a necessidade obriga a que a lei *decrete e imponha a definição*, e que o conceito, de ideológico, filosófico ou social que fosse, se torne o fruto de uma determinação legal explícita, desejavelmente *a mais objetiva* que seja possível.

Tal foi o que ocorreu com a natureza singular dos serviços de advogado e de contador, por força da Lei nº 14.039/20, de modo que o quadro se tornou o seguinte:

CAPÍTULO 10 | **151**

- essa lei, repetindo exatamente a lei de licitações, *definiu* o que seja natureza singular de serviço de advogado e de contador (*advogado*: art. 3º-A, parágrafo único, do Estatuto da OAB; *contador*: §2º do art. 25 do Decreto-Lei nº 9.295/46):
- a mesma Lei nº 14.039/20 *determinou* que os serviços de advogado e de contador notoriamente especializados são técnicos e singulares, sejam quais serviços forem (*advogado*, art. 3º-A do Estatuto da OAB; *contador*: §1º do art. 25 do Decreto-Lei nº 9.295/46);
- para se aferir se o serviço é ou não é singular, portanto, o exame deve recair sobre a *especialização do prestador* advogado ou contador. Se se concluir que o prestador é notoriamente especializado, então a questão está *ipso facto* resolvida: o serviço é singular por força de lei, goste disso a autoridade ou não goste, doravante descabendo qualquer discussão sobre a singularidade.

O conceito legal subjetivo, dentro de uma lei positivista que ensina a licitar e a contratar, é a *desgraça do aplicador*. Tende a transformar um burocrata membro de uma comissão de licitação em juiz *ad hoc*, sem qualquer cerimônia. A subjetividade da lei transforma a vinculação do comportamento da autoridade ao comando legal em arbítrio sem limite à vista... e o estrago costuma ser muito grande.

Quem quer distorcer até ao máximo um conceito indeterminado para prejudicar alguém, para perseguir inimigo ou desafeto, para corromper e para acanalhar o escopo do texto legal, consegue-o sem grande esforço. Então, tentar resolver o problema da subjetividade legal e da indeterminação do conceito através de definições ainda mais indeterminadas e subjetivas... é apagar incêndio com gasolina. Melhor não o fazer.

***

Observa-se desse modo que, conforme sempre asseveraram diversos juristas e especialistas, a singularidade não está propriamente no serviço objeto do contrato, porém *na pessoa do contratado*, seja física, seja jurídica.

Nada resulta mais desgastante e incômodo que lidar com um conceito indeterminado, daí o legislador, decerto exausto com a estéril discussão de décadas e com a carrada de injustiças que incontáveis ações civis públicas têm imposto à sociedade, *determinar* que é singular todo serviço de advogado e de contador notoriamente especializado. O que era subjetivo deixou de ser, com um só comando da lei.

Mas procede a medida, porque o especialista, para ter conseguido ser especialista, distinguiu-se no seu ramo de atividade; obteve patente proficiência no exercício da sua profissão pelos trabalhos que realizou; notabilizou-se pela qualidade particular e pessoal, ou até personalíssima, do seu serviço – tudo o que sempre pode facilmente demonstrar a quem quer que seja.

Esse foi o grande escopo e a grande realização da Lei Federal nº 14.039, de 17 de agosto de 2020.

Bem-vinda seja, e antes tarde do que nunca.

***

A quem detiver a titularidade de ações civis públicas por gentileza não mais ocorra, portanto, indagar se o serviço objeto do contrato em questão é ou não singular: verifique-se apenas e tão somente se o prestador é ou não é especializado na matéria do objeto.

Se o prestador for especializado pelos meios que tiver para demonstrá-lo, então o serviço, por definição legal, é singular, e o assunto aí se encerra *sic et simpliciter*. Se o prestador não conseguir demonstrar sua especialização, então por mecanismo corolário e na direção oposta pode-se entender que o trabalho não tem natureza singular.

Não deixa tudo isso de intelectualmente ser um pouco grosseiro, mas é a norma legal expressa e absolutamente compreensível.

Neste mundo jurídico brasileiro, tremendamente convulsionado e que antes lembra a Comédia dos erros de Shakespeare, parece muito preferível uma ligeira grosseria legislativa, que todos entendem e sabem manejar, que um refinado conceito abstrato e subjetivo da lei para o qual cada cabeça profere um julgamento e de que cada consciência tem um entendimento.

Nesse último caso a segurança jurídica, tão decantada como um dos principais valores tutelados pelo Direito, passa além dos anéis de Saturno.

CAPÍTULO 11

STF: MUNICÍPIO NÃO PRECISA TER PROCURADORIA JURÍDICA

Uma muito recente decisão do Supremo Tribunal Federal, primeira turma, teve intensa e imediata repercussão no âmbito dos Municípios brasileiros, e no serviço público municipal. Pela decisão os Municípios simplesmente *não precisam manter Procuradorias Jurídicas*.

O acórdão referido ainda nem sequer foi publicado, porém os seus efeitos não tardaram nem um dia para se evidenciar: diversas Prefeituras suspenderam os concursos públicos que pretendiam realizar para Procuradores, ou então suspenderam a própria continuidade dos concursos que já estavam em execução, ao menos até o *assentamento* da nova ordem, ou, no jargão popular, *até a poeira baixar*.

A questão em verdade não é nova, nem a *excelente* deliberação do acórdão foi invenção do relator, o Min. Luiz Fux, porque já se a defendia vigorosamente e há muitos anos em nosso país. O que sem qualquer dúvida vinha mantendo a questão bastante acesa durante a última década foi a insistente tese do Ministério Público em sentido de que a Procuradoria era instituição indispensável aos Municípios e à organização do serviço público municipal – o que aparentemente foi tornado insubsistente neste momento.

E com isso a decisão do STF deverá ter efeito decisivo nas incontáveis ações civis públicas cujo objeto é ou gira em torno dessa questão.

***

Com todo efeito, nada na Constituição Federal aponta na direção daquela obrigatoriedade. O específico órgão da Procuradoria Jurídica, disso se alguém ainda duvidava, não constitui função ou atividade privativa do estado, podendo as suas atribuições ser exercidas por advocacias, assessorias e consultorias privadas, contratadas a prestadores particulares – e o que sempre foi óbvio a quem apenas tinha bom senso agora foi declarado com todas as letras pela mais alta corte do país.

A autonomia político-administrativa dos Municípios, constante da Carta, art. 30, inc. I – que por sua vez constitui herança direta de Constituições anteriores –, lhes assegura a capacidade de auto-organização e autodisciplinamento institucional em todas as matérias para as quais a Constituição já não tenha dado as regras, os parâmetros e as diretivas.

Em nosso sistema institucional sempre que a Carta não esgota um assunto só por isso já atribui a capacidade dos entes federados para sobre o mesmo assunto legislarem para o seu âmbito, como se lê da Constituição, art. 24, §§1º a 4º – e numa federação verdadeira não poderia ser diferente, porque o estado federal dita todas as regras às unidades que o integram apenas em ditaduras declaradas, essencialmente desprezíveis como são todas.

E nada existe no texto constitucional brasileiro que obrigue os entes municipais, pessoas jurídicas de direito público interno que são, a instituir, organizar e manter Procuradorias Jurídicas. Fá-lo, como e quando quiser, o Município que queira ter esse órgão, sempre porém por ato autônomo de sua vontade e não por imposição de ordenamento superior nenhum – que se existisse *em nada contribuiria para a democracia e o federalismo*.

***

Observa-se que não foi isolada esta decisão, eis que vem ilustrada por diversas outras deliberações do Supremo Tribunal no mesmo sentido.

O acórdão, além de valorizar as vozes oficiais e não oficiais que muito pugnavam pela livre e desimpedida auto-organização dos Municípios quanto aos seus serviços,[27] prestigia em larga medida (*I*) o estado democrático de direito; (*II*) a autonomia municipal; (*III*) o pacto federativo e (*IV*) a racionalidade da divisão constitucional de competências estatais, todas essas sendo matérias da mais íntima essência da Constituição Federal.

Um dia, como se apregoa, a verdade aparece.

***

O acórdão em questão, bastante claro e avesso à linguagem preciosa, é elucidativo até o ponto de dispensar maiores comentários.

---

[27] E nesse sentido destacamos aquela de Antônio Roque Citadini, Conselheiro Presidente do Tribunal de Contas do Estado de São Paulo.

Trata-se do Recurso Extraordinário nº 1.156.106 – SP, primeira turma, rel. Min. Luiz Fux, recorrente Procurador-Geral de Justiça do Estado de São Paulo, recorridos Prefeito Municipal e Presidente da Câmara Municipal de Tatuí, julgado em 25 de setembro de 2018. Ocorre que contra aquele REX fora interposto um Agravo Regimental, que foi julgado apenas em 6 de maio de 2019, e ao qual foi negado provimento por unanimidade na primeira turma.

Eis o inteiro teor do REX, copiado do *site* do Supremo Tribunal Federal:

RECURSO EXTRAORDINÁRIO. DIREITO CONSTITUCIONAL E ADMINISTRATIVO. AÇÃO DIRETA DE INCONSTITUCIONALIDADE. LEI 5.071/2017 E DECRETO 17.729/2017 DO MUNICÍPIO DE TATUÍ – SP. ALEGAÇÃO DE OFENSA AOS ARTIGOS 131 E 132 DA CONSTITUIÇÃO FEDERAL. INOCORRÊNCIA. NORMAS CONSTITUCIONAIS DE REPRODUÇÃO NÃO OBRIGATÓRIA PELOS ENTES MUNICIPAIS. INEXISTÊNCIA DE OBRIGATORIEDADE DE OS MUNICÍPIOS INSTITUÍREM PROCURADORIAS. RECURSO INTERPOSTO SOB A ÉGIDE DO NOVO CÓDIGO DE PROCESSO CIVIL. AUSÊNCIA DE CONDENAÇÃO EM HONORÁRIOS ADVOCATÍCIOS NO JUÍZO RECORRIDO. IMPOSSIBILIDADE DE MAJORAÇÃO NESTA SEDE RECURSAL. ARTIGO 85, §11, DO CPC/2015. RECURSO DESPROVIDO.

DECISÃO: Trata-se de recurso extraordinário, manejado com arrimo na alínea *a* do permissivo constitucional, contra acórdão que assentou, *in verbis*:

"AÇÃO DIRETA DE INCONSTITUCIONALIDADE. Tatuí. Impugnação ao art. 9o, inciso II, alíneas 'a', 'b', 'c', 'd', 'f', 'g', 'h' e 'i', da Lei no 5.071, de 06 de janeiro de 2017; art. 1o, incisos I, II, III, IV, VI, VII, VIII, IX, X, XI e XIV; art. 3o, §§1o e 2o, do Decreto no 17.729, de 03 de fevereiro de 2017, bem como as expressões 'Advocacia' e 'Procuradoria', contidas no artigo 2o, inciso III, alíneas 'b' e 'c', do mesmo Decreto no 17.729, de 03 de fevereiro de 2017.

Alegações de que esses dispositivos (i) conferem à Secretaria de Negócios Jurídicos atribuições que são típicas e exclusivas da Advocacia Pública (que, na verdade, é instituição vinculada diretamente ao Chefe do Poder Executivo); e (ii) colocam órgãos da Advocacia Pública e da Procuradoria do Município no âmbito da Secretaria de negócios Jurídicos, 'sujeitando a Procuradoria, Procuradores e Advogados à subordinação hierárquica da Secretaria de Negócios Jurídicos e, portanto, ao seu titular, o Secretário de Assuntos Jurídicos'.

Suposta ofensa às disposições dos artigos 98 e 99, incisos I, II, V, VII, e 100 da Constituição Paulista.

Rejeição. Constituição do Estado que não pode impor aos municípios, no que diz respeito à sua capacidade de auto-organização, outras restrições, além daquelas já previstas na Constituição Federal.

Sobre esse tema, aliás, o Supremo Tribunal Federal já pacificou entendimento no sentido de que a partir da Constituição de 1988, o Estado – fora das hipóteses expressamente previstas – não dispõe de competência originária para intervir na organização do município (ADI/MC no 2.112-5/RJ (Rel. Min. Sepúlveda Pertence, j. 11/05/2000).

Posicionamento que tem sido confirmado de forma reiterada em julgados do Supremo Tribunal Federal, que já decidiu, por exemplo, que os municípios não estão obrigados à instituição da figura da advocacia pública (RE 225.777/MG, Relator para Acórdão Min. Dias Toffoli, j. 24/2/2011, Pleno), porque 'não há na Constituição Federal previsão que os obrigue a essa instituição' (RE no 690.765/MG, Rel. Min. Ricardo Lewandowski, j. 05/08/2014), tanto que 'quando a Constituição Federal quis submeter o legislador municipal à Constituição Estadual previu tais hipóteses expressamente, a exemplo do disposto no art. 29, VI, IX e X, da Constituição Federal' (Ag.Rg no Recurso Extraordinário no 883.445/SP, Rel. Min. Roberto Barroso). No mesmo sentido: AgReg no RE no 893.694/SE, Rel. Min. Celso de Mello, j. 21/10/2016).

'Assessor Especial', 'Diretor Estratégico', 'Diretor Executivo' e 'Assessor de Gabinete II', previstos nos Anexos I e II, da Lei no 5.071, de 06 de janeiro de 2017. Cargos que expressam atribuições de direção e assessoramento, justificando exceção à regra do concurso público. O Assessor Especial, dentre outras tarefas, auxilia o prefeito em assuntos de natureza política, organizando e controlando ações do plano de governo. O Diretor Estratégico e o Diretor Executivo (cujos trabalhos também são de natureza política) estão atrelados igualmente ao programa ideológico e ações do governo, assim como o Assessor de Gabinete.

Ação julgada improcedente."

Nas razões do apelo extremo, sustenta preliminar de repercussão geral e, no mérito, aponta violação aos artigos 29, *caput*, 37, II e V, 131 e 132 da Constituição Federal.

Argumenta, em síntese, que "se a Advocacia Pública é constitucionalmente definida como função essencial à Justiça, as disposições da Constituição Federal (arts. 131 e 132) e da Constituição Estadual (arts. 98 e 100) se aplicam aos Municípios porque são princípios estabelecidos que preordenam a organização municipal (art. 29, Constituição Federal; art. 144, Constituição Estadual)".

Aduz, ainda, que "os artigos 131 e 132 da Constituição de 1998 estabelecem que (a) a Advocacia Pública é subordinada ao Chefe do Poder Executivo, e (b) as atividades de assessoramento, consultoria e representação jurídica da Administração Pública são privativas dos agentes e órgãos de Advocacia Pública". Conclui que "o venerando acórdão ao refutar a aplicação da Constituição Estadual a respeito desses temas contraria os arts. 131 e 132 da Constituição Federal ao validar a legislação local que dispôs de maneira oposta".

O Tribunal *a quo* proferiu juízo positivo de admissibilidade do recurso.

É o relatório. DECIDO.

O recurso não merece prosperar.

Ab initio, saliente-se a inaplicabilidade, *in casu*, dos artigos 131 e 132 da Constituição Federal, uma vez que referidas normas não são de observância obrigatória pelos entes municipais. Nesse sentido, à guisa de exemplo, foram as seguintes decisões monocráticas:

RECURSO EXTRAORDINÁRIO – AÇÃO DIRETA DE INCONSTITU-CIONALIDADE POR OMISSÃO – MUNICÍPIO – PROCURADORIA – INSTITUIÇÃO – OBRIGATORIEDADE – INEXISTÊNCIA – PRECE-DENTES – NEGATIVA DE SEGUIMENTO.

1. O Tribunal de Justiça do Estado de São Paulo julgou improcedente pedido formalizado em processo objetivo, ante fundamentos assim resumidos:

Ação direta de inconstitucionalidade por omissão. Itápolis. Legislação municipal que não prevê a criação de órgão de advocacia pública. Inconstitucionalidade não caracterizada. Ausência de norma constitucional estadual ou federal que imponha a criação de tal órgão no âmbito dos Municípios. Imposição ao Poder Executivo que importaria ofensa ao princípio constitucional da separação dos Poderes. Precedentes do Órgão Especial. Ação julgada improcedente. Nas razões do extraordinário, o recorrente aponta violados os artigos 29, cabeça, 131 e 132 da Constituição Federal. Discorre sobre a Advocacia Pública, articulando com o caráter de instituição permanente e essencial à administração da Justiça. Aduz a necessidade de observância, pelos Municípios, do modelo constitucional. Afirma configurada mora por parte do Legislativo municipal.

2. O acórdão recorrido está em harmonia com a jurisprudência do Supremo, segundo a qual inexiste, considerada a Constituição Federal, obrigatoriedade de os Municípios criarem órgãos de Advocacia Pública. Precedentes: Recurso Extraordinário nº 225.777, Pleno, redator do acórdão ministro Dias Toffoli, publicado no Diário da Justiça de 29 de agosto de 2011; Recurso Extraordinário nº 690.765, Relator Ministro Ricardo Lewandowski, com decisão veiculada no Diário da Justiça de 12 de agosto de 2014; Agravo Regimental no Recurso Extraordinário nº 893.694, Segunda Turma, Relator Ministro Celso de Mello, com acórdão publicado no Diário da Justiça de 17 de novembro de 2016. Confiram a ementa do pronunciamento formalizado nesse último processo:

RECURSO EXTRAORDINÁRIO – AUSÊNCIA DE IMPOSIÇÃO CONSTITUCIONAL PARA A CRIAÇÃO DE ÓRGÃO DE ADVOCACIA PÚBLICA MUNICIPAL – DECISÃO QUE SE AJUSTA À JURISPRUDÊNCIA PREVALECENTE NO SUPREMO TRIBUNAL FEDERAL – CONSEQUENTE INVIABILIDADE DO RECURSO QUE A IMPUGNA – SUBSISTÊNCIA DOS FUNDAMENTOS QUE DÃO SUPORTE À DECISÃO RECORRIDA – SUCUMBÊNCIA RECURSAL (CPC/15, ART. 85, §11) – NÃO DECRETAÇÃO, POR TRATAR-SE, AUSENTE SITUAÇÃO DE COMPROVADA MÁ-FÉ, DE PROCESSO DE AÇÃO CIVIL PÚBLICA (LEI Nº 7.347/85, ART. 18) – AGRAVO INTERNO IMPROVIDO.

3. Ante os precedentes, nego seguimento ao extraordinário. (RE 1.117.576, Rel. Min. Marco Aurélio, DJe de 13/6/2018)

"Trata-se de recurso extraordinário interposto contra acórdão do Órgão Especial do Tribunal de Justiça de São Paulo, assim ementado:

'AÇÃO DIRETA DE INCONSTITUCIONALIDADE Pretensão que envolve o inciso V do art. 9º da Lei Complementar nº 369/2016 e, por arrastamento, os arts. 8º e 9º da LC no 235/2009, arts. 1º a 3º da LC nº 359/2015 e as expressões na Secretaria dos Negócios Jurídicos e do Secretário de Negócios Jurídicos do art. 1o, caput e parágrafo único, da LC nº 361/2015. Criação de secretaria que se encontra dentro da autonomia dos municípios para auto-organização, autogoverno e autoadministração, a qual permite estabelecer a sua própria estrutura, dentro dos limites constitucionalmente autorizados. Inexistência de previsão nos textos das Constituições federal e estadual, em seus respectivos arts. 131/132 e 98, de obrigatoriedade de criação de estrutura organizacional da advocacia pública municipal nos exatos moldes instituídos para a Advocacia-Geral da União e para a Procuradoria Geral de cada Estado. Exercício da advocacia pública que faz parte de cargo de caráter permanente e técnico, com atribuições essenciais, que pertence àqueles que tenham sido admitidos no funcionalismo através de concurso público e que são próprios de procuradores municipais – Configuração de inconstitucionalidade, cuja declaração se faz sem redução de texto, o qual deve ser interpretado no sentido de que as atividades específicas de advocacia pública somente podem ser exercidas diretamente pelos procuradores municipais previamente aprovados mediante concurso público. Ação parcialmente procedente.'

O recurso extraordinário busca fundamento no art. 102, III, a, da Constituição Federal. A parte recorrente alega violação aos arts. 29, caput; 131 e 132 da Constituição.

O recurso não deve ser provido. O acórdão recorrido está alinhado com a jurisprudência desta Corte no sentido de que não há previsão constitucional de obrigação aos municípios de criação de órgão de advocacia pública. Veja-se, nesse sentido, a ementa do RE 893.694 AgR, julgado sob a relatoria do Ministro Celso de Mello: 'RECURSO EXTRAORDINÁRIO AUSÊNCIA DE IMPOSIÇÃO CONS-TITUCIONAL PARA A CRIAÇÃO DE ÓRGÃO DE ADVOCACIA PÚ-BLICA MUNICIPAL. DECISÃO QUE SE AJUSTA À JURISPRUDÊNCIA PREVALECENTE NO SUPREMO TRIBUNAL FEDERAL. CONSEQUENTE INVIABILIDADE DO RECURSO QUE A IMPUGNA. SUBSISTÊNCIA DOS FUNDAMENTOS QUE DÃO SUPORTE À DECISÃO RECORRIDA. SUCUMBÊNCIA RECURSAL (CPC/15, ART. 85, §11). NÃO DECRETAÇÃO, POR TRATAR-SE, AUSENTE SITUAÇÃO DE COMPROVADA MÁ-FÉ, DE PROCESSO DE AÇÃO CIVIL PÚBLICA (LEI Nº 7.347/85, ART. 18). AGRAVO INTERNO IMPROVIDO.' Diante do exposto, com base no art. 932, IV e VIII, c/c o art. 1.042, §5º, do CPC/2015 e no art. 21, §1º, do RI/STF, nego provimento ao recurso." (RE 1.064.618, Rel. Min. Roberto Barroso, DJe de 23/8/2017)

"O presente recurso extraordinário foi interposto contra acórdão emanado do E. Tribunal de Justiça do Estado de Goiás que está assim ementado (fls. 386):

'APELAÇÃO CÍVEL. AÇÃO CIVIL PÚBLICA. OBRIGAÇÃO DE FAZER. CRIAÇÃO DE CARGO DE PROCURADOR LEGISLATIVO MUNICIPAL. DISCRICIONARIEDADE DA ADMINISTRAÇÃO PÚBLICA. RECONHECIMENTO DA PROCEDÊNCIA DO PEDIDO. INOCORRÊNCIA. 1) – Segundo o ordenamento jurídico vigente, a criação de cargos no âmbito do Poder Legislativo Municipal, bem como a realização de concurso público, são questões atreladas ao mérito administrativo, não podendo serem impostas pelo Judiciário, em face da independência dos Poderes constituídos. Precedentes do STF. 2) – Se, de alguma forma, a presente ação civil pública serviu como fator positivo de pressão para impulsionar o processo legislativo da Lei Municipal nº 895/2012, que instituiu o Departamento Jurídico da Câmara Municipal de Cidade Ocidental, ocorreu de modo extra autos, na esfera do poder discricionário do Legislativo Municipal, não ensejando o pretendido reconhecimento da procedência do pedido. 3) – APELAÇÃO CÍVEL CONHECIDA E IMPROVIDA.'

O recorrente, ao deduzir o apelo extremo em questão, sustentou que o Tribunal 'a quo' teria transgredido os preceitos inscritos nos arts. 2º, 37, II, 131 e 132, todos da Constituição da República.

Sendo esse o contexto, passo a examinar a postulação recursal em causa.

E, ao fazê-lo, observo que o Plenário do Supremo Tribunal Federal, ao julgar o RE 225.777/MG, Red. p/ o acórdão Min. DIAS TOFFOLI, fixou entendimento que desautoriza a pretensão de direito material ora deduzida.

Cumpre destacar, por oportuno, quanto ao tema da obrigatoriedade de os municípios instituírem órgãos de advocacia pública, ante a inquestionável procedência de suas observações, a decisão proferida pelo eminente Ministro RICARDO LEWANDOWSKI (RE 690.765/MG), no sentido de que 'não há na Constituição Federal previsão que os obrigue a essa instituição'.

O exame da presente causa evidencia que o acórdão impugnado em sede recursal extraordinária ajusta-se à diretriz jurisprudencial que esta Suprema Corte estabeleceu na matéria em referência.

Sendo assim, e tendo em consideração as razões expostas, nego provimento ao recurso extraordinário, por achar-se em confronto com acórdão proferido pelo Plenário desta Suprema Corte (CPC/15, art. 932, IV, 'b'). Não incide, no caso em exame, o que prescreve o art. 85, §11, do CPC/15, por tratar-se de recurso deduzido contra decisão publicada sob a égide do CPC/73." (RE 963.482, Rel. Min. Celso de Mello, DJe de 14/2/2017)

"Trata-se de recurso extraordinário interposto de acórdão cuja ementa segue transcrita:

'ADMINISTRATIVO – APELAÇÃO – AÇÃO CIVIL PÚBLICA – TERCEIRIZAÇÃO DE SERVIÇOS ADVOCATÍCIOS PELO MUNICÍPIO – POSSIBILIDADE.

É manifesta a possibilidade de o ente municipal organizar sua própria procuradoria, podendo cometer a patronos diversos, mediante contratação de terceiros, algumas das atribuições que originariamente seriam de seu procurador, haja vista que em relação a ele não incidem as limitações dos artigos 131 e 132 da CF/88' (fl. 463).

No RE, fundado no art. 102, III, a, da Constituição, alega-se contrariedade aos arts. 37, II, 131 e 132 da mesma Carta.

Argumenta que '(...) pelo princípio da simetria, os municípios não podem desgarrar do modelo de organização estabelecido pela Constituição Federal para a União e os Estados. (...)

(...) não pode o Município, ainda que amparado pela Lei Municipal 1.736/05, delegar a terceiros a cobrança administrava e/ou judicial dos créditos tributários e não tributários inscritos na dívida.

De outro lado, a previsão constitucional do concurso público, art. 37, inciso II, da CR/88, busca trazer para a Administração Pública as pessoas mais capacitadas para o exercício das funções, de forma que a população tem a segurança de que o dinheiro público está sendo bem empregado' (fl. 503- 504). Verifico que a pretensão recursal trazida no recurso extraordinário não merece acolhida. Consta do voto do Relator do acórdão recorrido:

'(...) não vejo impedimento para a terceirização de serviços jurídicos pelo ente municipal, ainda em sede de cobrança de dívida ativa do Município, uma vez que as normas dos artigos 131 e 132 da CF/88 têm sua aplicação restrita a Estados e União Federal, sendo cediço que não são normas de repetição obrigatória na federação brasileira, que, como se sabe é assimétrica.

(...) Com efeito, ao Município foi concedido poder de auto organizar-se mediante a edição de lei orgânica (artigo 29 da CF/88), inclusive com a faculdade de legislar sobre assuntos de interesse local (artigo 30, I, da CF/88), como aquele ora em debate, que trata da organização municipal dos serviços advocatícios necessários à defesa e ao manejo de ações em sede judicial, sendo mesmo certo que a instituição de procuradoria em nível municipal é decisão a ser tomada mediante a observância das peculiaridades locais, perquirindo-se acerca da necessidade de criação de tal órgão' (fl. 467).

Quanto à alegada obrigatoriedade dos municípios instituírem órgãos de advocacia pública em suas administrações, o acórdão recorrido harmoniza-se com o que assentado pelo Plenário desta Suprema Corte no julgamento do Recurso Extraordinário 225.777/MG, Redator para o acórdão o Min. Dias Toffoli, pois não há na Constituição Federal previsão que os obrigue a essa instituição. Por oportuno, transcrevo a ementa desse julgado:

(...)

Isso posto, nego seguimento ao recurso (art. 21, §1º, do RISTF)." (RE 690.765, Rel. Min. Ricardo Lewandowski, DJe de 8/8/2014)

Assentada a inaplicabilidade dos artigos 131 e 132 da Constituição Federal ao caso em tela, pontuo, ainda, que a jurisprudência desta Suprema Corte se firmou no sentido da inexistência de obrigatoriedade de os Municípios instituírem órgãos próprios de representação judicial – Procuradorias do Município e da Câmara Municipal, por ausência de previsão na Constituição da República. Nesse sentido:

Recurso Extraordinário. Processo Civil. Ação civil pública ajuizada por membro do Ministério Público estadual julgada extinta por ilegitimidade ativa e por se tratar de meio inadequado ao fim perseguido.
1. O Ministério Público detém legitimidade para o ajuizamento de ação civil pública intentada com o fito de obter condenação de agente público ao ressarcimento de alegados prejuízos que sua atuação teria causado ao erário.
2. Meio processual, ademais, que se mostra adequado a esse fim, ainda que o titular do direito, em tese, lesado pelo ato não tenha proposto, em seu nome próprio, a competente ação de ressarcimento.
3. *Ausência de previsão, na Constituição Federal, da figura da advocacia pública municipal,* a corroborar tal entendimento.
4. Recurso provido para afastar o decreto de extinção do feito, determinando-se seu regular prosseguimento. (RE 225.777, Redator p/ o acórdão Min. Dias Toffoli, Plenário, DJe de 29/8/2011, grifos meus)
DIREITO CONSTITUCIONAL E ADMINISTRATIVO. IMPOSIÇÃO AO ENTE MUNICIPAL DE VEDAR CONTRATAÇÃO DE SERVIÇOS

ADVOCATÍCIOS E OBRIGATORIEDADE DE LEGISLAR PARA CRIAÇÃO DE CARGOS PÚBLICOS DE PROCURADOR E TÉCNICO EM CONTABILIDADE. IMPOSSIBILIDADE DE INGERÊNCIA DO PODER JUDICIÁRIO ANTE A AUSÊNCIA DE ILEGALIDADE OU ABUSO DE PODER. PRINCÍPIO DA SEPARAÇÃO DOS PODERES. CONSONÂNCIA DA DECISÃO RECORRIDA COM A JURISPRU-DÊNCIA CRISTALIZADA NO SUPREMO TRIBUNAL FEDERAL. RECURSO EXTRAORDINÁRIO QUE NÃO MERECE TRÂNSITO. REELABORAÇÃO DA MOLDURA FÁTICA. PROCEDIMENTO VEDA-DO NA INSTÂNCIA EXTRAORDINÁRIA. ACÓRDÃO RECORRIDO PUBLICADO EM 12.12.2012.

1. O entendimento adotado pela Corte de origem, nos moldes do assinalado na decisão agravada, não diverge da jurisprudência firmada no âmbito deste Supremo Tribunal Federal. Entender de modo diverso demandaria a reelaboração da moldura fática delineada no acórdão de origem, o que torna oblíqua e reflexa eventual ofensa, insuscetível, como tal, de viabilizar o conhecimento do recurso extraordinário.

2. As razões do agravo regimental não se mostram aptas a infirmar os fundamentos que lastrearam a decisão agravada.

3. Agravo regimental conhecido e não provido. (RE 888.327- AgR, Rel. Min. Rosa Weber, Primeira Turma, DJe de 17/9/2015)

Por fim, observo que o presente recurso foi interposto sob a égide da nova lei processual, o que conduziria à aplicação de sucumbência recursal. Nada obstante, por não ter havido condenação ao pagamento de honorários advocatícios no Tribunal *a quo*, fica impossibilitada a sua majoração, nos termos do artigo 85, §11, do CPC/2015.

Ex positis, DESPROVEJO o recurso, com fundamento no artigo 932, VIII, do CPC/2015 c/c o artigo 21, §1º, do RISTF. Publique-se.

Brasília, 25 de setembro de 2018.
Ministro LUIZ FUX – Relator

CAPÍTULO 12

APOSENTADORIA É ATO JURÍDICO PERFEITO. MUITO CUIDADO COM ELA!

Volta-se a este tema, importante entre os mais importantes do Direito Público.

Somos frequentemente procurados por clientes, ex-servidores públicos aposentados, que pelas mais variadas razões, das mais discretas às mais estapafúrdias, tiveram reduzida sua aposentadoria mantida por regime próprio de previdência.

Vez que outra fica a impressão de que para o Poder Público nos últimos tempos *virou moda* brincar com as aposentadorias já concedidas como se tal fosse lícito, constitucional ou admissível, ou que o tema se prestasse a aventuras. Imagine-se, com todo efeito, o que significa ao inativo um corte na sua aposentadoria, perpetrado do dia para a noite sem aviso e sem a menor expectativa!

Tudo em verdade deve ser reflexo, em ponto maior ou menor, mediata ou imediatamente, da monumental crise financeira que o país atravessa, que arrasta toda a economia privada e todo o setor público a situação que por vezes beira a de penúria, se comparada àquela de outros tempos.

Essa crise inquestionavelmente *obriga* a nação, dentre a outras, às reformas trabalhista, previdenciária e tributária, a primeira mais ou menos já realizada, mas que ainda terá consequência, e as outras em curso, mas todas tão certas quanto ao dia suceder a noite sob risco de o país parar de vez, pateticamente nocauteado pela sua própria incúria e pela irresponsável leviandade de engendrar uma semelhante armadilha para si mesmo. A inexistência de estadistas que pensem à frente e não somente na eleição seguinte é outra tragédia nacional.

Porém, contudo e entretanto, com crise, sem crise ou apesar da crise *as instituições precisam ser respeitadas*, e não será crise financeira alguma que justificará impedir ou obstar a correta execução do Direito na forma do ordenamento nacional.

Crise nenhuma, lá do que for, justifica a prática de violências antijurídicas e anticonstitucionais contra o cidadão, o qual, sobretudo nas crises, mais e mais depende da ação segura e firme do Estado, dentro da ordem institucional e da normalidade democrática.

Se a crise financeira tiver condão de interferir no cumprimento do Direito, então de financeira passará a ser crise *moral do Estado* – o que ao fim e ao cabo resultará muito pior.

***

Quanto especificamente à questão previdenciária, dizemos há algumas décadas em livros, aulas, seminários e por toda parte que *nenhum sistema no planeta* suportaria aposentadorias *a)* integrais; *b)* acrescidas de inúmeras vantagens, incorporadas com a leveza do sorriso de uma criança e o mais absoluto descompromisso com a ciência matemática e atuarial, e *c)* até 1998, acredite-se se se quiser, *não contributivas* pelo servidor, mas mero encargo patronal do Estado.

Não se deram conta os governantes de que não chove dinheiro dentro das repartições públicas, nem que as minas de ouro não estão em suas mãos. O *país das maravilhas* de Alice e de Lewis Carroll não teria condição de ser tão pródigo quanto o Brasil em matéria de aposentadoria de servidores estatuários. Quebraria em dois tempos.

Particularmente não sabemos nem imaginamos como esse mesmo sistema já não desmoronou há muitos anos, nos três níveis de governo da nossa república. Ter resistido integra o chamado *milagre da sobrevivência.*

Se tudo isso parece ser verdade, o que entretanto não se pode admitir é violar as regras que até hoje existiram e ainda existem, quase sempre em desfavor de aposentados.

***

Não nutrimos *nenhuma* simpatia pela aposentadoria integral e privilegiada dos estatutários quando a enorme massa dos trabalhadores ganha uma aposentadoria do regime geral que lhe assegura apenas miséria e fome; *mas muito mais antipatia nutrimos pela ideia de quebrar as regras que serviram para a concessão da primeira.*

Se a regra não é boa, então que se a altere; mas que não se a descumpra, ao pretexto que for. Um direito ruim deve ser melhorado, mas não descumprido, na medida em que o único cidadão livre é, efetivamente como se diz, o escravo da lei, e sendo sempre aplicável a lição de Voltaire: – não concordo com nada do que dizeis, mas lutarei até o fim da vida pelo vosso direito de falar.

Simpáticas ou antipáticas; agradáveis ou desagradáveis; confortáveis ou desconfortáveis que sejam, as regras e as normações existem tão somente para serem cumpridas, porque, se não forem aberrações incompreensíveis, ao menos alguma motivação social devem ter tido.

Qualquer norma técnica ou jurídica é sempre suscetível de aperfeiçoamento, como toda obra humana o é; só o que não se admite é a sua deturpação voluntária e consciente, em nome do interesse que for. Ataque-se a raiz do problema, não os resultados regulares de normas que, acaso, podem mesmo ser ruins; porque se são normas válidas, então precisam ser observadas e respeitadas.

**

O caso muito recente – ainda em curso, e em fase inicial do processo judicial – que inspirou estas considerações diz respeito a servidores de Prefeituras, Câmara e autarquias de um Município paulista, que tiveram cortada significativa parte de suas aposentadorias públicas em face de uma, entendemos que absolutamente equivocada, leitura da decisão de uma ação direta de inconstitucionalidade recentemente julgada pelo Tribunal de Justiça do Estado e ainda em fase de recurso em Brasília.

Aquela ADIn declarou inconstitucionais dois artigos de uma lei municipal de 1992, que criou e atribuiu aos servidores um adicional por escolarização média e superior. Os motivos e os fundamentos da decisão são de diversa natureza, como falta de interesse público na lei, indiferenciação do mérito dos beneficiários, e pouco mais que isso.

A ADIn não pleiteou devolução de valor nenhum pelos beneficiários ativos e inativos – até porque isso não deve ser objeto primário de ações de inconstitucionalidade –, e o Tribunal corretissimamente não determinou devolução nenhuma, reconhecendo a boa-fé dos beneficiários no episódio, assim como a sua isenção na formação da lei.

Os chefes dos Poderes e das autarquias locais, em cumprimento à decisão, cortaram o pagamento dos adicionais aos servidores ativos, reduzindo com isso a sua remuneração, e – agora o ponto crucial –, *também cortaram das aposentadorias e das pensões* pagas pelo Município o valor relativo aos adicionais, *que estava incorporado, em diversos casos, havia 26 (vinte e seis) anos!*

Algo incorporado há 26 anos porque a lei mandava incorporar, de um momento para outro desaparece como num infausto passe de mágica, sem aviso, sem anestesia e sem misericórdia. Seria talvez um *golpe de mágica...*

Uma importante parte dos proventos foi cancelada, e com isso o equilíbrio financeiro de quem a recebia sofreu abalo de grande monta. A assim chamada *estabilidade financeira* do servidor, defendida a ferro e fogo por muitos autores publicistas uma vez que não cai do céu mas se deve a legislação específica, fez água. A justa expectativa de se receber o que havia mais de um quarto de século se recebia simplesmente desabou, esfarelou-se.

Foi justo, foi correto ou jurídico o que aconteceu aos inativos?

***

Um tema técnico de Direito: efeito *ex tunc* versus efeito *ex nunc*.

Ex tunc é o efeito produzido desde o nascedouro de algum ato, e efeito *ex nunc* é aquele a ser produzido de ora em diante, para doravante e não se espraiando para o passado.[28]

O próprio Tribunal de Justiça declarou que sua deliberação tinha efeito *ex tunc*, porém a realidade dos fatos não o confirma. Sim, porque se os efeitos da lei de 1992 não foram anulados por inteiro através da condenação de os beneficiários devolverem o que receberam; então o efeito *ex tunc* deve ser para inglês ver, ou seja, nenhum. Simplesmente não existiu, do mesmo modo como não existe anulação *daqui para a frente*, o que é apenas revogação, ou rescisão.

Não existe efeito *ex tunc* que não reponha o direito ao patamar anterior, com o desfazimento e a reparação de todos os efeitos produzidos pelo ato anulado. Como neste caso não o foi, e os servidores, ativos e inativos, que se haviam beneficiado dos adicionais criados pela lei de 1992 *não tiveram de devolver nada*, então o efeito foi para o futuro, doravante, e não para o passado. E a isso se denomina efeito *ex nunc*, e não outra coisa.

E qual a importância desses conceitos para este caso?

***

Diga o que disser o próprio Tribunal expedidor do acórdão, feliz ou infelizmente os problemas da dogmática não se resolvem pela taxinomia, como asseveram os mestres.[29]

---

[28] *Nunc* significa "agora" (inglês *now*, alemão *nun*), e *tunc* quer dizer "a seguir", de modo que o velho e extremamente sintético latim não é muito explicativo quanto a estas expressões. O latim, de tão sintético, raramente explica à suficiência as suas expressões até a forma como hoje são traduzidas, e para a maneira moderna de as pessoas pensarem e se expressarem.

[29] Dentre os quais, por excelência e insistentemente, Márcio Cammarosano.

Não é por se alterar o *nomen iuris*, o rótulo, o título ou a designação de um instituto que ele se transforma em outro, nem que alguma coisa se transmuta em outra.

Em Direito – como na vida – as coisas valem pelo que são, não pelo nome que ocasionalmente se lhes dê. Uma garrafa d'água com um rótulo de cerveja lamentavelmente não se transforma em uma garrafa de cerveja.

E um instituto jurídico que alguém um dia denomina de um modo, se acaso não contiver os requisitos daquele modo, simplesmente não corresponde à denominação, e por isso, *sic et simpliciter*, não é aquilo.

De nada vale pretender que o efeito da ADIn foi retroativo à origem do diploma combatido se todos os mesmos efeitos que aquele diploma produziu foram intocadamente preservados!

Algo assim será tudo o que se quiser em Direito, menos efeito *ex tunc*! Falemos mais.

O egrégio Tribunal de Justiça do Estado considerou tão sagrado o conjunto dos proventos recebidos pelos autores – ininterruptamente graças a uma lei municipal do ano de 1992 até o corte, em agosto de 2018 –, e ainda sabendo o que significa uma aposentadoria para a vida do aposentado, que preservou como válidos todos os recebimentos, em face da circunstância bem conhecida e também dada a boa-fé dos autores.

E assim um tal efeito que preserva o passado, por tudo o que se conhece em Direito, jamais pode ser considerado *ex tunc*!

O efeito *ex tunc* desfaz, destrói, anula, aniquila, desmonta, cancela, elimina, desconstitui todo o resultado substantivo e prático produzido por um diploma que venha a ser invalidado.

Se não o fizer então simplesmente não é *ex tunc*, mas o que se denomina *ex nunc*, ou seja, para doravante e não para o passado, que se preserva. Não é demolida uma casa que seja preservada...

É evidente que a anulação de uma lei retroage à sua origem, porque não teria lógica imaginar anular daqui para a frente; isso não é anular, mas revogar ou rescindir.

Se porém o efeito da ADIn foi daqui para a frente, apenas impedindo a continuidade do pagamento dos adicionais, mas jamais afetando tudo quanto já foi pago, então à meridiana clareza estamos diante de efeitos *ex nunc* da decisão, que opera para o momento e para o futuro, mas jamais de efeito *ex tunc*.

Pouco servem alusões a excertos da decisão, ou a doutrina, ou ao que quer que seja neste caso: uma coisa é simplesmente o que é, não como ocasional ou circunstancialmente se a denomina.

***

De nada vale negar, evadir-se ou se esquivar de reconhecer que a aposentadoria, antes de ser um ato administrativo complexo que somente se aperfeiçoa em caráter final com a homologação pelo Tribunal de Contas – como é amplamente sabido e ninguém nega –, é um *ato jurídico perfeito*, que uma vez concedido com atendimento dos seus requisitos quita de parte a parte eventuais pendências, saliências, diferenças ou expectativas de qualquer natureza.

Quaisquer daquelas pendências ou diferenças *precisam ser resolvidas antes de concedida a aposentadoria* do servidor, jamais depois, como numa aposentadoria "condicional" que não faz nem faria nenhum sentido em Direito.

Tanto isso é fato que os estatutos de funcionários[30] impedem a concessão de aposentadoria ao servidor que estiver sendo processado administrativamente, e por mais que o processo dure: é porque o Poder Público sabe que uma vez concedida a aposentadoria por idade ou por tempo de contribuição se torna irreversível – repita-se, salvo se se provar defeito na sua concessão, hipótese em que é simplesmente anulado o ato concessivo.

A aposentadoria é, sim e inquestionavelmente, um ato jurídico perfeito até ser eventualmente anulado por órgão de controle administrativo ou judicial; enquanto não o for, constitui ato jurídico perfeito e acabado, imune por completo a alterações dos fundamentos da sua concessão, e não é porque o reconhecimento final do ato juridicamente perfeito se dá apenas com a homologação pelo TC que perde a característica de ato jurídico perfeito.

Relatou-se que neste caso diversos ex-servidores do Executivo receberam por mais de 26 (vinte e seis) anos a aposentadoria integrada pelos adicionais em questão. Então, se o Tribunal de Contas ainda não houvesse homologado aquelas aposentadorias, o ato jurídico da sua concessão não estaria aperfeiçoado... não seria ato jurídico perfeito, mas algo como "ato jurídico condicionalmente perfeito", ou monstruosidade desse quilate?...

Seria isso? Se o TC levar quinze anos para homologar, então enquanto isso os aposentados desfrutariam de um "ato jurídico mais ou

---

[30] Como exemplo seja citada a Lei Federal nº 8.112/90, cujo art. 172 impede a aposentação do servidor que esteja sendo processado administrativamente. Tal quer dizer: uma vez concedida a aposentadoria, entende o serviço público que todas as condições para esse ato estão preenchidas, o que faz configurar um *ato jurídico perfeito*. E com atos jurídicos perfeitos, por gentileza, não se brinque... ou se demonstra que afinal o ato jurídico *não foi perfeito*, ou que se o respeite e preserve *ad aeternum*.

menos perfeito", ou de um ato "quase perfeito", ou de um ato jurídico "a caminho de ser perfeito", ou algo assim?...

Uma postulação semelhante respeitosamente não tem pé nem cabeça, carecendo da mais primitiva lógica e destoando de qualquer instituição regular, ou de qualquer sistema jurídico equilibrado e razoável.

Então, querer apenas reconhecer, para todos os efeitos, que a aposentadoria é um ato jurídico perfeito se e depois de o TC a homologar – quando nada existe de irregular na concessão, e ninguém jamais alegou irregularidade nenhuma, e quando o problema apenas surgiu porque um agente do Ministério Público, mais de um quarto de século após a lei concessiva, resolveu questionar a constitucionalidade da lei... ora, é forçar por demais as categorias jurídicas, e fazer *tábula rasa* do princípio constitucional da razoabilidade!

Parece que para o Poder Público como um todo, a lei de 1992 era *linda*, toda perfeita como inserta no ordenamento, admirável e absolutamente redonda – até o Ministério Público a questionar, e ingressar com a ADIn.

E parece, tudo o indica, que se o v. MP não tivesse movido a ADIn, aquela lei ainda estaria sendo considerada admirável, magnífica e invejável!

***

Se ao invés de esperar 26 ou 27 anos o autor da ADIn esperasse 50 (cinquenta) anos para movê-la, ou 70 (setenta) anos, então por cinquenta ou por setenta anos os aposentados deveriam viver sob a espada de Dâmocles, e o risco de que de repente viesse a desabar sobre suas cabeças?

Faz algum sentido, num Estado institucionalizado, e democrático de direito, uma hipotética situação como essa?

Segurança jurídica... que vem a ser, então?...

Isso é o Direito, e isso acaso é direito? Foi para algo assim que o homem instituiu o Direito – verdadeiramente para *destruir* e para abalar a crença nas instituições e não para construir, será para isso que serve a ciência jurídica?

O zeloso professor universitário terá coragem de defender uma tal ideia ante seu filho adolescente e sinceramente interessado na profissão de seu pai? Será esse o ensinamento institucional jurídico que lhe pretenderá transmitir?

Não deve ser, e não foi assim que já decidiu por mais de uma vez o e. Tribunal Regional Federal – 3, neste acórdão:

TRF – 3 – APELAÇÃO EM MANDADO DE SEGURANÇA AMS 56732 SP 97.03.05673-2 (TRF-3) Data de publicação: 18/04/2000.
Ementa: PRINCÍPIO DA SEGURANÇA JURÍDICA, ATO JURÍDICO PERFEITO CONVALIDADO PELO TEMPO. IMPOSSIBILIDADE DE REVISÃO. PROVIMENTO AO APELO DO IMPETRANTE. – O ordenamento jurídico brasileiro acolhe o princípio da segurança jurídica, buscando assim assegurar a estabilidade e a paz social, como corolário lógico do Estado do Direito. – O ato jurídico perfeito, uma vez consumado, não pode ser revisto pelas partes e sequer pelo próprio Estado. – A legislação de regência condiciona o poder-dever da Administração Previdenciária de rever seus atos da concessão de benefícios, no lapso temporal de 5 anos a contar da data do deferimento da prestação, sob pena de não mais ter competência para fazê-lo. – Verifica-se in casu ser inadmissível a cassação do benefício previdenciário de aposentadoria após decorrido aquele prazo de que trata a lei. – Apelação do impetrante a que se dá provimento.

Segurança jurídica é expressão que resume boa parte do que o cidadão espera do Estado e, quando é preciso, do Poder Judiciário. E decisões como esta correspondem à expectativa de todo cidadão honesto de propósito.

***

Mas não é só.

Num caso como este, em que a ação de inconstitucionalidade foi proposta mais de um quarto de século após a lei impugnada ser editada e começar a produzir efeito, sobre o processo incidem dois incontornáveis institutos de limitação temporal: um é a *prescrição*, e o outro é a *decadência*.

Em primeiro lugar seja observado que a ação não foi de ressarcimento, pois que não pediu isso nem isso foi dado pelo acórdão, e portanto, não sendo de ressarcimento de valores aos cofres públicos, prescreve normalmente, já que a única imprescritível é aquela, na forma do art. 37, §5º, o que recentemente o Supremo Tribunal Federal confirmou.

Desse modo a ADIn é prescritível como qualquer ação, exceção feita apenas à de ressarcimento. E o prazo prescricional é de 10 (dez) anos, conforme prevê o art. 205 do Código Civil, que é regra geral das prescrições dentro do mais importante código jurídico brasileiro.

Então, se a lei visada pela ADIn é de 1992, deveria a ação ter ingressado até 2002, porque após isso estava prescrita. Nada importa que o autor integre pessoa de Direito Público, porque a prescrição opera indiferentemente contra todas as pessoas.

***

E o outro instituto incidente sobre esta matéria é a *decadência*, que diz respeito ao direito em si e não à ação que o assegura. Decadência é a perda do direito, e prescrição é a perda do prazo da ação; a primeira é de direito substantivo e material, e a segunda de direito adjetivo, ou processual.

Denota-se que o autor da ADIn simplesmente *decaiu do direito de anular artigos de uma lei municipal (Lei nº 2.458) datada de 25 de março de 1992*, por força do disposto no art. 54, da Lei Federal nº 9.784, de 29 de janeiro de 1999, que reza:

> Art. 54. O direito da Administração de anular os atos administrativos de que decorram efeitos favoráveis para os destinatários *decai em cinco anos*, contados da data em que foram praticados, salvo comprovada má-fé (grifamos).

Dessa vez, tratando-se de decadência e não mais prescrição, não mais se fala em 10 (dez) anos, mas apenas em 5 (cinco) anos.

Sobre esse dispositivo o e. Superior Tribunal de Justiça, nos autos do Mandado de Segurança nº 6.566/DF, julgado em 15.05.00, já decidira irrepreensivelmente que

> PROCESSUAL CIVIL – MANDADO DE SEGURANÇA – PORTUÁRIOS – ANISTIA – APOSENTADORIA EXCEPCIONAL DO INSS – CANCELA-MENTO DO BENEFÍCIO – DECADÊNCIA DO DIREITO – LEI 9.784, DE 29.01.99, E SÚMULA 473 DO STF *Após decorridos 5 (cinco) anos não pode mais a Administração Pública anular ato administrativo gerador de efeitos no campo de interesses individuais, por isso que se opera a decadência.* Segurança concedida. (com caixa alta original, e grifos nossos).

Observa-se portanto, e de resto já era bem sabido, que qualquer ente público decai do direito de anular atos de que decorreram efeitos favoráveis a alguém, *mesmo que esses atos sejam decorrentes de uma lei municipal*, se o prazo decadencial se completa.

Sim, e não é porque os atos benéficos aos servidores decorreram de uma lei local que deixa de prevalecer para o caso, e de incidir sobre o caso, a disposição fulminante da Lei Federal nº 9.784, de 29 de janeiro de 1999, art. 54.

Por outro lado está hoje assente que aquela lei federal sobre o processo administrativo, pela generalidade quase principiológica das suas estatuições, *tem aplicação não apenas à União mas a todos os entes públicos brasileiros, como já decidiu a jurisprudência superior,* como nesta decisão do e. Superior Tribunal de Justiça, no Recurso Especial nº 628.524 – RS, proferido contra uma autarquia estadual gaúcha, o Instituto de Previdência do Estado do Rio Grande do Sul, *por aplicação analógica daquela referida Lei Federal nº 9.784/99,* a lei do processo administrativo federal:

> ADMINISTRATIVO. SERVIDOR PÚBLICO. FILHA SOLTEIRA MAIOR DE 21 ANOS. DEPENDÊNCIA. ASSISTÊNCIA MÉDICO-HOSPITALAR. INÉRCIA DA ADMINISTRAÇÃO. DECADÊNCIA ADMINISTRATIVA.
> 1. Não pode o administrado ficar sujeito indefinidamente ao poder de autotutela do Estado, sob pena de desestabilizar um dos pilares mestres do Estado Democrático de Direito, qual seja, o princípio da segurança das relações jurídicas. Assim, no ordenamento jurídico brasileiro, a prescritibilidade é a regra, e a imprescritibilidade exceção.
> 2. Na ausência de lei estadual específica, a Administração Pública Estadual poderá rever seus próprios atos, quando viciados, *desde que observado o prazo decadencial de cinco anos. Aplicação analógica da Lei nº 9.784/99.*
> 3. Recurso Especial não conhecido (grifamos).

Se a autarquia era estadual, então fica evidente que o e. STJ entende que os efeitos da lei federal do processo administrativo são *nacionais* e não apenas federais. E não foi isolada aquela magnífica decisão, eis que o próprio acórdão cita diversos precedentes do mesmo Tribunal.

***

O direito não socorre os que dormem, assevera o adequado adágio latino.

Com todo efeito não faz o mínimo sentido imaginar alguém ingressando com ação que vise anular ato de que resultou benefício a alguém oitenta anos após ter sido praticado. Nem o Código Civil nem a jurisprudência, nem a doutrina nem qualquer noção de lógica jurídica, nem o bom senso humano o admite.

O Estado tem regras a seguir e tem limites na sua conduta, e não é porque é Estado que tudo pode executar, se ao arrepio da regra de regência e do amplo sistema em que se inclui. Assim pudera, então melhor seria viver sem o Estado.

O único ser livre é o escravo da lei, como dissera o antigo pensador. Se o Estado, que faz as regras, for o primeiro a descumpri-las, então, tal qual já no pórtico do inferno de Dante, desde logo *percamos toda esperança*.

CAPÍTULO 13

O SELVAGEM, INCIVILIZADO E EXECRÁVEL INSTITUTO DA EXECUÇÃO PROVISÓRIA. O DIREITO DO HOMEM DAS CAVERNAS

O motivo do título

Este estudo versa sobre a possibilidade de uma entidade privada sediada em dado Município, beneficiária de repasse de verbas públicas municipais através de convênio e que sofreu uma ação trabalhista, sacar de sua conta bancária os fundos que ali estejam depositados, visando evitar penhora *on line* ou bloqueio judicial que acaso seja determinada(o) com vista a garantir a execução dentro daqueles limites financeiros.

O país padece de problemas imensuráveis dentro de todas as áreas, que aparentemente se agravam a cada ano que passa – sem solução nem mitigação à vista. Ao que parece, porém, não são suficientes esses problemas efetivos e reais, que todos veem e sentem como mazelas e provações impregnadas no destino dos cidadãos: é preciso criar mais, como se de fato *desgraça pouca fosse bobagem*.

Dentro da pletora interminável de misérias e descalabros que o cidadão brasileiro enfrenta a cada dia que corre, e agora já ingressando nos domínios do Direito, temos um que se revela particularmente revoltante a quem preza a segurança mínima que cada pessoa merece, e de que necessita.

Com efeito, os direitos e as garantias individuais, os princípios de direito e em especial o da *segurança jurídica*, a teoria geral do direito, as categorias e as formas jurídicas tradicionais e bimilenares no Ocidente, tudo isso que reside na base do Direito de qualquer nação institucionalizada é desafiado, num só golpe, pelo recém-criado instituto processual da *execução provisória*.

O instituto jurídico vergonhoso, indecente, tosco e primitivo, próprio de mendigos mentais ou de indigentes do Direito, seres humanos deseducados e inconfiáveis – de quem se deve ter pavor –, é o da execução provisória, da penhora *on line* e das infâmias procedimentais, sob outro nome de fantasia, que lhe são correlatas.

Matéria própria de um sistema processual falido e completamente fracassado como é o brasileiro, que leva até *cem anos* para julgar uma desapropriação e que favorece a instituição de numerosas *associações civis de credores de precatórios* dos maiores Estados e Municípios brasileiros, a execução provisória é a manifestação de um país que um dia quis ter um sistema processual, e que não conseguiu.

É a apelação aos meios mais baixos e antijurídicos que os teóricos do processo puderam conceber para tentar dar um fim ao processo – ainda que ele não tenha sido concluído.

É o fim antecipado do processo contra alguém – que poderá vir a sagrar-se o vencedor no mesmo processo!

***

Sem fazer qualquer referência ao fundamento formal da execução provisória – que para mal dos pecados existe e é obra dos mais perniciosos processualistas, desses que a humanidade muito agradeceria se jamais houvessem nascido –, a simples existência dessa instituição significa o reconhecimento da falência do sistema processual brasileiro.

Quem inventou a execução provisória é o mesmo processualista que originou o restante do sistema processual. Ou seja: o mesmo ser inventa um remédio para a ineficácia do sistema que ele próprio inventara anteriormente ao invés de instituir um sistema minimamente eficaz.

Se o sistema processual brasileiro está dotado de quatro graus de jurisdição, o que é um franco exagero; se dentro de cada grau existem recursos menores e decisões interlocutórias que comportam outros inumeráveis recursos e que protelam decisões finais até o dia do apocalipse, o fato é que não pode o sistema processual dar com uma mão e tirar com outra, ou dar sem entregar.

Se de um lado é verdade que por via de chicanas, manobras, subterfúgios, evasivas e procrastinações até da mais baixa categoria e da mais descarada má-fé o processo se procrastina até o infinito, é também verdade que a culpa dessa iniquidade somente pertence ao conceptor do sistema processual, não aos jurisdicionados e aos litigantes.

Se o sistema processual é absolutamente falido como no Brasil todas as pessoas que respiram reconhecem que é – a começar pelos membros do Judiciário –, então, em nome da decência e da seriedade institucional, que *seja ele modificado para que funcione.*

Sim, quer pela extirpação de instâncias e não pela criação de novos tribunais como na Constituição atual aconteceu, quer pela redução dos recursos e das *malandragens* procedimentais intermináveis que existem, quer pela adoção de regras muito mais coesas e céleres do que as presentes, quer pela simplificação procedimental radical e própria de quem *quer decidir* e não de quem não quer.

Adotem-se prazos extintivos de direitos ao Judiciário e ao Ministério Público e não apenas aos advogados, mas não se consagrem e se entronizem *excrescências processuais* da mesma imoralidade que cerca a miserável execução provisória.

A execução provisória, moléstia infectocontagiosa do sistema processual brasileiro, gera outras monstruosidades equivalentemente asquerosas como a chamada *penhora on line,* ou o bloqueio de contas, de ativos e de valores, em geral determinadas pela autoridade judiciária na calada da noite, sem oitiva do réu-vítima, sem procedimento preparatório e sem equivalência de poderes: o elefante contra o esquilo.

Nessas ocasiões, por algum curiosíssimo motivo devido a forças ocultas intracartoriais, a imprensa trava conhecimento da medida *antes das partes.* O réu é sempre o último a saber.

A só ineficácia do sistema processual não justifica a adoção de infâmias, como a *penhora on-line* derivada da matriz pestilencial da execução provisória, que atentam contra a dignidade humana, que minam a confiança no sistema bancário – onde o cidadão dorme com dinheiro para sobreviver e acorda sem recurso para pagar o seu almoço do dia – e que merecem o repúdio de quem tenha, ainda que apenas, *educação.*

E o Poder Judiciário, que já tem instituídos grandes avanços na eficácia processual como são tanto o *peticionamento eletrônico* quanto o *protocolo integrado,* tenha-se certeza, respeitosamente não contribui nem um pouco para a construção de sua imagem junto à população e quanto à *confiabilidade* de que acima de tudo precisa desfrutar, ao exercitar bloqueios de valores de surpresa para o executado.

E com aquilo mesmo recordando de perto o fenômeno propiciado pelo bloqueio das poupanças e dos valores em contas bancárias pertencentes aos cidadãos brasileiros, procedido por um presidente da República há duas décadas, a título de salvar o país.

A diferença é quase nenhuma.

***

Assim, a resposta àquela inquietação que ensejou esta reflexão é imediata e enfaticamente *afirmativa* no sentido de que a entidade *pode retirar seu numerário de uma conta bancária que esteja correndo risco de ser bloqueada judicialmente* em face de uma ação trabalhista que tenha sofrido.

O único que precisará é demonstrar a licitude de suas aplicações das verbas públicas recebidas pelo convênio, conforme o plano de aplicação, e também permitir o controle, pelos competentes órgãos públicos de fiscalização, daquelas aplicações – e de tais obrigações jamais se poderá esquivar quem recebe verbas públicas.

Assim como no Brasil ninguém pode ser obrigado a produzir prova contra si mesmo, também ninguém é obrigado a facilitar o trabalho do carrasco, nem a lhe oferecer docilmente seu pescoço no patíbulo, ou, de qualquer modo, propiciar que alguém o prejudique.

Reitere-se: assim como em Direito é sabido que ninguém precisa produzir prova contra si mesmo – daí por exemplo a inobrigatoriedade de alguém se submeter ao teste do etilômetro ("bafômetro") quando parado por policiais rodoviários em vias públicas –, por esse mesmo princípio ninguém precisa oferecer-se ao verdugo ou ao executor como neste caso, nem precisa favorecer a *extrema e injustificável violência de uma penhora on-line de numerário depositado em banco*.

A penhora *on line*, ou o bloqueio judicial de verbas antes de trânsito em julgado de ações judiciais, como frequentemente vemos acontecer em nosso país mesmo quando a ação foi julgada apenas em segunda instância e enquanto existem recurso especial ao STJ e recurso extraordinário ao STF ainda pendentes de julgamento, constitui, ainda que com previsão legal que a ampare, uma invenção de alguém desabridamente inconformado com a lentidão ou a pouca eficiência do Poder Judiciário na solução das demandas.

Com aquela penhora *on-line* a regra que a instituiu *atropelou* o curso natural da ação, cujo término se dá tão somente com o trânsito em julgado, pois que antes disso sempre existe a possibilidade de a ação afinal fracassar, e não haver o que executar.

Mas, nesse contexto e a essa altura, se os bens do réu já foram bloqueados, ou se seu dinheiro já foi penhorado *on-line* e utilizado pelo ente até então credor, pode ocorrer de que para a devolução desse numerário o réu ele precise se submeter à expedição de precatórios e se sujeitar à respectiva ordem cronológica antes de ter de volta o que, *data venia*, a violência judicial lhe confiscou antes da hora correta.

E, nessa hipótese, talvez seus netos vejam a cor desse numerário, um dia no mais remoto futuro.

***

Diga-se mais, entretanto.

Mesmo que tenha transitado em julgado a ação, a penhora *on-line* se revela um recurso simplesmente detestável do ponto de vista moral, pois que nada autoriza ao Judiciário supor que o executado, que respondeu regularmente a todo o processo de conhecimento e de execução, de um momento para outro vá se evadir à execução e desaparecer com seus bens. Nada autoriza essa pressuposição se não houve precedente dessa natureza.

Ou seja, ninguém precisa facilitar o seu perseguidor, seja ele mais violento ou menos violento.

Retirar dinheiro de conta bancária, sobretudo neste caso em que uma entidade particular dele necessita para arcar com suas obrigações, é um direito de todo particular ante a Constituição Federal e as regras do sistema bancário e do Direito Financeiro nacionais, porque

a) o direito de propriedade é garantido pela Constituição, art. 5º, *caput*, cf. Constituição, e

b) nenhuma lei proíbe essa atitude, e ninguém é obrigado a fazer ou a deixar de fazer alguma coisa senão em virtude de lei, conforme reza, outra vez, a Carta de 1988, art. 5º, inc. II.

Não de trata aqui de nenhuma fraude à execução porque o devedor não está se desfazendo de bens duráveis, nem de modo algum inviabilizando a execução pela só proteção de seu dinheiro.

***

Não se está neste momento visando proteger meliantes ou desonestos de qualquer gênero nem se prestigiando a má-fé, mas apenas informando que ninguém é obrigado e manter fundos em conta bancária se corre o risco de os ver de um momento para outro bloqueados ou, pior ainda, penhorados *on-line*, ao título que for.

Prossiga a execução, mas sem atalhos, atropelos, virulências ou golpes de força contra o executado, que até prova em contrário simplesmente não os merece. Rousseau, ao denominar de monstro o Estado em sua obra clássica, por certo anteviu coisas ou instituições como a *odiosa* penhora *on-line*.

Uma entidade privada tem obrigações a iniciar pelo pagamento de seus servidores, sem dizer dos contratos e dos compromissos que tem celebrados, e para isso conta com seus fundos bancários, que não podem ficar à mercê de violências institucionais como a inominável penhora *on-line*.

Esta detestável e moralmente abominável invenção da penhora *on-line* antes está a significar, como já se disse, o atestado oficial da bancarrota do Poder Judiciário e dos meios que processualmente tem, ou deveria ter, para assegurar ao vencedor de uma ação de cobrança ou de execução receber os valores que legítima e regularmente obteve em juízo.

O seu efeito prático é o de abalar no cidadão comum a confiança no próprio sistema bancário e financeiro, pois que quem teve um dia um real bloqueado *jamais voltará a confiar na suposta garantia que o sistema bancário lhe deveria oferecer* – algo semelhante ao confisco da poupança e dos ativos bancários que foi determinado pelo conhecido golpe contra o povo brasileiro praticado no anterior governo Collor.

Preferirá, como a única presidente da República que o Brasil teve confessa fazer, guardar economias debaixo de o colchão – prática essa sumamente desaconselhável, além de pelo institucional primitivismo, pelo risco à integridade postural da coluna cervical.

O mal institucional que a penhora on-line causa ao povo brasileiro nem de longe é suspeitado pelo próprio Poder Judiciário.

Ficaremos imensamente felizes no momento do futuro em que essa *excrescência* do Direito, erro monumental de péssima inspiração moralista, for raspada com estilete do nosso ordenamento jurídico-processual, ao qual envergonha, que desacredita e que desmerece.

CAPÍTULO 14

IMPROBIDADE ADMINISTRATIVA. PREJUDICIAL DE MÉRITO. ILEGITIMIDADE DE PARTE. O ADVOGADO PÚBLICO NAS AÇÕES DE IMPROBIDADE

Tivéramos ensejo de elaborar defesa em nome de advogado público que reponde por ação de improbidade administrativa por ter emitido parecer em licitação, cuja contratação foi no valor de R$ 625.186,96 (seiscentos e vinte e cinco mil cento e oitenta e seis reais e noventa e seis centavos), realizada em 2011.

O Ministério Público apontou um suposto direcionamento no certame e, com isso, ingressou com a ação de improbidade administrativa.

Ocorre que o requerido simplesmente emitiu parecer jurídico na licitação atacada nos autos porque tal conduta constava de suas atribuições, o que evidencia a mais absoluta ausência de má-fé do requerido, *que apenas opinou no processo de licitação porque era sua atribuição.*

Tal conduta, portanto, não pode ser reputada como ato de improbidade administrativa, porque o advogado público que emite parecer por exigência de suas atribuições *tem isenção técnica e independência profissional.*

Sobre o tema é o célebre venerando acórdão do egrégio Supremo Tribunal Federal, nos autos do Mandado de Segurança nº *24.073-3-DF*, rel. Ministro Carlos Velloso, julgado em 06.11.2002, com a seguinte ementa:

> EMENTA: CONSTITUCIONAL. ADMINISTRATIVO. TRIBUNAL DE CONTAS. TOMADA DE CONTAS: ADVOGADO. PROCURADOR: PARECER. C.F., art. 70, parág. único, art. 71, II, art. 133. Lei nº 8.906, de 1994, art. 2º, §3º, art. 7º, art. 32, art. 34, IX. I. – Advogado de empresa

estatal que, chamado a opinar, oferece parecer sugerindo contratação direta, sem licitação, mediante interpretação da lei das licitações. Pretensão do Tribunal de Contas da União em responsabilizar o advogado solidariamente com o administrador que decidiu pela contratação direta: impossibilidade, dado que o parecer não é ato administrativo, sendo, quando muito, ato de administração consultiva, que visa a informar, elucidar, sugerir providências administrativas a serem estabelecidas nos atos de administração ativa. Celso Antônio Bandeira de Mello, "Curso de Direito Administrativo", Malheiros Ed., 13ª ed., p. 377. II. – O advogado somente será civilmente responsável pelos danos causados a seus clientes ou a terceiros, se decorrentes de erro grave, inescusável, ou de ato ou omissão praticado com culpa, em sentido largo: Cód. Civil, art. 159; Lei 8.906/94, art. 32. III. – Mandado de Segurança deferido.

Nessa esteira decidiu o e. Superior Tribunal de Justiça, em *Habeas Corpus* nº *46.906-DF*, Ministra Laurita Vaz, 5ª Turma, julgado em 17.12.2007, e publicado in *DJe* de 07.04.2008, com a seguinte ementa:

HABEAS CORPUS. DENÚNCIA. ART. 89 DA LEI N.º 8.666/93. PROCU-RADORES FEDERAIS. SIMPLES EMISSÃO E APROVAÇÃO DE PARE-CER JURÍDICO OPINANDO PELA DISPENSA DE PROCEDIMENTO LICITATÓRIO. IMUNIDADE DO ADVOGADO. ATIPICIDADE DA CONDUTA. AUSÊNCIA DE QUALQUER ELEMENTO INDICIÁRIO VÁLIDO. TRANCAMENTO.

1. Resta evidenciada a atipicidade da conduta, uma vez que os Pacientes não foram acusados da prática do ato tido por ilícito – contratação direta da empresa, em tese, indevida –, tampouco lhes foi atribuída eventual condição de partícipes do delito. De fato, foram denunciados apenas pela simples emissão e aprovação de parecer jurídico, sendo que essa atuação circunscreve-se à imunidade inerente ao exercício da profissão de advogado, a teor do disposto no art. 133 da Constituição Federal.

2. O regular exercício da ação penal – que já traz consigo uma agressão ao status dignitatis do acusado – exige um lastro probatório mínimo para subsidiar a acusação. Não basta mera afirmação de ter havido uma conduta criminosa. A denúncia deve, ainda, apontar elementos, mínimos que sejam, capazes de respaldar o início da persecução criminal, sob pena de subversão do dever estatal em inaceitável arbítrio. Faltando o requisito indiciário do fato alegadamente criminoso, falta justa causa para a ação penal. Precedentes do STJ e do STF.

3. Ordem concedida para trancar a ação penal em tela somente em relação aos ora Pacientes, tendo em vista a ausência de elementos probatórios mínimos, os quais, se e quando verificados, poderão subsidiar nova denúncia, nos termos do art. 43, parágrafo único, do Código de Processo Penal.

E também o egrégio Tribunal Regional Federal da Primeira Região, nos autos do Habeas Corpus nº *0023788-53.2015.4.01.0000-MT*, impetrado pela Ordem dos Advogados do Brasil, sob a relatoria do Desembargador Federal Ney Bello, Terceira Turma, julgado em 12.08.2015, trancou ação penal movida contra procurador jurídico que emitiu parecer por falta de tipicidade, com a seguinte ementa:

PROCESSO PENAL. HABEAS CORPUS. TRANCAMENTO DE AÇÃO PENAL. CRIME DE RESPONSABILIDADE DE PREFEITO. RECEBIMENTO DE DENÚNCIA. PARECER JURÍDICO. PROCURADORA JURÍDICA MUNICIPAL. AUSÊNCIA DE LIAME ENTRE A CONDUTA DA PACIENTE E O RESULTADO PRODUZIDO. OFENSA À AMPLA DEFESA E AO CONTRADITÓRIO. 1. O trancamento de ação penal pela via do habeas corpus é sempre medida de caráter excepcional, possível somente nos casos de atipicidade da conduta, inocência do réu ou extinção da punibilidade, demonstradas sem a necessidade de incursão em provas. 2. A denúncia deve conter a descrição dos fatos, com todas as suas circunstâncias, para que o réu possa exercer a ampla defesa e o contraditório. 3. A falta de demonstração, na denúncia, do liame entre o parecer elaborado pela paciente, na qualidade de procuradora jurídica municipal, e o resultado de desvio dos recursos federais do convênio resultante do parecer impede a persecução penal por atipicidade da ação. 4. Ordem de habeas corpus concedida.

Mais relevante ainda é o v. acórdão do e. Superior Tribunal de Justiça, nos autos do Recurso Especial nº *1.454.640-ES*, relator Min. Benedito Gonçalves, 1ª Turma, julgado em 15.10.2015, que decretou a isenção do parecerista em razão da inviolabilidade dos atos e manifestações, o que garante o legítimo exercício da profissão.

Vejamos a ementa:

RECURSO ESPECIAL N° 1.454.640 - ES (2014/0009629-2)
RELATOR: MINISTRO BENEDITO GONÇALVES
RECORRENTE: ELISA HELENA LESQUEVES GALANTE
ADVOGADOS: MAURÍCIO DOS SANTOS GALANTE
ELISA HELENA LESQUEVES GALANTE E OUTRO(S)
RECORRIDO: MINISTÉRIO PÚBLICO DO ESTADO DO ESPÍRITO SANTO
ASSISTENTE: CONSELHO FEDERAL DA ORDEM DOS ADVOGADOS DO BRASIL
ADVOGADO: OSWALDO PINHEIRO RIBEIRO JÚNIOR E OUTRO(S)
INTERES.: JOSÉ CARLOS MONTEIRO FRAGA

EMENTA

DIREITO PROCESSUAL CIVIL E ADMINISTRATIVO. RECURSO ESPECIAL. AÇÃO CIVIL PÚBLICA. IMPROBIDADE ADMINISTRATIVA. DECISÃO QUE REJEITA A PETIÇÃO INICIAL. AGRAVO DE INSTRUMENTO. RECURSO CABÍVEL. JURISPRUDÊNCIA PACIFICADA NESTA CORTE. PARECER EQUIVOCADO. AUSÊNCIA DE INDÍCIOS DE ERRO GROSSEIRO OU MÁ-FÉ. INVIOLABILIDADE DOS ATOS E MANIFESTAÇÕES. EXERCÍCIO DA PROFISSÃO. REJEIÇÃO DA PETIÇÃO INICIAL QUE SE IMPÕE. RECURSO ESPECIAL PROVIDO EM PARTE.

1. Consoante a jurisprudência pacificada desta Corte, impende ressaltar ser cabível interposição de agravo de instrumento contra a decisão que recebe parcialmente a ação de improbidade administrativa, determinando a exclusão de litisconsortes, em razão do processo prosseguir em relação aos demais réus.

2. A existência de indícios de irregularidades no procedimento licitatório não pode, por si só. justificar o recebimento da petição inicial contra o parecerista, mesmo nos casos em que houve a emissão de parecer opinativo equivocado.

3. Ao adotar tese plausível, mesmo minoritária, desde que de forma fundamentada, o parecerista está albergado pela inviolabilidade de seus atos, o que garante o legítimo exercício da função, nos termos do art. 2º, § 3º, da Lei n. 8.906/94.

4. Embora o Tribunal de origem tenha consignado o provável equívoco do parecer técnico, não demonstrou indícios mínimos de que este teria sido redigido com erro grosseiro ou má-fé, razão pela qual o prosseguimento da ação civil por improbidade contra a Procuradora Municipal configura-se temerária. Precedentes do STF: MS 24631, Relator Min. Joaquim Barbosa. Tribunal Pleno, julgado em 09/08/2007, pub. 01-02-2008: MS 24073, Relator: Min. Carlos Velloso, Tribunal Pleno, julgado em 06/11/2002, DJ 31-10-2003. Precedentes desta Corte: REsp 1183504/DF, Rel. Ministro Humberto Martins. Segunda Turma. DJe de 17/06/2010.

5. Recurso especial provido em parte para reformar o acórdão recorrido e restabelecer a sentença a fim de rejeitar liminarmente o pedido inicial em relação à Recorrente.

No mesmo diapasão é o venerando acórdão proferido pelo egrégio Tribunal de Justiça do Estado do Rio Grande do Norte, nos autos do Habeas Corpus nº *2015.017729-7*, com a ementa:

Ementa: Penal e Processual Penal. Habeas Corpus. Denúncia pelo crime de fraude à Licitação (art. 90 da Lei nº 8.666/93). Responsabilização do parecerista. Imputação do delito ao advogado sem, contudo, indicar elementos mínimos de prova da tipicidade da conduta. Inequívoca ausência de justa causa. Devido trancamento da ação penal. Ordem concedida.

I. O trancamento da ação penal através de habeas corpus somente será admissível nas situações em que restar configurada, de plano, a ausência de justa causa para o seu prosseguimento.

II. Hipótese que caracteriza o excepcional trancamento em função da atipicidade da conduta.

III. Sem especificar, no mínimo, em que residiu o dolo do advogado parecerista ou, ainda, o erro grosseiro injustificável, será atípica a conduta supostamente praticada e, consequentemente, inviável o recebimento da denúncia. (grifos nossos)

Consta, ainda, do venerando acórdão:

Ademais, a emissão do parecer dentro de um procedimento fraudado de licitação, por si só, não é indício de dolo. Até porque confeccionado quando a licitação ainda estava na sua fase embrionária, qual seja, a interna.

E, ainda, o respeitável acórdão cita vasta jurisprudência convergente, e que merece ser aqui considerada e compulsada.

E também na mesma esteira é o venerando acórdão do e. Supremo Tribunal Federal que julgou o Agravo Regimental no Habeas Corpus nº *155.020*-Distrito Federal, rel. Min. Celso de Mello, Redator do Acórdão Ministro Dias Toffoli, Segunda Turma, julgado em 04.09.2018, com a seguinte ementa:

Agravo regimental em habeas corpus. Penal. Dispensa ou inexigibilidade de licitação fora das hipóteses legais. Artigo 89 da Lei nº 8.666/93. Pretendido trancamento da ação penal. Inépcia da denúncia. Atipicidade da conduta imputada. Ausência de demonstração do dolo específico. Agravante que, na qualidade de chefe da Assessoria Técnica da Administração Regional, emitiu parecer favorável a contratação. Manifestação de natureza meramente opinativa e, portanto, não vinculante para o gestor público, o qual pode, de forma justificada, adotar ou não a orientação exposta no parecer.

O parecer tem natureza obrigatória (art. 38, VI, da Lei nº 8.666/93), porém não é vinculante. Ineficiência da denúncia na demonstração da vontade conscientemente dirigida, por parte da agravante, de superar a necessidade de realização da licitação. Abusividade da responsabilização do parecerista à luz de uma alargada relação de causalidade entre seu parecer e o ato administrativo do qual tenha supostamente resultado dano ao erário (v.g., MS nº 24.631/DF, Tribunal Pleno, Relator o Ministro Joaquim Barbosa, DJe de 1º/2/08). Agravo regimental ao qual se dá provimento para conceder a ordem de habeas corpus e trancar a ação penal à qual responde a agravante (...)

7. Embora o Parquet tenha afirmado que a agravante teria agido dolosamente em seu parecer, diante da existência de contradições sobre a exclusividade da FJJB, o processo administrativo, em nenhuma de suas manifestações, sinalizou tais ocorrências, sendo certo, ademais, que a denunciada somente detinha competência para emitir parecer técnico sobre inexigibilidade da licitação sob prisma estritamente jurídico, não cabendo adentrar em aspectos relativos à conveniência e à oportunidade da prática dos atos administrativos, tampouco examinar a veracidade das questões de natureza técnica (como a autenticidade da documentação acostada), administrativa ou financeira, salvo teratologia, que não ficou evidenciada na espécie.

8. Por outro lado, a manifestação levada a efeito foi de natureza meramente opinativa e, portanto, não vinculante para o gestor público, o qual pode, de forma justificada, adotar ou não a orientação exposta no parecer. Ou seja, o parecer tem natureza obrigatória (art. 38, VI, da Lei nº 8.666/93), porém não vinculante.

9. Por essa perspectiva, como já sinalizado pela Corte, *mutatis mutandis*, é lícito concluir pela abusividade da responsabilização do parecerista à luz de uma alargada relação de causalidade entre seu parecer e o ato administrativo do qual tenha supostamente resultado dano ao erário (v.g. MS nº 24.631/DF, Tribunal Pleno, Relator o Ministro Joaquim Barbosa, DJe de 1º/2/08).

10. Tal conclusão se robustece quando se torna evidente, para além do dolo simples necessário (vontade consciente de contratar independentemente da realização de procedimento licitatório), que o Parquet não apresentou, na denúncia, elemento probatório mínimo que demonstrasse qualquer tipo de intenção por parte da agravante de produzir um prejuízo aos cofres públicos por meio do afastamento indevido da licitação.

O v. voto condutor transcreve precedentes que merecem ser compulsados e evidenciam a absoluta ilegitimidade de parte do advogado público em ações de improbidade por simplesmente emitir parecer.

E ainda na mesma esteira, decidiu o egrégio Tribunal de Justiça do Estado de São Paulo, nos autos do AI nº *2054797-62.2018.8.26.0000*, rel. Des. Luís Fernando Camargo de Barros Vidal, com a seguinte ementa:

Ementa: Agravo de instrumento. Ação civil pública de promoção de responsabilidade por improbidade administrativa. Oferta de parecer

IMPROBIDADE ADMINISTRATIVA. PREJUDICIAL DE MÉRITO. ILEGITIMIDADE DE PARTE. O ADVOGADO PÚBLICO...

jurídico em aditamento contratual. *Hipótese do mero exercício das atribuições legais de advocacia pública sem relevância causal.* Inexistência de ilícito. Defesa preliminar ora acolhida. Recurso provido.

Tem-se, de tal sorte, que não há que se falar em ato de improbidade administrativa por parte do Procurador Jurídico que emitiu parecer, e sem qualquer tipo de dolo ou intenção de causar dano ao erário. Ainda sobre o tema, é o artigo de lavra do saudoso Carlos Pinto Coelho Motta, intitulado *Responsabilidade e independência do parecer jurídico e de seu subscritor,* com vasta citação de doutrina, e do qual se extrai os seguintes excertos:

Doutrinariamente, a professora Maria Sylvia Zanella di Pietro entende que, se o parecer "defende tese aceitável, não há como responsabilizar o advogado, nem em consequência, a autoridade que se baseou em seu parecer." (...)

Em parecer sobre o tema, o professor Márcio Cammarosano faz acurada análise do tema, citando decisão do Tribunal de Contas e asseverando: (...)

E o advogado, servidor público ou não, que tenha emitido parecer sustentável em face dos elementos que devia e podia obter, atuando com prudência, também não pode ser pessoalmente responsabilizado pelo fato de sua opinião jurídica não coincidir com a de outro órgão, administrativo, político ou judicial.

O advogado que emite parecer exerce advocacia, e é seu direito exercer com liberdade – especialmente com liberdade intelectual – sua profissão (Lei nº 8.906/94, art. 7º, I), não reduzindo essa independência a eventual relação de emprego que mantenha, seja qual for (art. 18). E no exercício de sua profissão, presume-se sua boa-fé.

A propósito do assunto a lição do professor Marcos Juruena Villela Souto é absolutamente completa, merecendo integral transcrição:

O advogado, nos termos da lei que regulamenta a sua profissão, tem independência técnica e liberdade de opinião, só podendo ser responsabilizado em caso de erro grave ou má-fé. (...)

A elaboração de um parecer não pode ser considerada ilegal, até porque, em sede de licitações e contratos, sua existência é um imperativo da lei. Não é o fato de se discordar das opiniões nele contidas que o torna ilegal, nem muito menos lesivo, por não ser instrumento que gera direitos e obrigações.

Assim como ocorre em relação aos magistrados, que só respondem por atos praticados com dolo ou culpa (CPC, art. 133), só pode haver responsabilização de um advogado por procedimento com dolo ou culpa (art. 32 da Lei 8.906, de 4.7.94, que regula o exercício da profissão de advogado).

Não cabe responsabilização por um opinamento dos integrantes dos órgãos jurídicos que fucionarem num processo, que, além de não representarem o ato impugnado, nem uma autorização, determinação ou ratificação para fazê-lo, envolvem uma liberdade de exercício profissional constitucionalmente assegurada – CF, art. 5º, LIII, e expressamente reconhecida como direito do advogado, no art. 7º, I, da Lei nº 8.906/94. (*BDA – Boletim de Direito Administrativo*, ed. NDJ, SP, dez/01, p. 933).

Tem-se, de tal sorte, que a pretensão de condenar o Procurador Jurídico por ato de improbidade por ter emitido parecer nega vigência ao art. 133, da Constituição Federal, bem como ao art. 2º, §1º, art. 7º, inc. I, e art. 32, todos da Lei Federal nº 8.906/94.

CAPÍTULO 15

A PRESCRIÇÃO QUINQUENAL. FIM DE MANDATO E REELEIÇÃO

Reza o art. 23, inc. I, da Lei Federal nº 8.429, de 1992:

Art. 23. As ações destinadas a levar a efeitos as sanções previstas nesta lei podem ser propostas:
I – *até cinco anos após o término do exercício de mandato, de cargo em comissão ou de função de confiança;*
II – dentro do prazo prescricional previsto em lei específica para faltas disciplinares puníveis com demissão a bem do serviço público, nos casos de exercício de cargo efetivo ou emprego.
III – até cinco anos da data da apresentação à administração pública da prestação de contas final pelas entidades referidas no parágrafo único do art. 1º desta Lei (grifamos).

Observa-se, portanto, desde já, que a Lei nº 8.429/92 art. 23, inc. I, fixa, como regra geral, a *prescrição quinquenal* para a propositura de ação por ato de improbidade administrativa, com exceção feita somente para as hipóteses em que lei específica prevê prazo diverso, conforme se depreende da leitura do inc. II, do art. 23, da LIA, e também exceção feita ao caso de ressarcimento ao erário, cuja imprescritibilidade já foi decretada pelo e. Supremo Tribunal Federal, no Tema nº 897.

Sobre a prescrição quinquenal para ações de improbidade administrativa é o acórdão do e. Tribunal de Justiça do Estado de São Paulo proferido nos autos da Apelação Cível nº *0003302-67.2013.8.26.0459*, relator Des. Isabel Cogan, 13ª Câmara de Direito Público, de 07.10.2020, que confirmou parcialmente a r. sentença de primeiro grau que julgou prescrita parte da ação, decretou a impossibilidade de apreciação de fatos não articulados na inicial, e, quanto ao mérito, decretou a improcedência da ação, vez que ausentes o dolo e a má-fé, conforme ementa que segue:

APELAÇÃO. Ação Civil Pública. Improbidade Administrativa. Retardamento ou omissão na prática de atos de ofício por Delegado de Polícia no Município de Pitangueiras Ação parcialmente procedente, fixando-se as seguintes penas: perda do cargo público de Delegado de Polícia Civil do Estado de São Paulo; e suspensão dos direitos políticos e de contratação com o Poder Público pelo prazo de três anos, nos termos do art. 12, inc. III, da Lei 8.429/92 Prolação da sentença com: 1.A) reconhecimento da prescrição quanto aos fatos mais antigos que cinco anos da propositura da ação; 1.B) Impossibilidade de exame dos fatos não articulados na inicial e respectivos documentos apresentados pelo Ministério Público ao longo da tramitação processual, em reverência ao princípio da estabilização objetiva da lide, a partir da citação válida do réu; 2) ABSOLVIÇÃO quanto a parte dos fatos articulados, pois não há prova do alegado desvio de finalidade nem de que os procedimentos teriam sido orientados pelo réu com o intuito persecutório a policiais militares da comarca. Restou evidenciado que, durante o período descrito na exordial, a Delegacia de Polícia Civil de Pitangueiras padeceu de importante déficit de funcionários, além do fato de que o réu, como único delegado de polícia da localidade, ainda cumulava diversas outras funções policiais, em razão de imperiosa necessidade de serviço e acentuada carência de delegados de polícia; 3) CONDENAÇÃO do réu quanto a outros acontecimentos, tendo-se por configurada improbidade administrativa (art. 11, inc. I e II, da Lei 8.429/92) Apelo do Ministério Público para a total procedência e fixação da pena de multa. Desprovimento. Sentença confirmada nessa parte Apelo do autor, para a improcedência da ação quanto aos demais fatos que embasaram sua condenação. Provimento. Sentença reformada nesse ponto O réu foi incapaz de conciliar e executar, devidamente, todas as tarefas decorrentes das diversas funções que havia concomitantemente assumido, além de ter sido negligente ao deixar de registrar, por escrito, as justificativas de suas ações e omissões. Contudo, nada revela que havia deliberada vontade de afrontar as instituições e a legislação posta, tampouco desonestidade ou má-fé. Conduta pautada por convicções pessoais, diante do que supunha correto, ainda que sob equívoco. Dolo não configurado, nem mesmo o dolo genérico. Ademais, a Lei de Improbidade Administrativa não visa punir o inábil, mas sim o desonesto, o corrupto, aquele desprovido de lealdade e boa-fé. Precedente do STJ Modificação da sentença para a decretação da improcedência da ação, mantidas a prescrição e a impossibilidade de exame dos fatos não articulados na inicial, como decidido pelo juiz singular. Afastamento das verbas de sucumbência. Art. 18 da Lei nº 7.347/85. APELO DO MINISTÉRIO PÚBLICO DESPROVIDO. APELO DO RÉU PROVIDO.

No mesmo diapasão, é o r. acórdão proferido pelo e. Tribunal de Justiça do Estado de São Paulo, em sede de Apelação nº

0006610-20.2009.8.0082, rel. Des. Nogueira Diefenthäler, 5ª Câmara de Direito Público, julgado em 25.02.2013, com a seguinte ementa:

AÇÃO CIVIL PÚBLICA DE IMPROBIDADE ADMINISTRATIVA – PRESCRIÇÃO – Ocorrência da prescrição de cinco anos contada do término do mandato eletivo do Prefeito requerido, no ano 2000. Contrato que não produziu efeitos além do prazo de um ano e não estendeu seus efeitos ao novo mandato. Processo extinto, com resolução de mérito, em razão da prescrição.

Lê-se, ainda, do v. voto condutor:

Considerando que o ato de improbidade objeto da presente ação consistiu na contratação de advogado sem licitação em 04 de janeiro de 1999, o início do prazo legal da prescrição passou a transcorrer a partir do término do seu mandato eletivo no período de 1997 a 2000.

O novo mandato eletivo não pode ser erigido em causa legal de prorrogação ou suspensão do curso do prazo prescricional; uma porque não há amparo legal para tanto, outra porque interpretação jurisprudencial nesse sentido empresta exegese ampliativa para norma evidentemente sancionadora.

Cumpre considerar, outrossim, que o contrato teve duração de 12 meses, de forma que seus efeitos não se estenderam para o mandato vindouro. Lícito concluir que seus efeitos exauriram-se já no primeiro período eletivo.

Acolho assim a preliminar de mérito invocada no recurso, extinguindo a pretensão na forma do artigo 269, IV, do Código de Processo Civil.

Com todo efeito, o novo mandato eletivo do ex-Prefeito municipal não pode ser considerado para prorrogação da prescrição, porque tal entendimento não está na lei, e, conforme é cediço em Direito, normas que restringem direitos, ou que proíbem comportamentos, ou que condicionam condutas, ou que prejudicam alguém, ou que impõem penalidades a alguém, todas essas apenas podem ser *lidas e aplicadas literalmente*, sem quaisquer artifícios interpretativos ou exegéticos.

Diante de todo o exposto e demonstrado observa-se, de forma cristalina, que a ação de improbidade proposta após o transcurso do prazo prescricional é improcedente, porque o direito subjetivo do autor de arguir e fundamentar sobre o caso está prescrito.

CAPÍTULO 16

INDISPONIBILIDADE DE BENS E INCLUSÃO DE MULTA CIVIL. A JURISPRUDÊNCIA

A multa civil é a sanção pecuniária imposta em razão do dano experimentado pela Administração – qualquer dos Poderes da União, dos Estados, do Distrito Federal, dos Municípios, de Território, de empresa incorporada ao patrimônio público ou de entidade para cuja criação ou custeio o erário haja concorrido ou concorra com mais de cinquenta por cento do patrimônio ou da receita anual, e também entidade que receba subvenção, benefício ou incentivo, fiscal ou creditício, de órgão público, bem como daquelas para cuja criação ou custeio o erário haja concorrido ou concorra com menos de cinquenta por cento do patrimônio ou da receita anual, conforme art. 1º, *caput*, e parágrafo único, da Lei Federal nº 8.429/92 – em decorrência da prática de atos de improbidade administrativa, que podem ser de afronta a princípios da Administração de dano ao erário, ou de enriquecimento ilícito.

Com todo efeito, a multa civil constitui uma das sanções previstas no art. 12, da Lei Federal nº 8.429, de 1992, sendo que na hipótese do art. 9º – atos de improbidade por enriquecimento ilícito – a multa civil prevista é de até três vezes o valor do acréscimo patrimonial; no caso do art. 10 – atos de improbidade por dano ao erário – a multa civil prevista é de até duas vezes o valor do dano, e, por fim, na hipótese do art. 11 – atos de improbidade por afronta aos princípios da Administração – a multa civil prevista é de até cem vezes o valor da remuneração percebida pelo agente.

É de império ter presente que "na fixação das penas previstas nesta lei o juiz levará em conta a extensão do dano causado, assim como o proveito patrimonial obtido pelo agente", conforme reza o parágrafo único, do art. 12, da Lei nº 8.429, de 1992, ou seja, a multa civil, assim como as demais penas da LIA, não pode ser aplicada de forma desmedida ou exagerada, devendo ser observada, de tal sorte, a proporcionalidade.

Ocorre que é extremamente comum a propositura de ações de improbidade administrativa com pedidos de medida liminar – ou tutela antecipada – de bloqueios de bens dos requeridos, e o pedido formulado pelo autor, via de regra, inclui o bloqueio do valor do suposto dano acrescido do valor pedido a título de multa civil, cujo montante deverá ser ao final arbitrado pelo Juiz, e não determinado pela parte autora.

Conforme é cediço em Direito, a multa civil tem natureza sancionatória e não reparatória, e, assim, ela não pode ser incluída na indisponibilidade liminar, conforme a jurisprudência tem decidido.

O colendo Superior Tribunal de Justiça, nos autos dos Embargos de Declaração em Recurso Especial nº *1313093/MG*, Segunda Turma, Rel. Min. Herman Benjamin, j. 05.11.2013, decidiu que:

CONSTITUCIONAL. ADMINISTRATIVO. AÇÃO CIVIL PÚBLICA. IMPROBIDADE ADMINISTRATIVA. PARCIAL PROVIMENTO PDO RECURSO ESPECIAL PARA DECRETAR A INDISPONIBILIDADE DE BENS, LIMITANDO-A, CONTUDO, AO VALOR NECESSÁRIO PARA ASSEGURAR O EFETIVO RESSARCIMENTO DO ERÁRIO. PRINCÍPIO DA PROPORCIONALIDADE. EMBARGOS DECLARATÓRIOS QUE APONTAM OMISSÃO QUANTO À FORMA DE EFETIVAÇÃO DA MEDIDA NO JUÍZO DE PRIMEIRO GRAU. INOCORRÊNCIA. 1. Contra o acolhimento parcial do Recurso Especial da União para Decretar a indisponibilidade de bens, limitando-a, contudo, ao valor necessário para assegurar o efetivo ressarcimento do Erário, a demanda opôs Embargos Declaratórios, apontando omissão do julgamento quanto à forma de efetivação da medida constritiva. 2. Nos termos do art. 105, III, da Constituição Federal, ao Superior Tribunal de Justiça compete a uniformização da interpretação da legislação federal. No caso concreto, o julgamento restringiu-se ao exame dos dispositivos que disciplinam a indisponibilidade de bens (art. 7º, parágrafo único, e art. 16, §§1º e 2º, da Lei 9.429/92), exaurindo-se a competência do STJ com o pronunciamento sobre a correta exegese que deve ser dada àqueles preceitos legais. 3. Logo, não há falar em omissão se a matérias proposta pela embargante a forma como será materialmente efetivada a indisponibilidade na origem nem mesmo poderia ser enfrentada na estreita via do Recurso Especial, considerando a necessidade de examinar fatos e provas para identificar quais bens melhor guarnecem o interesse público tutelado pela ação de improbidade. Tarefa que cumprirá ao juízo de primeira instância desempenhar conforme as particularidades do caso concreto. Incidência da Súmula 7//STJ. 4. O julgamento do Recurso Especial foi claro ao decotar indisponibilidade os excessos que superem o valor atualizado do dano que se busca ressarcir, aí incluída a multa civil, de modo que os interesses da demanda já foram suficientes resguardados pelo julgamento embargado. 5. Embargos de Declaração rejeitados.

No mesmo sentido, é o v. acórdão proferido pelo e. Tribunal de Justiça do Estado de São Paulo, no Agravo de Instrumento nº *2081578-58.2017.8.26.0000*, rel. Desembargador Marcos Pimentel Tamassia, 1ª Câmara de Direito Público, julgado em 23 de outubro de 2017, com a seguinte ementa:

> AGRAVO DE INSTRUMENTO – Ação de improbidade administrativa – Decisão recorrida que decretou a indisponibilidade e o bloqueio dos bens, bem como suprimiu a fase processual de defesa prévia – (...) Decreto de indisponibilidade de bens – Possibilidade – Limitação – Exclusão da multa civil – Decisão reformada parcialmente – Recurso provido em parte.

E consta do v. voto condutor que cita precedente também do mesmo c. Tribunal:

> Por consubstanciar medida voltada à garantia da plena efetividade do futuro julgado portanto, visando à manutenção de situação material à execução de eventual título executivo judicial, há que se reconhecer os seus limites, precisamente, no dano suportado pelo Erário.
>
> Posto que os atos de improbidade sejam extremamente graves e vulnerem as balizas do Estado Democrático de Direito, não são eles suficientes à total supressão do direito de propriedade do agente ímprobo, de modo que o eventual decreto de indisponibilidade de bens deve se jungir ao dano apurado e/ou estimado, sem a inclusão da multa civil.
>
> Isto porque a multa civil tem natureza sancionatória e não reparatória, e, assim, ela não pode ser incluída na indisponibilidade liminar, como já decidiu esta Corte Paulista:
>
> *Além disso, mesmo que, no curso do processo, fique demonstrada plenamente a ocorrência do dano moral difuso, o fato é o que seu dimensionamento quantitativo fica na dependência de arbitramento judicial, o que torna temerária a fixação, no início do processo, de qualquer valor que sirva de base para promover a indisponibilidade.*
>
> O mesmo se diga com relação à multa civil, que, se for o caso, ostentará valor cuja fixação deve observar os princípios da proporcionalidade e da individualização, ou seja, dependente inteiramente de elementos de convicção aferíveis apenas no curso de regular instrução processual. (Agravo de Instrumento nº 0237351-09.2012.8.26.0000, Rel. Des. Maria Olívia Alves, j. 29.7.2013, v.u.) (com negritos e itálicos originais).

Ainda no mesmo exato sentido são os v. acórdãos proferidos por esse e. Tribunal de Justiça do Estado de São Paulo, no AI nº 2067528-27.2017.8.26.0000, rel. Marcos Pimentel Tamassia, j. 04.10.2017, e AI nº 2038954-91.2017.8.26.0000, rel. Marcos Pimentel Tamassia, j. 25.07.2017, uma vez que, repita-se, *a multa civil tem natureza sancionatória e não reparatória, e, assim, ela não pode ser incluída na indisponibilidade liminar.*

Nesse mesmo diapasão, ainda, são os v. acórdãos:

Vejamos:

a) AI 20364443720198260000, relatora Des. Luciana Bresciani, 2ª Câmara de Direito Público, julgado em 09.04.2019, com a seguinte ementa:

> AGRAVO DE INSTRUMENTO. AÇÃO CIVIL PÚBLICA POR ATO DE IMPROBIDADE ADMINISTRATIVA. PEDIDO LIMINAR DE INDISPONIBILIDADE DE BENS. Deferimento. Presença dos requisitos legais para concessão da medida, em menor extensão ao deferido na r. Decisão agravada. Afastamento do valor correspondente à multa civil. Recurso parcialmente provido.

b) AI 2146698-14.2018.8.26.0000, relator Des. Luís Francisco Aguilar Cortez, 1ª Câmara de Direito Público, julgado em 11.10.2018, com a seguinte ementa:

> AGRAVO DE INSTRUMENTO – Ação civil pública de improbidade administrativa – Decreto de indisponibilidade de bens dos réus –Possibilidade – Art. 7º da Lei nº 8.429/92 – Medida assecuratória que pode ser decretada inaudita altera parte, prescinde de demonstração de prova de dilapidação do patrimônio e tem por objetivo dar efetividade a eventual indenização – Precedentes do STJ – Inicial que aponta a existência de direcionamento de licitação e superfaturamento em aquisições de produtos de higiene realizadas pelo Município de Pirapora do Bom Jesus – Indícios da prática do ato de improbidade reconhecidos – Bloqueio, contudo, que deve corresponder ao valor do prejuízo alegado pelo próprio autor, sem o cômputo de eventual multa civil, considerando a natureza sancionatória e não reparatória da penalidade – Recurso parcialmente provido.

c) AI 2126039-81.2018.8.26.0000, relator Des. Luís Fernando Camargo de Barros Vidal, 4ª Câmara de Direito Público, julgado em 08.10.2018, com a seguinte ementa:

> Agravo de instrumento. Improbidade administrativa. Indisponibilidade de bens. Art. 7º da LIA. Medida de acautelamento do patrimônio público.

Desnecessidade de prova do propósito de frustrar a execução. Limitação ao valor do possível prejuízo ao erário. Exclusão da pretensão do valor da multa civil. Medida sancionatória desprovida de caráter reparatório. Recurso parcialmente provido.

Ainda na mesma esteira, é o r. despacho proferido pela eminente Des. Heloísa Martins Mimessi, da 5ª Câmara de Direito Público, datado de 26.04.2017, e proferido no AI *2066719-37.2017.8.26.0000*, que concedeu efeito suspensivo ao agravo interposto, nos seguintes termos:

Concedo o efeito suspensivo parcial para extirpar do decreto de indisponibilidade o valor correspondente à multa, bem como, para determinar a intimação dos requeridos para apresentação de defesa preliminar, nos termos do art. 17, §7º, da LIA.

No mesmo sentido, ainda, decidiu o e. Tribunal de Justiça, em outras oportunidades. Vejamos:

AGRAVO DE INSTRUMENTO Ação Civil Pública por Ato de Improbidade Administrativa Alegação de realização de licitações fraudulentas Decisão agravada que deferiu a liminar requerida com a finalidade de decretar-se a indisponibilidade dos bens dos agravantes Possibilidade – Entendimento do Colendo Superior Tribunal de Justiça no sentido de que presente se encontre a verossimilhança das alegações do autor a alicerçar o "fumus boni juris", estando o "periculum in mora" implícito no comando do art. 7º da Lei nº 8.429/92, não sendo fundamental a comprovação de que os réus estejam tentando dilapidar ou ocultar o próprio patrimônio Precedentes – Bloqueio dos bens que deve ser limitado ao valor necessário à garantia da integral reparação do efetivo prejuízo sofrido pelo Erário, sem a inclusão da multa civil – Decisão parcialmente mantida Recurso parcialmente provido apenas para que o decreto de indisponibilidade dos bens dos agravantes seja limitado ao suposto dano sofrido pela Municipalidade de Fernandópolis. (Agravo de Instrumento nº *2079553-09.2016.8.26.0000*, Relatora Des. Maria Laura Tavares, 5ª Câmara de Direito Público, j. 06.04.2017).

AGRAVO DE INSTRUMENTO AÇÃO CIVIL PÚBLICA POR ATO DE IMPROBIDADE ADMINISTRATIVA Ação proposta pelo Ministério Público visando à condenação dos requeridos por ato de improbidade administrativa que importa em dano ao erário, consistente em contratação, pela Fundação Educacional de Fernandópolis FEF, de serviços de consultoria que, embora não tenham sido efetivamente prestados, teriam sido remunerados em quantias elevadas. (...) O escopo do artigo 7º da LIA é assegurar a reparação do prejuízo suportado pelo erário – A aplicação da sanção de multa civil é incerta, razão por que se mostra inviável sua inclusão no montante a ser constrito cautelarmente. Indisponibilidade de bens que deve se limitar ao valor do dano estimado pelo autor da ação com relação a cada réu Decisão reformada apenas nesse aspecto. Recurso provido em parte (Agravo de instrumento nº *2124402-66.2016.8.26.0000*, Relator Desembargador Leonel Costa, 8ª Câmara de Direito Público, j. 05.04.2017).

Agravo de instrumento – ação Civil Pública que discute existência ou não de atos ímprobos – Recurso interposto em razão de r. Decisão judicial que recebeu petição inicial e deferiu indisponibilidade de bens, no montante indicado pelo ministério Público na exordial. Indisponibilidade de bens – Inteligência do art. 7º da lei nº 8.429/92 – decretação de indisponibilidade de bens, relativa ao valor do dano apontado, que não enseja apreciação do mérito da causa, nem tampouco perda de referidos bens – Medida acautelatória, que visa tão somente assegurar ressarcimento de dano em caso de procedência do pedido, ao final da demanda. Conforme entendimento desta Col. Câmara e dos Tribunais Superiores, desnecessária a comprovação de ocultação ou dilapidação patrimonial para deferimento de indisponibilidade de bens em ação que trata de improbidade administrativa. Indisponibilidade de bens que deve ser decretada, na espécie, tão somente quanto ao valor apontado na petição inicial como sendo o do dano eventualmente experimentado pelo município de natividade da serra. Descabimento, no caso concreto, de indisponibilidade de bens em relação ao valor indicado a título de multa, na peça exordial. Agravo de instrumento PARCIALMENTE PROVIDO, TÃO SOMENTE PARA RESTRINGIR A INDISPONIBILIDADEDEBENS AO VALOR DO DANO INDICADO NA PETIÇÃO INICIAL, EXCLUINDO-SE A INDISPONIBILIDADE EM RELAÇÃO AO VALOR DA MULTA, APONTADA PELO AUTOR DA AÇÃO NA ORIGEM. (Agravo de instrumento nº *2123474-18.2016.8.26.0000*, Relatora Des. Flora Maria Nesi Tossi Silva, 13ª Câmara de Direito Público, j. 12.04.2017).

AÇÃO CIVIL PÚBLICA. Improbidade administrativa Liminar para indisponibilidade dos bens. Possibilidade ante o disposto no art. 37, §4º, da CF e 7º, par. único, da Lei 8.429/92. Ampliação da indisponibilidade para abranger a multa civil. Descabimento. Indisponibilidade que deve restringir ao prejuízo causado ao erário. Precedentes destas Câmara e Corte. Recurso não provido (Agravo de Instrumento nº *2204021-45.2016.8.26.0000*, Relator Desembargador Reinaldo Miluzzi, 6ª Câmara de Direito Público, j. 20.03.2017).

PROCESSUAL CIVIL Liminar. Indisponibilidade de bens. Ação Civil Pública. A Lei nº 8.429/92 dispõe, no parágrafo único do seu artigo 7º, que quando o ato de improbidade causar lesão ao patrimônio público ou ensejar enriquecimento ilícito, o Ministério Público pleiteará a indisponibilidade dos bens dos responsáveis, que "recairá sobre bens que assegurem o integral ressarcimento do dano, ou sobre o acréscimo patrimonial resultante do enriquecimento ilícito". Exclusão da indisponibilidade em relação à multa civil. Possibilidade. A exclusão do valor referente à multa civil deve ser observada em razão dos limites estabelecidos pelo artigo 7º, parágrafo único, da Lei nº 8.429/92. RECURSO PARCIALMENTE PROVIDO (Agravo de instrumento nº *2057099-35.2016.8.26.0000*, Relator Desembargador Jarbas Gomes, 11ª Câmara de Direito Público, j. 08.11.2016).

Agravo de instrumento. Ação civil pública por ato de improbidade administrativa. Liminar deferida em parte. Indisponibilidade patrimonial dos réus. Ausência do periculum in mora. Seguro o Juízo pelos depósitos promovidos pelo Município, em ação cautelar, correspondentes aos pagamentos ao ICV – Instituto Ciências da Vida, que supera o montante do dano ao erário. Descabida, no caso, a reserva do correspondente a eventual multa civil. Recurso não provido (Agravo de Instrumento nº *2257161-28.2015.8.26.0000*, Relator Des. Carlos Violante, 18ª Câmara de Direito Público, j. 03.11.2016).

Agravo de Instrumento. Ação Civil Pública por ato de Improbidade Administrativa movida pelo Ministério Público. Decisão que deferiu liminar para decretar a indisponibilidade dos bens dos requeridos. Indisponibilidade que deve se restringir ao montante considerado indispensável ao ressarcimento do prejuízo, excluindo-se o valor da multa civil. Recurso improvido (Agravo de Instrumento nº *2046591-30.2016.8.26.0000*, Relator Des. Aroldo Viotti, 11ª Câmara de Direito Público, j. 29.03.2016).

Agravo de Instrumento de improbidade administrativa Ação civil pública por ato Pedido de indisponibilidade de bens. Deferimento da cautela devidamente fundamentado Análise dos requisitos legais afeta ao Douto Juízo de Primeira Instância. Indisponibilidade que se limita ao valor necessário ao ressarcimento do erário, devendo ser excluído o valor relativo à multa civil Recurso parcialmente provido. (Agravo de Instrumento nº *2171766-05.2014.8.26.0000*, Relatora Des. Luciana Bresciani, 2ª Câmara de Direito Público, j. 01.02.2016).

E ainda no mesmo diapasão são os v. acórdãos:

AGRAVO DE INSTRUMENTO. Ação civil pública pela prática de ato de improbidade administrativa. Decisão que determinou liminarmente a indisponibilidade dos bens dos requeridos. Irresignação. O Decreto de indisponibilidade de bens tem assento no artigo 37, §4º, da CRFB e no artigo 7º, da Lei 8.429/92. Providência cautelar que visa a assegurar a efetividade do provimento jurisdicional, no caso de eventual condenação pecuniária. Orientação jurisprudencial de que é desnecessária a comprovação de dilapidação do patrimônio para a configuração do periculum in mora, já que está implícito no comando normativo. Mostra-se suficiente a existência de fundados indícios da prática de ato ímprobo, o que, no caso dos autos, apontam para irregularidade na dispensa de licitação quando da contratação da empresa ré. Contudo, a multa civil tem natureza sancionatória e não reparatória, e, assim, ela não pode ser incluída na indisponibilidade liminar. Precedentes desta Seção de Direito Público e do STJ. Reforma parcial da r. Decisão agravada. Parcial provimento do recurso interposto apenas para que se exclua do Decreto de indisponibilidade o valor referente à multa civil. (Agravo de Instrumento nº *2165167-74.2019.8.26.0000*, Relator Des. Marcos Pimentel Tamassia, 1ª Câmara de Direito Público, Data de Publicação: 27/11/2019).

AGRAVO DE INSTRUMENTO. AÇÃO CIVIL PÚBLICA. IMPROBIDADE ADMINISTRATIVA. INDISPONIBILIDADE DE BENS OU VALORES. Decisão que decretou a indisponibilidade de bens dos demandados em ação civil pública por ato de Improbidade administrativo. Desnecessidade da demonstração de que o demandado está dilapidando seu patrimônio. O periculum in mora está implícito no próprio comando legal. Entendimento jurisprudencial do STJ. O escopo do artigo 7º da LIA, no entanto, é assegurar a reparação do prejuízo suportado pelo erário. A aplicação da sanção de multa civil é incerta, razão porque se mostra inviável sua inclusão no montante a ser constrito cautelarmente. A indisponibilidade deve se limitar ao valor do dano estimado pelo autor da ação. Decisão agravada reformada em parte. Recurso provido em parte (Agravo de Instrumento nº 2105095-24.2019.8.26.0000, Relator Des. Ponte Neto, 8ª Câmara de Direito Público, Data de Publicação: 01/11/2019).

AGRAVO DE INSTRUMENTO. AÇÃO CIVIL PÚBLICA POR ATO DE IMPROBIDADE ADMINISTRATIVA. PEDIDO LIMINAR DE INDISPONIBILIDADE DE BENS. Deferimento. Presença dos requisitos legais para concessão da medida, em menor extensão ao deferido na r. Decisão agravada. Afastamento do valor correspondente à multa civil. Recurso parcialmente provido. (Agravo de Instrumento nº *2111164-72.2019.8.26.0000*, Relator Des. Alves Braga Júnior, 2ª Câmara de Direito Público, Data de Publicação: 25/10/2019).

AGRAVO DE INSTRUMENTO. AÇÃO CIVIL PÚBLICA POR ATO DE IMPROBIDADE ADMINISTRATIVA. INDISPONIBILIDADE DE BENS. MULTA CIVIL. Fortes indícios de prática de ato de improbidade administrativa que justificam a indisponibilidade de bens da agravada em montante suficiente à satisfação de eventual condenação. Periculum in mora presumido. Inteligência do art. 37, §4º, da CF e do art. 7º da Lei 8.429/92. Precedentes do E. STJ e desta C. Câmara. Valor da multa civil que deverá ser excluído da indisponibilidade de bens, sob pena de afronta ao devido processo legal e à presunção de inocência. Inteligência do art. 5º, LIV e LVII, da CF. Precedentes desta C. Câmara. Valor de bem imóvel que é suficiente à garantia da indisponibilidade de bens da agravante. Bloqueio de ativos financeiros pelo sistema BACENJUD que se mostra desnecessário. Inteligência do art. 805 do CPC. Decisão reformada. Recurso parcialmente provido (Agravo de Instrumento nº *2191083-13.2019.8.26.0000*, Relator Des. Carlos Vieira Von Adamek, 2ª Câmara de Direito Público, Data de Publicação: 11/10/2019).

AGRAVO DE INSTRUMENTO. Ação civil pública por atos de improbidade administrativa. Pedido liminar de indisponibilidade de bens dos réus deferido. Limitação ao montante do dano a ser ressarcido. Pretensão de que o valor da indisponibilidade inclua também o da multa civil pleiteada. Inadmissibilidade. Indisponibilidade que deve corresponder ao ressarcimento do dano. Precedentes desta Câmara. RECURSO NÃO PROVIDO (Agravo de Instrumento nº *2204375-65.2019.8.26.0000*, Relator Des. Vicente de Abreu Amadei, 1ª Câmara de Direito Público, Data de Publicação: 04/10/2019).

Salta aos olhos, portanto, que o valor da multa civil por ter natureza sancionatória e não reparatória não pode ser incluído no decreto de indisponibilidade de bens.

É o que a jurisprudência pátria tem decretado de forma reiterada.

CAPÍTULO 17

A INDISPONIBILIDADE OU A PENHORA DE BENS DE VALOR ALIMENTAR E A RECENTE JURISPRUDÊNCIA

Reza o art. 7º da Lei Federal nº 8.429, de 1992:

> Art. 7º Quando o ato de improbidade causar lesão ao patrimônio público ou ensejar enriquecimento ilícito, caberá a autoridade administrativa responsável pelo inquérito representar ao Ministério Público, para a indisponibilidade dos bens do indiciado.
>
> Parágrafo único. A indisponibilidade a que se refere o caput deste artigo recairá sobre bens que assegurem o integral ressarcimento do dano, ou sobre o acréscimo patrimonial resultante do enriquecimento ilícito.

Tem-se, portanto, que quando o ato de improbidade causar lesão ao patrimônio (art. 10, da LIA) ou enriquecimento ilícito (art. 9º, da LIA) pode ser decretada a indisponibilidade de bens do investigado.

Ocorre, porém, que tal indisponibilidade não pode ser recair sobre bens de valor alimentar, como salários, aposentadorias, pensões, honorários, ou outros que sirvam para a subsistência do acusado.

Nesse diapasão, decidiu o e. Tribunal de Justiça do Estado de São Paulo, nos autos do Agravo de Instrumento nº 2213794-75.2020.8.26.0000-Ubatuba, rel. Des. Rebouças de Carvalho, 9ª Câmara de Direito Público, julgado em *4 de dezembro de 2020*, com a ementa:

> AGRAVO DE INSTRUMENTO – ACÃO CIVIL PÚBLICA - Indisponibilidade de bens, fundamentada no artigo 7º, parágrafo único, da Lei n° 8.429/1992 – Insurgência contra determinação de bloqueio de 30% (trinta por cento) dos vencimentos do réu agravante, junto à Assembleia Legislativa do Estado de São Paulo – Reforma necessária – Verba de caráter alimentar – Vedação – Observância ao artigo 833. inciso IV. do

Código de Processo Civil – Precedentes desta C. Nona Câmara e E. Corte – Decisão reformada – Recurso provido.

E o v. voto condutor, cita o seguinte precedente:

A disposição abrange salário a qualquer título, isto é, todo direito do empregado, presente, passado, futuro, pago ou não, na constância do emprego ou por despedida (RT 618/198, JTJ 205/231).

Com todo efeito, reza o art. 833, inc. IV, do CPC:

Art. 833. São impenhoráveis: (...)
IV – os vencimentos, os subsídios, os soldos, os salários, as remunerações, os proventos de aposentadoria, as pensões, os pecúlios e os montepios, bem como as quantias recebidas por liberalidade de terceiro e destinadas ao sustento do devedor e de sua família, os ganhos de trabalhador autônomo e os honorários de profissional liberal, ressalvado o §2º;

Resta positivado, portanto, que verbas de natureza alimentar não podem ser objeto de constrição.

E também decidiu o e. Superior Tribunal de Justiça, no Agravo Interno em Recurso Especial nº *1.456.881*-PE, rel. Ministro Napoleão Nunes Maia Filho, 1ª Turma, julgado em 1º de dezembro de 2020, sobre a penhora de bens, com a ementa:

EMENTA
SANCIONADOR E PROCESSUAL CIVIL. AGRAVO INTERNO EM RESP. ACP POR ATO DE IMPROBIDADE ADMINISTRATIVA EM FASE DE CUMPRIMENTO DE SENTENÇA. PENHORABILIDADE DE VALORES DE NATUREZA SALARIAL. O BLOQUEIO DE ATIVOS FINANCEIROS EM NOME DO EXECUTADO, POR MEIO DO SISTEMA BACENJUD, NÃO DEVE DESCUIDAR DO DISPOSTO NO ART. 649, IV DO CÓDIGO BUZAID, ATUAL ART. 833, IV DO CÓDIGO FUX, MOTIVO PELO QUAL SÃO ABSOLUTAMENTE IMPENHORÁVEIS VENCIMENTOS, SUBSÍDIOS, SOLDOS, REMUNERAÇÕES, SALÁRIOS, PROVENTOS DE APOSENTADORIA, PENSÕES, MONTEPIOS E PECÚLIOS. ILUSTRATIVOS: RESP 1.797.598/SP, REL. MIN. HERMAN BENJAMIN, DJE 12.9.2019; AGINT NO ARESP 1.310.475/SP, REL. MIN. BENEDITO GONÇALVES, DJE 11.4.2019. AGRAVO INTERNO DO PARQUET FEDERAL DESPROVIDO.
1. A controvérsia está cifrada em alegada penhorabilidade (desconto em folha) de verbas salariais (proventos de aposentadoria) dos devedores

em cumprimento de sentença que condenou os demandados por ato de improbidade administrativa, para fins de ressarcimento ao Erário. 2. O Parquet Federal sustenta que o julgado firmado pela Primeira Seção desta Corte Superior, em apreciação do REsp. 1.184.765/PA, Rel. Min. LUIZ FUX, DJe 3.12.2010, submetido ao rito dos recursos repetitivos, não se aplicaria ao caso concreto (Ação de Improbidade), uma vez que a citada diretriz foi estabelecida em Execução Fiscal. 3. Contudo, ainda que não se pretenda aplicar o referido julgado, esta Corte Superior tem casos específicos em improbidade, nos quais se proclamou a impenhorabilidade de verbas de caráter salarial, tal como é o caso da demanda vertente, que envolve proventos de aposentadoria (REsp. 1.797.598/SP, Rel. Min. HERMAN BENJAMIN, DJe 12.9.2019; AgInt no AREsp. 1.310.475/SP, Rel. Min. BENEDITO GONÇALVES, DJe 11.4.2019). 4. Agravo Interno do Parquet Federal desprovido.

Ou seja, mesmo na fase de execução, não é admitida a constrição de salários e aposentadorias, em razão da impenhorabilidade de verbas de natureza salarial.

Na mesma esteira, é a sempre brilhante lição do professor Mauro Roberto Gomes de Mattos, ao citar jurisprudência do e. TRF-5ª Região, no AI nº *20644*. Vejamos:

Por outro lado, o sequestro de bens não recairá nas verbas de natureza alimentar: Processual Civil. Agravo de Instrumento. Ação Civil Pública. Sequestro de bens. Verba de natureza alimentar. Recurso provido. – A Lei Nº 8.429/92 possibilita a medida acautelatória do sequestro, alcançando os bens do agente, em virtude de fundados indícios da prática de atos de improbidade administrativa.

– No entanto, dentre os bens sobre os quais recaiu o sequestro, inclua-se um imóvel que havia sido transmitido, em ação de alimentos, aos filhos de um dos demandados, e o seu produto se constituía em verba de natureza alimentar. – Configurando o conjunto dos bens sequestrados suficiente para a satisfação do pleito autoral. *Em caso de vitória, deve ser afastado da medida acautelatória o produto de caráter alimentar.* – Agravo de Instrumento provido

Dessa forma, os bens sequestrados são os que não possuem natureza alimentar, sendo prudente somente a decretação de sequestro após o devido processo legal a que aduz o art. 5º, LIV, da CF. (*O Limite da Improbidade Administrativa*, ed. Impetus, RJ, 2009, p. 554/555, com grifos nossos).

Com todo efeito, verbas de natureza alimentar não podem sofrer constrição, e isso por motivos mais do que óbvios: tais verbas servem para a subsistência do acusado, e sua subtração atenta contra a dignidade da pessoa humana.

Outros precedentes do egrégio Tribunal de Justiça do Estado de São Paulo merecem ser aqui citados:

a) AI *2072002-36.2020.8.26.0000*, rel. Des. Carlos Eduardo Pachi, da 9ª Câmara de Direito Público, julgado em 3 de junho de 2020, com a seguinte ementa:

> AGRAVO DE INSTRUMENTO Justiça gratuita – Os extratos acostados ao feito demonstram que a agravante não é hipossuficiente – Impugnação à penhora Ação Civil Pública *Penhora de conta em que a recorrente recebe proventos e verbas salariais. Inadmissibilidade.* R. decisão reformada nesse tocante.

b) AI *2199530-53.2020.8.26.0000*, rel. Des. Carlos Eduardo Pachi, da 9ª Câmara de Direito Público, julgado em 3 de setembro de 2020, com a seguinte ementa:

> AGRAVO DE INSTRUMENTO EXECUÇÃO FISCAL – Impugnação à penhora. Penhora de conta em que o recorrente recebe verbas salariais Inadmissibilidade R. decisão reformada. Recurso provido.

c) AI *2231662-37.2018.8.26.0000*, rel. Des. Vicentini Barroso, 15ª Câmara de Direito Privado, julgado em 19 de dezembro de 2018, com a ementa:

> AÇÃO DE COBRANÇA (fase de cumprimento de sentença) Bloqueio de ativos financeiros Alegação de impenhorabilidade Verba de natureza salarial que não pode ser constrita, por força do art. 833, IV, do CPC Constrição afastada Recurso parcialmente provido.

d) AI *2194073-11.2018.8.26.0000*, rel. Des. Walter Barone, 24ª Câmara de Direito Privado, julgado em 30 de novembro de 2018, assim ementado:

> AGRAVO DE INSTRUMENTO. Cumprimento de Sentença. Bloqueio de montante via Bacenjud. Decisão que rejeitou a impugnação do executado. Irresignação deste. Cabimento. Penhora que recaiu sobre conta salário do devedor. Depósitos de salário e restituição de imposto de renda. Evidenciada a natureza alimentar do saldo bloqueado. Impenhorabilidade reconhecida. Inteligência do artigo 833, inciso IV, do CPC. Recurso provido.

Ainda no mesmo sentido, decidiu o e. Tribunal de Justiça do Estado de São Paulo, nos autos do Agravo de Instrumento nº *2250786-11.2015.8.26.0000-Jaboticabal*, rel. Des. Sandra Galhardo Esteves, da 12ª Câmara de Direito Privado, em venerando acórdão de 12 de fevereiro de 2016, com a seguinte ementa:

> É cediço que são absolutamente impenhoráveis os proventos de aposentadoria (CPC, art. 649, inc. IV). O bloqueio, no caso concreto, incidiu sobre verba com natureza alimentar. Por isso, diante da impenhorabilidade absoluta do montante, deve-se proceder ao desbloqueio da conta bancária do executado.
> Agravo provido

Com todo efeito, verbas de natureza alimentar são absolutamente impenhoráveis nos termos do art. 833, inc. IV, do Código de Processo Civil de 2015.

E no mesmo diapasão é o venerando acórdão do egrégio Tribunal de Justiça do Estado de São Paulo, no Agravo de Instrumento nº *2186929-88.2015.8.26.0000-Jundiaí*, relator Desembargador Edson Ferreira, da 12ª Câmara de Direito Público, julgado em 12 de janeiro de 2016, com a seguinte ementa:

> Improbidade Administrativa. Indisponibilidade de bens. Cabimento para assegurar o ressarcimento ao erário, ainda que não haja efetiva ou iminente dilapidação de bens. Precedentes do Superior Tribunal de Justiça. *Constrição, contudo, que não pode incidir sobre verbas de natureza alimentar.* Recurso parcialmente provido (grifamos).

E, ainda no mesmo sentido, é o r. acórdão proferido pelo egrégio Tribunal de Justiça do Estado de São Paulo, no Agravo de Instrumento nº *2140254-67.2015.8.26.0000*, relator Des. Reinaldo Miluzzi, 6ª Câmara de Direito Público, julgado em 9 de novembro de 2015, com a seguinte ementa:

> ementa – ação civil pública – Improbidade Administrativa – Fase de execução – Indisponibilidade de bens sobre 30% da conta salário da agravante – Concordância do Ministério Público com a liberação total da constrição – Liberação do valor bloqueado, por meio do Bacen-Jud, referente à verba alimentar – Analogia ao artigo 649, IV, do CPC – Recurso Provido.

E o venerando acórdão transcreve jurisprudência sobre o tema, e uníssona no sentido de que verbas de natureza alimentar são impenhoráveis.

Cite-se, ainda, o r. acórdão proferido pelo e. Tribunal Regional Federal da 1ª Região, no Agravo de Instrumento nº *0031176-46.2011.4.01.0000/BA*, rel. Des. Federal Olindo Menezes, julgado em 26.11.2013, com o seguinte excerto da ementa:

> Administrativo. Improbidade Administrativa. Indisponibilidade de bens. Fumus Boni Iuris. Periculum in mora presumido. Limite ao valor do dano ao erário. Não incidência sobre a totalidade dos Bens do demandado. Conta corrente e ativos financeiros. (...)
>
> 4. A indisponibilidade não pode ser feita de forma genérica, universal, abrangendo todos os ativos da parte, sem proporcionalidade com a previsão de dano. Não *é razoável, em princípio, que a indisponibilidade alcance a conta bancária da parte, impedindo o acesso aos ativos financeiros necessários até mesmo à sua sobrevivência e de sua família.*
>
> 5. Parcial provimento do agravo de instrumento (grifos nossos)

Além de tudo isso, são impenhoráveis valores existentes em contas-correntes, cadernetas de poupança e aplicações financeiras até 40 (quarenta) salários mínimos, isso porque tais valores podem ser utilizados para a própria sobrevivência do acusado.

Vejamos o que decidiu o egrégio Superior Tribunal de Justiça, no Recurso Especial nº *1.114.421*, relator Min. Benedito Gonçalves, publicada em 05.10.2018, com a seguinte ementa:

> PROCESSUAL CIVIL E ADMINISTRATIVO. RECURSO ESPECIAL. AÇÃO CIVIL PÚBLICA POR ATO DE IMPROBIDADE ADMINISTRATIVA. INDISPONIBILIDADE DE BENS. IMPENHORABILIDADE DE VALORES EXISTENTES EM CONTA-CORRENTE, CADERNETA DE POUPANÇA E APLICAÇÕES FINANCEIRAS ATÉ O LIMITE DE 40 SALÁRIOS-MÍNIMOS. RECURSO ESPECIAL PARCIALMENTE PROVIDO.

No mesmo diapasão, decidiu o egrégio Tribunal de Justiça do Estado de São Paulo, nos autos do Agravo de Instrumento *2239955-64.2016.8.26.0000*, rel. Des. Roberto Mac Cracken, da 22ª Câmara de Direito Privado, julgado em 23.02.2017, com a seguinte ementa:

> AGRAVO DE INSTRUMENTO – EXECUÇÃO – PENHORA – BLOQUEIO DE CONTA POUPANÇA – IMPOSSIBILIDADE – APLICAÇÃO DO ART. 833, X, DO CPC – Em razão de disposição legal as aplicações

em conta poupança inferiores a quarenta (40) salários mínimos são impenhoráveis – Segundo a orientação jurisprudencial do C. Superior Tribunal de Justiça, a norma do artigo 833, X, do CPC/16 deve ser interpretada de forma extensiva para se reconhecer que a impenhorabilidade no limite de até quarenta salários mínimos compreende "não apenas os valores depositados em cadernetas de poupança, mas também em conta corrente ou em fundos de investimento, ou guardados em papel-moeda" – Recurso provido.

E no mesmo sentido, decidiu o e. TJSP, no Agravo de Instrumento nº *2224055-41.2016.8.26.0000*, rel. Des. Coelho Mendes, da 15ª Câmara de Direito Privado, julgado em 14.03.2017, com a seguinte ementa:

EXECUÇÃO. DECISÃO QUE AFASTOU A ALEGAÇÃO DE IMPENHORABILIDADE DE MONTANTE DEPOSITADO EM CONTA BANCÁRIA. APLICABILIDADE DA REGRA PREVISTA NO ART. 833, X DO CPC, QUE CONFORME RECENTE ENTENDIMENTO DO STJ, TAMBÉM, COMPREENDE VALORES DEPOSITADOS EM CONTA CORRENTE E FUNDOS DE INVESTIMENTOS. PRECEDENTE DO STJ NO ERESP 1330567 / RS. MONTANTE BLOQUEADO QUE NÃO SUPERA O LIMITE PREVISTO NO INCISO X DO ART. 833 DO CPC. RECURSO PROVIDO.

E conforme se lê o v. acórdão do egrégio TJSP cita precedente do egrégio Superior Tribunal de Justiça, no Recurso Especial nº *1330567/ RS*, rel. Ministro Luís Felipe Salomão, de onde se extrai que:

PROCESSUAL CIVIL. EMBARGOS DE DIVERGÊNCIA EM RECURSO ESPECIAL. ALCANCE. APLICAÇÃO FINANCEIRA. LIMITE DE IMPENHORABILIDADE DO VALOR CORRESPONDENTE A 40 (QUARENTA) SALÁRIOS MÍNIMOS. 1. (...). 2. É possível ao devedor poupar valores sob a regra da impenhorabilidade no patamar de até quarenta salários mínimos, não apenas aqueles depositados em cadernetas de poupança, mas também em conta-corrente ou em fundos de investimento, ou guardados em papel-moeda. 3. Admite-se, para alcançar o patamar de quarenta salários mínimos, que o valor incida em mais de uma aplicação financeira, desde que respeitado tal limite. 4. Embargos de divergência conhecidos e providos.

Cite-se, por fim, o v. acórdão do e. TJSP, no Agravo de Instrumento nº *2153696-66.2016.8.26.0000*, relator Des. Rabello Pinho, da 20ª Câmara de Direito Privado, julgado em 06.02.2017, com a seguinte ementa:

EXECUÇÃO – Admissível o reconhecimento da impenhorabilidade prevista no art. 833, X, CPC/2015 (correspondente ao art. 649, X, do CPC/1973), para valores de até 40 salários mínimos, depositados em aplicações financeiras com caráter de investimento, incluindo contas-poupança vinculadas a conta corrente, fundos de investimento e conta corrente, nos termos da interpretação extensiva adotada pelo Eg. STJ – Nos termos da orientação supra, como a quantia alcançada pelo bloqueio, em conta poupança da parte devedora, é inferior a 40 salários mínimos, ela é impenhorável, por força do art. 833, X, CPC/2015 (correspondente ao art. 649, X, do CPC/1973), impondo-se, em consequência, a reforma da r. decisão agravada, para determinar o levantamento do bloqueio on-line efetivado, com restituição do referido valor constrito à agravante – Revogação do efeito suspensivo concedido ao recurso. Recurso provido.

Salta aos olhos que em ações civis por ato de improbidade administrativa as verbas de natureza alimentar – salários, pensões, aposentadorias, honorários – não podem sofrer constrição, tanto na fase inicial do processo com fundamento no art. 7º, da LIA, quanto na fase de execução do processo em que ocorre a penhora.

Também não podem ser objeto de bloqueio as contas bancárias – conta-corrente, poupança e aplicações – do acusado por ato de improbidade com valores até 40 salários mínimos, porque tais valores, em regra, podem ser utilizados para o sustento do acusado, e de sua família.

A jurisprudência é farta, e merece ser observada, porque a matéria aqui tratada é de direito alimentar, necessário à garantia da dignidade da pessoa humana.

CAPÍTULO 18

A INDISPONIBILIDADE DE BENS E A NECESSÁRIA DEMONSTRAÇÃO EFETIVA DO QUANTUM DEVIDO

É regra – com algumas exceções – a elaboração de pedido de indisponibilidade de bens em sede de ação de improbidade administrativa, e seu consequente e imediato deferimento pelo MM. Juízo que aprecia a lide.

Ocorre, porém, que o pedido de indisponibilidade de bens só se justifica quando verificada de forma bem fundamentada a lesão ao patrimônio público ou o enriquecimento ilícito do agente, e, ainda, a demonstração efetiva do *quantum* devido, ou, de outro modo, e se os requisitos autorizadores de tal extrema constrição não foram comprovados de plano, a providência constritiva precisa ser dispensada em perfeito atendimento ao direito de propriedade, e aos princípios da razoabilidade, da proporcionalidade, do contraditório e da ampla defesa.

É o que se espera em um Estado Democrático de Direito.

Para a decretação da indisponibilidade de bens resta de império a efetiva demonstração do *quantum* devido ou a quantificação do dano ao erário, conforme já decidiu o e. Tribunal Regional Federal da 1ª Região, em Agravo de Instrumento nº *0013670-47.2017.4.01.0000/PA*, rel. Des. Federal Cândido Ribeiro, 4ª Turma, julgado em 22 de janeiro de 2019, com a seguinte ementa:

AGRAVO DE INSTRUMENTO. AÇÃO DE IMPROBIDADE ADMINIS-TRATIVA. INDISPONIBILIDADE DE BENS. DESCUMPRIMENTO DE CARGA HORÁRIA TRABALHADA. SUPOSTAS ILEGALIDADES. DANO AO ERÁRIO. AUSÊNCIA DE DEMONSTRAÇÃO EFETIVA. PROVIMENTO.

I – A constrição não deve ser aplicada como garantia ao pagamento antecipado de multa civil, porquanto não há autorização normativa para essa medida, a qual contempla somente a hipótese de recomposição de dano ao erário, devendo essa questão relativa à multa ser sopesada e modulada quando da prolação da sentença. Precedentes deste egrégio Tribunal.

II – Não havendo demonstração efetiva do quantum devido (quantificação do dano ao erário) ante ao cometimento de supostas irregularidades quanto ao efetivo cumprimento de carga horária ora trabalhada, afigura-se desarrazoada a decretação da indisponibilidade de bens em face do requerido com base em futura e incerta condenação.

III – Agravo de instrumento desprovido.

E no mesmo diapasão, é a decisão do TRF 1, nos autos do AI nº *0033154-48.2017.4.01.0000*, rel. Des. Federal Cândido Ribeiro, 4ª Turma, julgado em 05.02.2019, e também no AI nº 0011713-79.2015.4.01.0000, com mesmo relator, julgado em 11.02.2019, e no AI 0044184-80.2017.4.01.0000, com mesmo relator, julgado em 27.11.2018.

Com todo efeito, o autor da ação de improbidade precisa produzir na exordial a prova e a demonstração efetiva do *quantum* devido, ou, em outras palavras, do efetivo prejuízo sofrido, o que não se pode ser considerado por simples ilação ou suposição.

A indisponibilidade, de tal sorte, não pode ser decretada com base em futura e incerta condenação, conforme consta do próprio venerando voto condutor do r. acórdão colacionado e com ementa transcrita.

Ademais, deve prevalecer o *princípio da presunção de inocência do acusado*, conforme consta de decisão do e. Tribunal de Justiça do Estado de São Paulo, proferida no Agravo de Instrumento nº *2109790-94.2014.8.26.0000*, rel. Des. Oscild de Lima Júnior, 11ª Câmara de Direito Público, julgado em 18.11.2014. Vejamos:

IMPROBIDADE ADMINISTRATIVA. Ação civil pública. Indisponibilidade de bens. Medida excepcional – Ausência de provas de que o agravante esteja a ocultar, desviar ou dilapidar seu patrimônio – Necessária para tanto cognição exauriente – Observância do princípio da presunção de inocência do acusado – Precedentes do STJ e deste Egrégio Tribunal. Recurso provido.

E na mesma esteira, decidiu o e. Superior Tribunal de Justiça, no Recurso Especial nº *769.350*, relator Ministro Humberto Martins, 2ª Turma:

Não fosse assim, só o fato do ajuizamento da ação civil pública de improbidade poderia ensejar, automaticamente, a indisponibilidade de todos bens do réu, o que é inaceitável e foge da lógica jurídica, máxime quando contrastada essa hipótese com os princípios constitucionais da ampla defesa, contraditório, presunção de inocência e razoabilidade.

Tem-se, portanto, que resta de império a demonstração efetiva do *quantum* devido, sob pena de afronta aos mais comezinhos princípios de Direito.

E, ainda, o v. voto condutor do r. acórdão cuja ementa foi antes transcrita citou valioso precedente do mesmo TRF 1ª Região.

Vejamos o v. acórdão proferido na Apelação Cível nº *0000257-33.2009.4.01.3302*, rel. Des. Federal Olindo Menezes, Quarta Turma, julgado em 06.09.2016, com a seguinte ementa:

ADMINISTRATIVO. IMPROBIDADE ADMINISTRATIVA. PREFEITO. AUSÊNCIA DE PRESTAÇÃO DE CONTAS. RECURSOS DO FNDE. COMPETÊNCIA DA JUSTIÇA FEDERAL. APLICABILIDADE DA LEI Nº 8.429/1992 AOS AGENTES POLÍTICOS. NÃO COMPROVAÇÃO DO DANO. VIOLAÇÃO AOS PRINCÍPIOS DA ADMINISTRAÇÃO PÚBLICA. MODULAÇÃO DAS SANÇÕES APLICADAS.
1. Cuidando-se de convênio firmado entre o município e o Fundo Nacional de Desenvolvimento da Educação, autarquia federal vinculada ao Ministério da Educação, firma-se a competência da Justiça Federal, tanto mais que o FNDE e o MPF residem na relação processual.
2. A Lei 8.429/92 aplica-se aos prefeitos. *A presunção de dano como decorrência da falta de prestação de contas não implica necessariamente ressarcimento. A omissão não conduz à inevitável conclusão de que houve danos ao erário, que, sendo o caso, deve ser comprovado na sua existência e extensão* (art. 12, III e parágrafo único – Lei nº 8.429/1992).
3. O ato ímprobo, na hipótese, consubstancia-se em "deixar de prestar contas quando esteja obrigado a fazê-lo" (artigo 11, VI – idem), situação em que é suficiente a comprovação do dolo genérico, refletido na simples vontade consciente de aderir à conduta descrita no tipo, produzindo os resultados vedados pela norma jurídica.
4. Não conhecimento do agravo retido que discutiu o indeferimento da prova testemunhal. Não provimento do agravo retido da decisão que recebeu a inicial. Provimento parcial da apelação.

Ou seja, a presunção de dano não enseja forçosamente à necessidade de ressarcimento, tampouco autoriza a indisponibilidade de bens de quem quer que seja.

CAPÍTULO 19

BLOQUEIO DE VEÍCULOS. RESTRIÇÃO DE LICENCIAR E CIRCULAR. AFRONTA AO DIREITO DE PROPRIEDADE

Conforme se tem verificado, tem sido determinado o bloqueio de bens de réus em ações de improbidade e, com isso, tem sido determinada a imediata diligência perante o RENAJUD para a efetivação da indisponibilidade de veículos de propriedade dos réus.

Ocorre, todavia, que a inclusão de restrição judicial sobre veículos automotores não pode ser procedida de forma excessiva, porque o correto é apenas a restrição de "transferência", não podendo a restrição ser determinada para os efeitos de circulação e licenciamento, sob pena de afronta ao *princípio da dignidade da pessoa humana*, e ao *preceito fundamental do direito de propriedade*, conforme previsto no art. 5º, inc. LIV, da Constituição Federal.

É cediço em Direito que a restrição de circulação e licenciamento é medida excessiva e afronta ao direito de usar e gozar da coisa pelo proprietário, sendo que a restrição de transferência já é suficiente ao atendimento da medida liminar de indisponibilidade de bens.

É o que já decidiu, inclusive, o e. Tribunal de Justiça do Estado de São Paulo, no Agravo de Instrumento nº *2195750-47.2016.8.26.0000*, rel. Des. Jairo Oliveira Júnior, 15ª Câmara de Direito Privado, julgado em 27.04.2017, com a seguinte ementa:

> Agravo de Instrumento contra decisão que impôs, via sistema RENAJUD, restrição a incidir sobre a circulação, licenciamento e transferência do veículo. Irresignação dos executados. Recurso que objetiva limitar a restrição à transferência. Bloqueio de transferência do veículo que se mostra suficiente aos objetivos da execução. Ausência de justificativa, ao menos por ora, para a restrição da circulação e do licenciamento dos

automóveis constritos. Medida excessiva e contrária ao princípio da menor onerosidade da execução. Direito de o proprietário usar e gozar da coisa, obstada a disposição para terceiros através da transferência. Recurso provido para determinar o levantamento das restrições de circulação e licenciamento, mantida a vedação para a transferência.

E o v. acórdão colacionado refere-se à fase de execução do processo – em que já existe decisão transitada em julgado – sendo que na maioria dos casos a medida de indisponibilidade em ações de improbidade é concedida quando ação sequer foi recebida e, portanto, está na fase inicial, sem qualquer decisão de mérito, motivo pelo qual não se sustenta a restrição de circulação e licenciamento dos automóveis, uma vez que impede a fruição dos bens pelos réus sem qualquer condenação que sustente tal medida excessiva.

No mesmo diapasão, decidiu o egrégio Tribunal de Justiça do Estado de São Paulo, nos autos do Agravo de Instrumento nº *2176126-12.2016.8.26.0000*, relator Des. Jairo Oliveira Júnior, 15ª Câmara de Direito Privado, julgado em 13.12.2016, com vasta citação de precedentes, todos no mesmo sentido de que a restrição de circulação é medida excessiva e implica prejuízo injustificável à parte, já que a restrição de transferência já atende aos objetivos da constrição.

Ocorre que a restrição de circulação em geral afronta o princípio da *dignidade da pessoa humana*, porque os réus são privados de utilizar seus bens sem qualquer condenação a eles imposta, o que causa grave prejuízo patrimonial e moral aos réus.

Cite-se, ainda na mesma esteira, o v. acórdão do e. Tribunal de Justiça do Estado de São Paulo, proferido no Agravo de Instrumento nº *2141394-73.2014.8.26.0000*, rel. Des. Castro Figliolia, da 15ª Câmara de Direito Privado, julgado em 25.03.2015, com a seguinte ementa:

> Agravo de instrumento. Ação monitória, em fase de cumprimento de sentença. Restrição de circulação de veículo junto ao Sistema RENAJUD. Inadmissibilidade. Insurgência em face de decisão pela qual foi indeferido o pedido de anotação junto ao sistema RENAJUD de restrição de circulação (restrição total) de veículo registrado em nome de devedora. Medida excepcional que somente se justifica por razões de segurança pública ou demonstração de que, ante as circunstâncias do caso concreto, a providência é necessária para evitar o desaparecimento do bem. Finalidade patrimonial da medida que poderá ser alcançada por meio de restrição de transferência e licenciamento. Agravo desprovido.

BLOQUEIO DE VEÍCULOS. RESTRIÇÃO DE LICENCIAR E CIRCULAR. AFRONTA AO DIREITO DE PROPRIEDADE

E mais uma vez o v. acórdão trazido à colação trata de caso em que o processo já está em fase de execução – sendo que na maioria das hipóteses o processo está ainda em fase inicial sem condenação de quem quer que seja, e, portanto, a constrição torna-se ainda mais grave –, em que o credor requereu a restrição de circulação do veículo da devedora, e tal pedido foi indeferido de forma acertada, uma vez que a finalidade pretendida é alcançada através da restrição de transferência apenas. O respeitável acórdão transcreve precedentes no mesmo sentido.

Ainda no mesmo sentido decidiu o e. Tribunal de Justiça do Estado de São Paulo, na Apelação nº 2165308-35.2015.8.26.0000-SP, rel. Des. Cristina Zucchi, da 3ª Câmara de Direito Privado, julgado em 16 de setembro de 2015, com a seguinte ementa:

EMENTA: AGRAVO DE INSTRUMENTO. PRESTAÇÃO DE SERVIÇO. ESTABELECIMENTO DE ENSINO. INDEFERIMENTO DE BLOQUEIO DE VEÍCULO PELO SISTEMA RENAJUD. PESQUISA QUE INDICA A EXISTÊNCIA DE VEÍCULO EM NOME DA DEVEDORA-EXECU-TADA. INFORMAÇÕES INTEGRADAS JUNTO AO DETRAN/SP. INVIABILIDADE DE SE IMPEDIR O BLOQUEIO DO VEÍCULO, SOB O FUNDAMENTO DE INCERTEZA QUANTO A SER O VEÍCULO DE FATO DA DEVEDORA. AFRONTA A DIREITO DE TERCEIRO QUE DEVE SE RESOLVER POR MEIO DAS MEDIDAS JUDICIAIS CABÍVEIS. POSSIBILIDADE DE BLOQUEIO E PENHORA DO VEÍCULO PELO RENAJUD. INCIDÊNCIA DO PROV. CSM No 2.195/2014, DO E. TJSP, C.C. ART. 655, II, DO CPC. NECESSIDADE DE SE LIMITAR O BLO-QUEIO APENAS À TRANSFERÊNCIA PELO TITULAR, INEXISTINDO PROIBIÇÃO LEGAL PARA QUE AQUELE QUE MANTÉM A POSSE DO VEÍCULO, REALIZE O LICENCIAMENTO ANUAL DO BEM. DECISÃO REFORMADA. AGRAVO PROVIDO, COM OBSERVAÇÃO.

E no mesmo exato sentido é a r. decisão do e. TJSP, no Agravo de Instrumento nº 2043293-64.2015.8.26.0000, rel. Des. Salles Vieira, julgado em 25.06.2015.

E, portanto, o bloqueio deve recair tão somente sobre a transfe-rência do bem pelo proprietário, não obstando sua livre utilização ou licenciamento, sob afronta ao direito de propriedade.

Ademais, o licenciamento decorre de imposição legal determinada pelo Código de Trânsito, não cabendo ao proprietário qualquer liberdade de escolha sobre se quer ou não realizar o licenciamento do veículo.

Nesse diapasão, decidiu o e. Tribunal de Justiça do Estado de São Paulo em duas outras oportunidades.

Vejamos:

EMENTA: EMBARGOS DE TERCEIRO – PERDAS E DANOS – Ação condenatória por perdas e danos em razão de compra e venda de veículo automotor, em fase de cumprimento de sentença – Bloqueio judicial de veículo de titularidade do embargante, em razão do reconhecimento de fraude à execução – Possibilidade de se realizar o licenciamento do veículo bloqueado, recaindo o bloqueio tão somente sobre a transferência do bem – Fato que não impedia a utilização do veículo pelo embargante – Improcedência dos embargos de terceiro mantida – Reconhecimento do dolo processual, com base nos art. 17, incisos II e VI do CPC. Recurso desprovido. (Apelação nº 9123705-67.2009.8.26.0000, Relator CLAUDIO HAMILTON, j. 06/11/2012).

EMENTA: AGRAVO. PRETENSÃO DE LIBERAÇÃO DE VEÍCULO PENHORADOS PARA O FIM DE LICENCIAMENTO. POSSIBILIDADE. PENHORA QUE NÃO OBSTA O USO DOS BENS. LICENCIAMENTO QUE É OBRIGAÇÃO LEGAL IMPOSTA PELO CTN E NÃO TRADUZ EM ATO DE DISPONILIDADE. LEVANTAMENTO DA CONSTRIÇÃO PARA O FIM DE LICENCIAMENTO DOS VEÍCULOS, FICANDO MANTIDA A DESTINAÇÃO DOS MESMOS COMO GARANTIA DA DÍVIDA. DECISÃO REFORMADA. RECURSO PROVIDO (Agravo de Instrumento nº 0072110-80.2012.8.26.0000, Relator PAULO ALCIDES, j. 06/09/2012).

A ilação necessária, portanto, é no sentido de que a indisponibilidade de veículos que recaia sobre a circulação e o licenciamento viola o direito de propriedade e furta o proprietário do veículo de cumprir imposição legal de licenciá-lo, motivo pelo qual tal restrição não pode ser admitida pelo e. Poder Judiciário.

CAPÍTULO 20

O ELEMENTO SUBJETIVO DO DOLO

Mais uma vez voltamos ao tema: só existe e só se configura um ato de improbidade administrativa se nele existir o elemento subjetivo do dolo.

Improbidade é e sempre foi sinônimo de *desonestidade*, de *inidoneidade*, e sem intenção preexistente ninguém pode ser considerado ímprobo, por contradição essencial e insuperável de ideias.

A ausência de dolo desnatura o ato de improbidade administrativa, nos termos regidos pela *Lei Federal nº 8.429, de 1992*, e conforme o e. Superior Tribunal de Justiça tem reiteradamente decidido, desde as primeiras decisões sobre o tema do então Ministro do egrégio STJ, Luiz Fux, acompanhado do saudoso Ministro Teori Zavascki.

Sem a figura do dolo resulta e é virtualmente impossível a caracterização de improbidade em ato algum de autoridade.

Com todo efeito, tanto na doutrina quanto sobretudo na jurisprudência superior, é pacífico e convergente o entendimento de que a ação de improbidade administrativa deverá ser manejada para os casos em que fica inequivocamente demonstrado que o agente público *utilizou-se de expediente que possa ser caracterizado como de má-fé*, com a nítida intenção de beneficiar-se pela lesão ao erário, ou pelo enriquecimento ilícito, e apenas assim.

O elemento subjetivo dos tipos contidos da LIA é o *dolo* e apenas o dolo, decorrente da vontade do agente público em locupletar-se às custas do erário, enriquecendo-se em detrimento do Poder Público.

Assim decidiu o egrégio STJ, no Recurso Especial nº 1.038.777/SP, com relatoria do Ministro Luiz Fux, por votação unânime, julgado em 03.02.2011, com venerando acórdão com irrepreensível voto condutor, que alcançou destaque no meio jurídico com publicação no jornal *Consultor Jurídico*, e com a seguinte ementa:

EMENTA: PROCESSUAL CIVIL. ADMINISTRATIVO. AÇÃO CIVIL PÚBLICA. IMPROBIDADE DMINISTRATIVA. ART. 10, CAPUT, DA LEI 8.429/92. CONTRATAÇÃO. ESPECIALIZAÇÃO NOTÓRIA. AUSÊNCIA DE DANO AO ERÁRIO E DE ENRIQUECIMENTO ILÍCITO DOS DEMANDADOS. MÁ-FÉ. ELEMENTO SUBJETIVO. ESSENCIAL À CARACTERIZAÇÃO DA IMPROBIDADE ADMINISTRATIVA.

1. O caráter sancionador da Lei 8.429/92 é aplicável aos agentes públicos que, por ação ou omissão, violem os deveres de honestidade, imparcialidade, legalidade, lealdade às instituições e notadamente: (a) importem em enriquecimento ilícito (art. 9º); (b) causem prejuízo ao erário público (art. 10); (c) atentem contra os princípios da Administração Pública (art. 11) compreendida nesse tópico a lesão à moralidade administrativa.

2. A má-fé, consoante cediço, é premissa do ato ilegal e ímprobo e a ilegalidade só adquire o status de improbidade quando a conduta antijurídica fere os princípios constitucionais da Administração Pública coadjuvados pela má-intenção do administrador.

3. A improbidade administrativa está associada à noção de desonestidade, de má-fé do agente público, do que decorre a conclusão de que somente em hipóteses excepcionais, por força de inequívoca disposição legal, é que se admite a sua configuração por ato culposo (artigo 10, da Lei 8.429/92).

4. O elemento subjetivo é essencial à caracterização da improbidade administrativa, sendo certo, ainda, que a tipificação da lesão ao patrimônio público (art. 10, caput, da Lei 8429/92) exige a prova de sua ocorrência, mercê da impossibilidade de condenação ao ressarcimento ao erário de dano hipotético ou presumido. Precedentes do STJ: REsp 805.080/SP, PRIMEIRA TURMA, DJe 06/08/2009; REsp 939142/RJ, PRIMEIRA TURMA, DJe 10/04/2008; Resp 678.115/RS, PRIMEIRA TURMA, DJ 29/11/2007; REsp 285.305/DF, PRIMEIRATURMA; DJ 13/12/2007; e REsp 714.935/PR, SEGUNDA TURMA, DJ 08/05/2006.

5. A justificativa da especialização notória, in casu, é matéria fática. Deveras, ainda assim, resultou ausente no decisum a afirmação do elemento subjetivo.

6. É que o Tribunal de Justiça do Estado de São Paulo, examinado as condutas supostamente imputadas aos demandados, concluiu objetivamente pela prática de ato de improbidade administrativa (art. 10, inciso VIII, da Lei 8.429/93), ensejador do dever de ressarcimento ao erário, mantendo incólume a condenação imposta pelo Juízo Singular, consoante se colhe do excerto do voto condutor do acórdão recorrido. "A r. sentença de fls. 934/952 deu pela procedência de ação civil pública, que condenou ambos os apelantes pela prática de ato de improbidade administrativa, consistente em contratação sem prévia licitação de empresa de consultoria financeira e orçamentária Fausto e S/ Associados por parte da Prefeitura Municipal de Campos do Jordão, através de seu Prefeito João Paulo Ismael, ao argumento de que se tratava de

prestadora de serviços notoriamente especializada, o que dispensaria a realização do procedimento correspondente, de acordo com o artigo 25 inciso III da Lei nº 8.666/93, combinando com o artigo 13 inciso I do mesmo texto legal.

Houve condenação do Prefeito à perda de função pública, caso estivesse exercendo-a ao tempo do trânsito em julgado, suspensão de seus direitos políticos por cinco anos, além de restar obrigado ao recolhimento de multa civil igual a duas vezes o valor do dano estimado, reversível ao Fundo de Reparação de Direitos Difusos Lesados, além de ficar proibido de contratar com o Poder Público ou dele receber benefícios creditícios ou fiscais, direta ou indiretamente, ainda que por interposta pessoa jurídica da qual fosse sócio majoritário pelo tempo de cinco anos. Quanto à empresa Fausto e S/ Associados Ltda., representada por Fausto ítalo Minciotti, impôs-se-lhe o pagamento de multa civil igual a duas vezes o valor do dano, proibição de contratar com o Poder Público ou dele receber benefícios ou incentivos fiscais ou creditícios, direta ou indiretamente através de pessoa jurídica da qual fosse sócia majoritária, pelo prazo de cinco anos, afora a sucumbência imposta a ambos os apelantes, unicamente quanto ao valor das custas processuais.

7. In casu, a ausência de má-fé dos demandados (elemento subjetivo) coadjuvada pela inexistência de dano ao patrimônio público, uma vez que o pagamento da quantia de R$ 49.820,08 (quarenta e nove mil, oitocentos e vinte reais, oito centavos) se deu à luz da efetiva prestação dos serviços pela empresa contratada (fl. 947), revelando error in judicando a análise do ilícito apenas sob o ângulo objetivo.

8. Dessarte, a natureza dos serviços exigidos, máxime em pequenos municípios, indicam, no plano da presunção juris tantum que a especialização seria notória, não obstante o julgamento realizado sem a realização das provas requeridas pela parte demandada.

9. As sanções da improbidade administrativa reclamam a exegese das regras insertas no art. 11 da Lei 8.429/92, considerada a gravidade das sanções e restrições impostas ao agente público, e sua aplicação deve se realizada com ponderação, máxime porque uma interpretação ampliativa poderá acoimar de ímprobas condutas meramente irregulares.

10. Recurso Especial provido.

É correntio em Direito, portanto, que para o agente ser condenado nas penas da lei de improbidade administrativa haverá de estar inequivocamente demonstrado o seu *dolo*, a sua *má-fé* e o *prejuízo que ensejou ao erário*.

Sim, porque ninguém é ímprobo por acaso, nem desonesto por imperícia, nem velhaco por imprudência, nem inidôneo por acidente e se não quiser sê-lo ostensiva e propositadamente.

Nesse exato diapasão é a irrepreensível lição do saudoso Hely Lopes Meirelles, atualizada por Arnoldo Wald e pelo Ministro Gilmar Mendes:

> Embora haja quem defenda a responsabilidade civil objetiva dos agentes públicos em matéria de ação de improbidade administrativa, parece-nos que o mais acertado é reconhecer a responsabilidade *apenas na modalidade subjetiva. Nem sempre um ato ilegal será um ato ímprobo.* Um agente público incompetente, atabalhoado ou negligente não é necessariamente um corrupto ou desonesto.
>
> O ato ilegal, para ser caracterizado como ato de improbidade, *há de ser doloso* ou, pelo menos, de culpa gravíssima (*In: Mandado de Segurança*, 26ª ed., São Paulo: ed. Malheiros, 2004, p. 210/211, com grifos nossos).

Depreende-se, portanto, que não é verdadeira a premissa no sentido de que todo ato ilegal é ato de improbidade, uma vez que resta sempre necessário o *dolo* do agente, com propósito de se locupletar pessoalmente ou favorecer ilegitimamente a terceiros.

O venerando voto do saudoso Ministro Teori Zavascki, então do egrégio STJ, no r. acórdão supracitado (*RESP nº 1.038.777*) é exatamente no sentido de que não é todo ato ilegal que pode ser reputado como ato de improbidade administrativa. Vejamos:

> O problema se situa justamente nisto: ainda que se admita a ilegalidade; ainda que se admita que não existisse notória especialização; ainda que se admita como verdadeira essa afirmação do Tribunal de Justiça, isso por si só seria insuficiente para impor uma sanção por improbidade, porque a improbidade é uma ilegalidade qualificada pelo elemento subjetivo da conduta, e essa qualificação faltou.
>
> Quando se constata uma ilegalidade, isso por si só não gera sanção política, sanção administrativa, sanção pecuniária da improbidade. Pode até gerar a nulidade do contrato, mas não a sanção pessoal de quem praticou o ato. Se fosse assim, qualquer ato ilegal necessariamente acarretaria a improbidade, e não se podem confundir as coisas.
>
> Por isso, conheço do recurso especial, porque é irrelevante a questão de fato de saber se havia notória especialização. Mesmo que não houvesse notória especialização, a sanção de improbidade demandaria a qualificação pelo elemento subjetivo.
>
> Acompanho o voto do Sr. Ministro Relator, dando provimento ao recurso especial.

É de se sublinhar, ainda, que a jurisprudência do egrégio Superior Tribunal de Justiça é uníssona ao firmar que os atos de improbidade apenas se caracterizarão se houver demonstração da *má-fé do agente público* ou do terceiro, como se verifica no seguinte julgado:

> Administrativo. Improbidade Administrativa. Cessão de empresado de empresa estatal. Ônus para a empresa cedente. Possibilidade. Decreto nº 99.955/90. Verbas indenizatórias. Mudança de domicílio. Percepção por servidor da União ou por nomeado para cargo em comissão ou função pública. Legalidade. Lesão ao erário. Inexistência. Recurso Provido.
> I – A qualificação jurídica das condutas reputadas ímprobas, ou seja, a subsunção dos atos praticados à norma de regência, Lei nº 8.429/92, constitui questão de direito, viabilizadora da análise do recurso especial. Inaplicabilidade da Súmula 07/STJ.
> II – Lei nº 8.429/92. Fixação do âmbito de aplicação. Perspectiva teleológica. Artigos 15, inc. V e 37, §4º, da CF. O ato de improbidade, a ensejar a aplicação da Lei nº 8.429/92, não pode ser identificado tão somente com o ato ilegal. A incidência das sanções previstas na lei carece de um *plus*, traduzido no evidente propósito de auferir vantagem, causando dano ao erário, pela prática de ato desonesto, dissociado da moralidade e dos deveres de boa administração, lealdade, boa-fé. (STJ, Rel. Min. Laurita Vaz, 2ª T., REsp nº *269683/SC*, julg. 06.08.02).

Tal entendimento se encontra totalmente pacificado pelo e. Superior Tribunal de Justiça, conforme se lê do julgamento do famoso RESP nº *213994/MG*:

> Administrativo – Responsabilidade de Prefeito – Contratação de pessoal sem concurso público – Ausência de Prejuízo.
> Não havendo enriquecimento ilícito e nem prejuízo ao erário municipal, mas inabilidade do administrador, não cabem as punições previstas na Lei nº 8.429/92. *A lei alcança o administrador desonesto, não o inábil.* Recurso Improvido (STJ, Rel. Min. Garcia Vieira, RESP nº 213994/MG, 1ª T., *DJ* de 27.09.99, p. 59).

Denota-se assim que a jurisprudência superior é pacífica e convergente no sentido de que, sem a presença do dolo, da má-fé, da desonestidade demonstrada, da inidoneidade de propósito, não se configura o ato de improbidade administrativa.

Com efeito, o agente apenas inábil não é ímprobo, mas o é, sim e tão somente, o desonesto, o velhaco, o inidôneo de propósito, conforme a vasta jurisprudência do egrégio STJ.

Prestigiando este posicionamento de que a Lei nº 8.429/92 não é direcionada ao agente público desastrado ou inábil, o mesmo e. STJ pacificou que a má-fé é a premissa do ato ímprobo, mesmo que o ato praticado seja ilegal, pois sem este liame não há improbidade:

> É cediço que a má-fé é premissa do ato ilegal e ímprobo. *Consectariamente, a ilegalidade só adquire o status de improbidade quando a conduta antijurídica fere os princípios constitucionais da Administração Pública coadjuvados pela má-fé do administrador.* A improbidade administrativa, mais que um ato ilegal, deve traduzir, necessariamente, a falta de boa-fé, a desonestidade, o que não restou comprovado nos autos pelas informações disponíveis no acórdão recorrido, calcadas, inclusive, nas conclusões da Comissão de Inquérito (STJ, Rel. Min. Luiz Fux, RESP *480387/SP*, 1ª T., *DJ* de 24.05.2004, p. 163, com destaque nosso).

Sem má-fé declarada e evidente não existe nem pode existir improbidade administrativa por parte de quem quer que seja, visto que ela é o componente básico, absolutamente essencial, dos três tipos elencados na Lei nº 8.429/92.

Nesse diapasão é o venerando acórdão proferido pelo e. Tribunal de Justiça do Estado de São Paulo, nos autos da Apelação nº *3006880-11.2013.8.26.0451* – Piracicaba, rel. Des. Vicente de Abreu Amadei, 1ª Câmara de Direito Público, julgado em 23 de junho de 2015, com o seguinte voto condutor:

> Anote-se, ainda, que é do autor, em ação civil pública por improbidade administrativa, o ônus probatório do alegado ato ímprobo, que inclui a má-fé ou desonestidade do agente. Mas isso o autor não comprovou. Saltar, ademais, de possível irregularidade – que, ademais, não houve – para improbidade, exige certeza de ato marcado pela má-fé na gestão do erário ou da coisa pública. Isto, porque nem toda ilegalidade configura improbidade (afinal, "improbidade administrativa pressupõe um ato ímprobo, desonesto, eivado de má fé": Ap. nº 0018692-23.2008.8.26.0566, rel. Des. Franklin Nogueira, j. 22/02/2011). Em outras palavras, é preciso, neste passo, avaliar as infrações à luz da Lei de Improbidade Administrativa, considerando, inclusive, o elemento subjetivo indispensável às sanções, não se admitindo a aplicação da teoria da responsabilidade objetiva. E, nesse exame de elemento subjetivo, para além da análise do elemento objetivo (materialidade do ato ímprobo), não há como afirmar improbidade administrativa. Sem má-fé reveladora de desonestidade, não há ato de improbidade.
>
> E nessa esteira, decidiu o egrégio Tribunal de Justiça do Estado de São Paulo, nos autos da Apelação nº *0003139-12.2012.8.26.0269*, rel. Des. Maria Olívia Alves, 6ª Câmara de Direito Público, j. em 1º/12/2014, com a seguinte ementa:

apelação – Ação Civil Pública – Improbidade Administrativa – Uso gratuito de maquinário e serviço público em obra particular – Improcedência – Pretensão de inversão do julgamento – Ausência contudo de evidência de atuação dolosa – Improbidade não caracterizada – Determinação de ressarcimento, imposta aos proprietários da obra, não impugnada – Manutenção, a bem do princípio que veda o enriquecimento sem causa – Recurso não provido, com rejeição da matéria preliminar.

E consta do v. voto condutor com citação de doutrina e jurisprudência superior:

É de prestigiar, enfim, a conclusão do MM. Juiz de primeiro grau no sentido de que não houve dolo.

E sem dolo não há improbidade.

De fato, não se pode deixar de sublinhar a orientação de que não é mera irregularidade do ato que implica, automática e necessariamente, a improbidade do agente.

Conforme leciona autorizada doutrina, "improbidade não é sinônimo de ilegalidade" (Bueno, Vera Scarpinella. O art. 37, §1º, da Constituição Federal e a Lei de Improbidade Administrativa. In "Improbidade Administrativa questões polêmicas e atuais", coord. Cássio Scarpinella Bueno e Pedro Paulo de R. Porto Filho. São Paulo, Ed. Malheiros, 2001, p. 387). (...)

Por isso, está "cediço que a má-fé é premissa do ato ilegal e ímprobo. Consectariamente, a ilegalidade só adquire o status de improbidade quando a conduta antijurídica fere os princípios constitucionais da Administração Pública coadjuvados pela má-fé do administrador. A improbidade administrativa, mais que um ato ilegal, deve traduzir, necessariamente, a falta de boa-fé, a desonestidade" (STJ, Recurso Especial n. 480.387/SP, 1ª Turma, rel. Min. Luiz Fux, j. 16.03.2004).

Ora, diante do caso concreto, deve ser reconhecido realmente que as circunstâncias da operação impedem o reconhecimento cabal da presença do dolo, sendo certo que *"o dolo não se presume: na dúvida, prefere-se a exegese que os exclui.* Todas as presunções militam a favor de uma conduta honesta e justa" (MAXIMILIANO, Carlos. Hermenêutica e Aplicação do Direito. 2. ed. São Paulo: Livraria do Globo, 1933, p. 282).

Por isso que "a má-fé, para ser admitida como existente, demanda que dela se faça prova substante." (BANDEIRA DE MELLO, Celso Antônio. RDA 210/34).

CAPÍTULO 21

JURISPRUDÊNCIA. ART. 10, DA LEI Nº 8.429/92. IMPOSSIBILIDADE DE RESPONSABILIDADE OBJETIVA. DECISÃO JUDICIAL QUE DEVE SER CONFORME A LEI. PROPOSITURA DE AÇÃO RESCISÓRIA

O ex-Prefeito municipal de Presidente Prudente (SP) foi condenado por ato de improbidade administrativa pelo e. Tribunal de Justiça do Estado de São Paulo por infração ao art. 10, da Lei Federal nº 8.429/92, sendo que o e. TJ entendeu que, apesar de não restar configurado o dolo, existiu a culpa grave do ex-Prefeito no superfaturamento alegado, uma vez que ele – ex-Prefeito – nomeou a comissão de licitação e deveria fiscalizá-la, e, diante disso, foi decretada a condenação de ressarcimento ao erário, pagamento de multa civil e suspensão dos direitos políticos por cinco anos.

Diante de tal r. decisão, após o trânsito em julgado, ingressou com a Ação Rescisória nº *2176471-46.2014.8.26.0000*, que foi julgada improcedente pelo e. TJSP, com a seguinte ementa:

AÇÃO RESCISÓRIA. Violação a literal disposição de lei. Improbidade administrativa. Responsabilidade objetiva com violação ao disposto no artigo 10, "caput", da Lei 8429/1992. Afastada a ocorrência de dolo, mas reconhecida a de culpa. Possibilidade Iegal de cumulação das sanções, artigo12, "caput", da mesma lei. Princípios da razoabilidade e da proporcionalidade Não configurada hipótese de violação a literal disposição de lei. Acerto ou desacerto do julgado, segundo a apreciação que fez dos fatos e das provas, que não autoriza a rescisão. Demanda improcedente Sem condenação em honorários advocatícios porque a parte vencedora é o Ministério Público. Depósito do artigo 488, II, do

Código de Processo Civil de 1973 que se converte em multa em favor do Estado.

O e. TJSP entendeu, portanto, ser possível a condenação por responsabilidade objetiva por infração do art. 10, da Lei Federal nº 8.429/92.

Tendo em vista tal v. acórdão, o ex-Prefeito interpôs recurso especial com pedido de tutela provisória incidental perante o e. Superior Tribunal de Justiça, já que o recorrente (ex-Prefeito) tem pretensão política, e quer candidatar-se ao cargo político de Deputado Estadual, tendo em vista que a condenação do e. TJSP implica suspensão de direitos políticos, e, ainda, a condenação imposta ao citado recorrente teve fundamento no art. 10 da LIA, que conforme é cediço em direito enseja a aplicação da Lei da Ficha Limpa.

Em sede de tutela provisória em recurso especial, que recebeu o nº *1.713.044-SP*, o egrégio Superior Tribunal de Justiça decretou a impossibilidade de decretação da responsabilidade objetiva e concluiu que pelo julgamento do e. Tribunal de Justiça houve, sim, violação ao dispositivo de Lei – art. 10, da LIA – que fundamentou a ação rescisória.

E segundo a r. decisão monocrática do relator do recurso, Min. Mauro Campbell Marques, a ação rescisória proposta precisa ter sua procedência decretada.

Ou seja, violou dispositivo de lei o v. acórdão que admitiu a responsabilidade objetiva para imposição de penalidade imposta por ato de improbidade administrativa com fundamento no art. 10, da Lei Federal nº 8.429/92, porque tal dispositivo exige o elemento subjetivo para ocorrência do ato de improbidade administrativa.

Consta da r. decisão monocrática do Min. Mauro Campbell que o e. Superior Tribunal de Justiça pacificou o entendimento no sentido de que para a configuração dos tipos ímprobos previstos na Lei Federal nº 8.429/92 é indispensável a presença do elemento subjetivo, não sendo admitida a atribuição da responsabilidade objetiva em sede de improbidade administrativa, e cita vasta jurisprudência nesse sentido.

Lê-se, ainda, da v. decisão que a Corte de origem – TJSP – consigna expressamente que o ato de improbidade administrativa previsto no art. 10 da LIA exige para sua tipificação ação dolosa ou culposa do agente, o que exclui a possiblidade de responsabilidade objetiva.

Consta da r. decisão que:

> Em síntese, o recorrente foi condenado por ato de improbidade adminis-
> trativa por lesão ao erário, sem qualquer traço de conduta dolosa, mas

pelo reconhecimento de conduta culposa configurada em razão de, na condição de chefe do executivo municipal, ter simplesmente nomeado comissão de licitação, bem como pelo fato de não ter fiscalizado as atividades da comissão que causou prejuízo ao erário.

A conduta descrita pelo Tribunal de origem como culposa não configura elemento subjetivo apto a configuração de ato de improbidade administrativa. A mera nomeação de comissão licitatória, a qual "engodou" o próprio nomeante (conforme expresso no aresto recorrido - fl. 1.654) e o fato de não ter fiscalizado suas atividades a fim de evitar lesão ao erário, não configuram conduta culposa punível no âmbito da lei sancionadora, sob pena de imputação objetiva de ato de improbidade administrativa.

Eventual entendimento diverso significaria dizer que eventual desvio praticado por comissão licitatória, de qualquer órgão público, exigiria a fiscalização direta do responsável pela nomeação, sob pena de responder por eventual improbo, sem a necessidade de qualquer elemento volitivo ou participação na prática da ilegalidade qualificada.

Assim, manifesta a violação de lei apta a procedência da ação rescisória, a fim de julgar improcedente a ação civil de improbidade administrativa em face do recorrente, prejudicada a análise das demais questões do presente recurso especial.

Ante o exposto, dou provimento ao recurso especial, nos termos da fundamentação."

E conclui a r. decisão monocrática:

A fundamentação transcrita e a conclusão deste Relator no sentido do provimento do recurso especial exige o reconhecimento da plausibilidade do direito invocado pelo requerente, no sentido da probabilidade de acolhimento da tese recursal defendida. Importante ressaltar que apesar do julgamento do recurso especial já ter sido iniciado (sessão realizada no dia 17/4/2018), aguarda voto vista da eminente Ministra Assusete Magalhães para o seu prosseguimento.

Por outro lado, o risco de dano jurídico irreversível é evidente, pois a não concessão do efeito suspensivo ao recurso impede o requerente de concorrer ao cargo de Deputado Estadual nas eleições 2018, o que se comprova pela impugnação do seu registro de candidatura na Justiça Eleitoral local (fls. 1.840/1.841), em razão da anterior condenação em ação de improbidade administrativa objeto do presente recurso especial.

Ensina Fábio Medina Osório:

A responsabilidade subjetiva, no bojo do tipo proibitivo, é inerente à improbidade administrativa, sendo exigíveis o dolo ou a culpa grave, embora haja silêncio da LGIA sobre o assunto. Isto se dá, como já dissemos à exaustão, por força dos textos constitucionais que consagram responsabilidades subjetivas dos agentes públicos em geral, nas ações regressivas, e que contemplam o devido processo legal, a proporcionalidade, a legalidade e a interdição à arbitrariedade dos Poderes Públicos no desempenho de suas funções sancionatórias. *Portanto, a improbidade administrativa envolve, modo necessário, a prática de condutas gravemente culposas ou dolosas, inadmitindo responsabilidade* objetiva. (OSÓRIO, Fábio Medina. Teoria da improbidade administrativa, São Paulo: RT, 2007).

Tem-se, de tal sorte, que o agente político com pretensão de candidatar-se nas eleições e que foi condenado por ato de improbidade administrativa por responsabilidade objetiva pode ingressar com ação rescisória visando a anulação do julgado que o condenou porque só se admite a responsabilidade subjetiva para a prática de ato de improbidade administrativa.

CAPÍTULO 22

A INAPLICABILIDADE DA TEORIA DA CEGUEIRA DELIBERADA ÀS AÇÕES DE IMPROBIDADE ADMINISTRATIVA

I – A Teoria da Cegueira Deliberada – *willful blindness* – surgiu na Inglaterra em 1861, tem sido invocada por alguns autores de ações de improbidade administrativa e recentemente também foi invocada por v. acórdão do e. Tribunal de Justiça do Estado de São Paulo.

Tal teoria também chamada de Teoria das Instruções de Avestruz ou Doutrina do Ato de Ignorância ou Teoria da Evitação de Consciência é aplicada para situações em que o agente finge não saber – ou não ter consciência – da ilicitude de seus atos.

Sobre a teoria ensina Bruno Fontenele Cabral[31]

> Dessa forma, o agente comporta-se como uma avestruz, que enterra sua cabeça na terra para não tomar conhecimento da natureza ou extensão do seu ilícito praticado. Sendo assim, para a aplicação da Teoria da Cegueira Deliberada, é necessário que o agente tenha conhecimento da elevada possibilidade de que os bens, direitos ou valores sejam provenientes de crimes e que o agente tenha agido de modo indiferente a esse conhecimento. Em síntese, pode-se afirmar que a Teoria da Cegueira Deliberada busca punir o agente que se coloca, intencionalmente, em estado de desconhecimento ou ignorância, para não conhecer detalhadamente as circunstâncias fáticas de uma situação suspeita.

---

[31] CABRAL, Bruno Fontenele. Breves comentários sobre a teoria da cegueira deliberada (willful blindness doctrine). *Revista Jus Navigandi*, ISSN 1518-4862, Teresina, ano 17, n. 3193, 29 mar. 2012. Disponível em: https://jus.com.br/artigos/21395. Acesso em: 16 set. 2020.

O agente, portanto, propositadamente se posiciona em condição de ignorância e, com isso, finge que não sabe da ilicitude de sua conduta para obter a vantagem pretendida.

Para o professor Victor Augusto Estevam Valente:

> Segundo essa teoria, o agente, de modo deliberado, se coloca em situação de ignorância, criando obstáculos, de forma consciente e voluntária, para alcançar um maior grau de certeza acerca da potencial ilicitude de sua conduta. Vale dizer, o infrator provoca o seu desconhecimento acerca do ilícito, de modo que sua ignorância deliberada passa a equivaler-se ao dolo eventual ou, até mesmo, à culpa consciente.[32]

Mas o dolo eventual ou a culpa consciente não podem servir como elemento subjetivo para configurar a prática de ato de improbidade administrativa, conforme a doutrina e a jurisprudência majoritárias.

Isso porque o ato de improbidade administrativa exige o dolo direto para sua configuração.

Improbidade é e sempre foi sinônimo de *desonestidade*, de *inidoneidade*, e sem intenção preexistente ninguém pode ser considerado ímprobo, por contradição essencial e insuperável de ideias.

Sem a figura do dolo resulta e é virtualmente impossível a caracterização de improbidade em ato algum de autoridade.

Com todo efeito, tanto na doutrina quanto sobretudo na jurisprudência superior, é pacífico e convergente o entendimento de que a ação de improbidade administrativa deverá ser manejada para os casos em que fica inequivocamente demonstrado que o agente público *utilizou-se de expediente que possa ser caracterizado como de má-fé*, com a nítida intenção de beneficiar-se pela lesão ao erário, e apenas assim.

O elemento subjetivo dos tipos contidos da LIA é o *dolo* e apenas o dolo, decorrente da vontade do agente público em locupletar-se às custas do erário, enriquecendo-se em detrimento do Poder Público.

E, portanto, como enquadrar tais premissas na Teoria da Cegueira Deliberada?

O e. Tribunal de Justiça do Estado de São Paulo decidiu muito recentemente e mais uma vez que *sem dolo não há ato de improbidade administrativa*. Trata-se da Apelação nº *1003043-70.2016.8.26.0323*, relator Des. Ricardo Feitosa, da 4ª Câmara de Direito Público, julgada em *14 de setembro de 2020*, com a ementa:

---

[32] VALENTE, Victor Augusto Estevam. Aplicação da Teoria da Cegueira Deliberada requer cuidados na prática forense. *Consultor Jurídico*, de 9 de agosto de 2017.

AÇÃO CIVIL PÚBLICA PREFEITURA MUNICIPAL DE LORENA CONTRATAÇÃO TEMPORÁRIA DE PROFESSORES AUSÊNCIA DE PROVA DE DOLO OU MÁ-FÉ IMPROBIDADE ADMINISTRATIVA NÃO CARACTERIZADA DEMANDA PROCEDENTE RECURSO DO RÉU PROVIDO.

E consta do v. voto condutor:

Ao comentar aludido dispositivo, e após indagar se toda a violação da legalidade configura improbidade, Marino Pazzaglini Filho leciona: Claro que não, pois, se tal premissa fosse verdadeira, qualquer ação ou omissão do agente público contrária à lei seria alçada à categoria de improbidade administrativa, independentemente de sua natureza, gravidade ou disposição de espírito que levou o agente público a praticá-la. Ilegalidade não é sinônimo de improbidade e a ocorrência daquela, por si só, não configura ato de improbidade administrativa. É imprescindível à sua tipificação que o ato ilegal tenha origem em conduta desonesta, ardilosa, denotativa de falta de probidade do agente público. Com efeito, as três categorias de improbidade administrativa têm idêntica natureza intrínseca, que fica nítida com a análise do étimo remoto da palavra improbidade.

O vocábulo latino improbitate, como já assinalado, tem o significado de "desonestidade" e a expressão improbrus administrator, quer dizer, administrador desonesto ou de má-fé.

Portanto, a conduta ilícita do agente público para tipificar ato de improbidade deve ter esse traço comum e característico de todas as modalidades de improbidade administrativa: desonestidade, má-fé, falta de probidade no trato da coisa pública.

E o v. acórdão cita precedente no mesmo sentido.

Não há como conjugar tais conceitos com a ideia de um dolo eventual, ou com a ideia de um agente que finge ignorância enterrando a cabeça na terra como um avestruz.

Ocorre, porém, que existem alguns julgados no ensejo de conciliar tais conceitos, ou seja, no sentido de que há improbidade por aplicação da Teoria da Cegueira Deliberada.

São julgados isolados e que não constituem a posição majoritária do Tribunal de Justiça de São Paulo, mas que precisam ser aqui citados.

O primeiro que se tem notícia, e que é considerado o precursor nesse sentido no âmbito do TJSP, é o venerando acórdão proferido na Apelação nº *0009252-56.2010.8.26.0073*, relator Des. Rebouças de Carvalho, 9ª Câmara de Direito Público, julgado em 9 de abril de 2014, com a seguinte ementa:

AÇÃO CIVIL PÚBLICA Prejuízo ao erário devidamente confirmado pelas provas produzidas Contratação de serviços de plantões médicos junto ao Pronto Socorro de Avaré por intermédio de Termo de Parceria, em valor muito superior ao contrato anterior, e sem a realização de licitação – Superfaturamento constatado – Aplicação da Teoria da Cegueira Deliberada – Ato de improbidade administrativa devidamente comprovado, ante a constatada cavilosidade dos corréus Procedência da ação mantida Diferimento do recolhimento das custas deferido Apelação do réu Joselyr não provida e provida em parte a da ré IBDPH.

E o voto condutor esclareceu que teve como fundamento o julgamento proferido pelo Plenário do e. STF na Ação Penal nº *470*, relator Min. Joaquim Barbosa.

Vejamos:

Guardadas as devidas proporções, é evidente, em tempo de exposição pública e notória pelo julgamento televisionado ao vivo da Ação Penal 470 pelo Plenário do Supremo Tribunal Federal, em que de forma corajosa e destemida o Poder Judiciário não se encolheu, frente aos muitos interesses envolvidos, na condenação de criminosos que estavam a praticar infrações penais (corrupção passiva, ativa, lavagem de dinheiro) e, nesta ocasião, uma determinada teoria foi suscitada pelo sempre profundo Ministro Celso de Mello, e que poderá ser agora aventada neste caso concreto, qual seja TEORIA DA CEGUEIRA DELIBERADA ou DA IGNORÂNCIA DELIBERADA, também conhecida como DOUTRINA DA CEGUEIRA INTENCIONAL, TEORIA DAS INSTRUÇÕES DE AVESTRUZ ou DOUTRINA DO ATO DE IGNORÂNCIA CONSCIENTE, criada pela Suprema Corte Norte Americana (willful blindness doctrine), cuja síntese diz respeito à tentativa de se afirmar ignorância deliberada e fingida acerca da situação de ilicitude, com vistas a objetar uma determinada vantagem.

Ocorre que o precedente citado pelo v. acórdão do TJ cuida de Ação Penal, hipótese em que é possível aplicar o conceito de dolo eventual, diversamente das ações de improbidade.

São âmbitos absolutamente diversos.

Em 2 de setembro de 2020 novamente o e. TJSP fundamentou v. acórdão em ação de improbidade na Teoria da Cegueira Deliberada.

Trata-se da Apelação nº *1002825-20.2017.8.26.0319*, relator Des. Souza Meirelles, 12ª Câmara de Direito Público, com o seguinte acórdão:

Nesta mesma linha de reflexões, considerado o "conjunto da obra" de ambos prefeitos, repleto de pecados e pecadilhos de trivial detecção, quer-me sugerir a existência de um campo assaz propício à aplicação da moderna teoria da "cegueira deliberada" (willful blindness) também conhecida como doutrina da evitação da consciência (conscious avoindance doctrine), construto jurisprudencial de origem inglesa e norte-americana inspirado na Ostrich Instructions Doctrine. Nesse compasso sutil de malícia, o agente transgressor forja barreiras psicológicas ou tapa os olhos para os protocolos legais que tem de trilhar no âmbito de suas responsabilidades como agente político. (...)

Embora sabedor dos mecanismos plenos para averiguação e do dever de evitar o resultado, comporta-se de caso pensado como na mitologia popular do avestruz, ave de visão e audição aguçadas que, antes de irremediavelmente optar pela fuga, prima por deitar sua cabeça e o pescoço rente ao chão ao primeiro sinal de perigo (...)

Trata-se de moderna técnica de prospecção do elemento subjetivo assemelhada ao dolo eventual e não de culpa grave – a lançar novas luzes sobre a responsabilização dos transgressores da Lei 8.429/92, aqui de plena pertinência complementar na configuração do fator anímico.

Ainda na mesma esteira é o também recente v. acórdão proferido na Apelação nº *1000046.62.2019.8.26.0565*, rel. Des. Rebouças de Carvalho, 9ª Câmara de Direito Público, julgada em 30 de julho de 2020, com a seguinte ementa:

AÇÃO CIVIL PÚBLICA IMPROBIDADE ADMINISTRATIVA Contrato Administrativo nº 32/2016 Licitação na modalidade concorrência destinada à prestação de serviços de publicidade – Empresa vencedora beneficiada por manobra devidamente comprovada nos autos, pois não exercia era apta a exercer os serviços de publicidade Caráter competitivo da licitação frustrado – Provas Conclusivas que dão conta da ocorrência do prejuízo ao erário e que já foi objeto de apreciação e condenação na Ação Popular em que se buscou a anulação do contrato e ressarcimento dos danos-Aplicação da Teoria da Cegueira Deliberada – Ato de improbidade administrativa devidamente comprovado, ante a constatada conivência praticada pelos corréus Infringência do art. 10, VIII e XII, ambos da Lei nº 8.249/92 Procedência da ação ora decretada, com aplicação das penalidades administrativas nos termos do art. 12, II e par. Único, da Lei nº 8.429/92 Recurso do Ministério Público e da Municipalidade providos.

Cite-se, ainda, o venerando acórdão na Apelação nº *1005742-59.2017.8.26.0271*, rel. Des. Souza Meirelles, 12ª Câmara de Direito Público, julgada em 8 de julho de 2020, com a ementa:

Ação civil pública de responsabilização por atos de improbidade administrativa pluriacumulação de cargos ou empregos públicos de médico em três municípios distintos vedação absoluta de matriz constitucional contida no art. 37, XVI, "c" da Carta-Mãe da República fraude por dissimulação desvendada pelo Tribunal de Contas – ultraje aos princípios da legalidade, moralidade, impessoalidade e eficiência dolo – concepção ético-normativa e não psicológica ou ontológica aplicabilidade da teoria da "cegueira deliberada" ou da evitação da consciência obrigação de ressarcir o erário – sentença de procedência mantida recurso de apelação improvido, com determinação.

E, por fim, traz-se à colação o v. acórdão na Apelação nº *1002992-73.2017.8.26.0404*, Des. Souza Meirelles, 12ª Câmara de Direito Público, julgada em 21 de junho de 2020, com a ementa:

Ação civil pública de responsabilização por ato de improbidade administrativa prefeito descaminho de verbas vinculadas ao fomento da atividade educacional diferença substancialmente menor face aos percentuais que deveriam ter sido aplicados das receitas provenientes de arrecadação de impostos e recursos do fundo de manutenção e desenvolvimento da educação básica reprovação das contas pelo órgão censório no respectivo exercício orçamentário precedida de emissão de alerta ao gestor impenitente

Dolo administrativo concepção ético-normativa e não psicológica ou ontológica Impraticável o Direito arvorar-se a psicanalista para perscrutar as tendências mais íntimas a incitarem ou direcionarem a improbidade, extrai-se o elemento anímico de externalidades sensíveis indicativas de violação sistêmica de dever vinculante de gestão pública incidência complementar da teoria da "cegueira deliberada" – sentença procedência preservada recurso de apelação não provido.

Não podemos, respeitosamente, concordar com tais acórdãos que decidem pela aplicação da Teoria da Cegueira Deliberada em ações de improbidade administrativa, que, conforme é cediço em Direito, exigem a ocorrência do elemento subjetivo do dolo direto, e não eventual.

A Teoria da Cegueira ou das Instruções de Avestruz é aplicada sem maiores contestações no âmbito dos crimes, como os eleitorais por exemplo, mas no campo das ações de improbidade é uma novidade indesejável, que pode dar azo a decisões apartadas de toda a construção jurisprudencial elaborada até agora, que exige o elemento volitivo (dolo) para a configuração.

É preciso ter sensatez e prudência para aplicação de tal teoria, portanto, ou de outro modo grandes injustiças serão decretadas.

CAPÍTULO 23

OS PLANOS MUNICIPAIS DE GESTÃO INTEGRADA DE RESÍDUOS SÓLIDOS E A INSISTENTE OMISSÃO DOS MUNICÍPIOS EM INSTITUÍ-LOS. A POSSÍVEL IMPROBIDADE ADMINISTRATIVA

1 A obrigatoriedade do Plano Municipal de Gestão Integrada de Resíduos Sólidos

A *Lei Federal nº 12.305, de 2 de agosto de 2010*, que "institui a Política Nacional de Resíduos Sólidos; altera a Lei nº 9.605, de 12 de fevereiro de 1998; e dá outras providências", estabeleceu, em seu art. 18, a obrigação dos Municípios brasileiros instituírem o Plano Municipal de Gestão Integrada de Resíduos Sólidos.

O prazo para apresentação do Plano encerrou em 2 de agosto de 2012, conforme art. 55, da Lei nº 12.305/10.

É certo que os Municípios que preferirem podem inserir o plano municipal de gestão integrada de resíduos sólidos no plano de saneamento básico previsto no art. 19, da Lei Federal nº 11.445, de 2007, respeitado o conteúdo mínimo previsto exigido para o primeiro plano, conforme reza o art. 19, §1º, da Lei nº 12.305/10. Nesse caso, o prazo foi prorrogado mais uma vez, e vencerá somente em 31 de dezembro de 2022.

Ocorre que mesmo após uma década da edição da lei federal que determinou a exigência do relevante instrumento de defesa do meio ambiente, tem-se que considerável parcela dos Municípios – estima-se que metade deles – ainda não instituiu o Plano Municipal.

2 Conceitos de resíduos sólidos e de rejeitos

Segue a definição de *"resíduos sólidos*: material, substância, objeto ou bem descartado resultante de atividades humanas em sociedade, a cuja destinação final se procede, se propõe proceder ou se está obrigado a proceder, nos estados sólido ou semissólido, bem como gases contidos em recipientes e líquidos cujas particularidades tornem inviável o seu lançamento na rede pública de esgotos ou em corpos d'água, ou exijam para isso soluções técnica ou economicamente inviáveis em face da melhor tecnologia disponível;" conforme reza a Lei nº 12.305/10, em seu art. 3º.

E *"rejeitos*: resíduos sólidos que, depois de esgotadas todas as possibilidades de tratamento e recuperação por processos tecnológicos disponíveis e economicamente viáveis, não apresentem outra possibilidade que não a disposição final ambientalmente adequada;" conforme consta do mesmo dispositivo legal.

Tem-se, portanto, que os *resíduos* são sobras, restos, tudo aquilo que resta, que é remanescente da cadeia produtiva, mas que ainda pode sofrer processo de tratamento e recuperação para reutilização, enquanto os *rejeitos* são os resíduos sólidos que já sofreram processo de tratamento e não apresentam outra alternativa a não ser a disposição final em aterros sanitários instalados na forma da Política Nacional dos Resíduos Sólidos.

3 A Classificação de resíduos sólidos

O art. 13 da Lei nº 12.305/10 classifica os resíduos sólidos *quanto à origem* em: a) resíduos domiciliares; b) resíduos de limpeza urbana; c) resíduos sólidos urbanos; d) resíduos de estabelecimentos comerciais e prestadores de serviços; e) resíduos dos serviços públicos de saneamento básico; f) resíduos industriais; g) resíduos de serviços de saúde; h) resíduos da construção civil; i) resíduos agrossilvopastoris; j) resíduos de serviços de transportes, e k) resíduos de mineração.

E, *quanto à periculosidade*, o art. 13 da Lei classifica os resíduos em *perigosos* ("aqueles que, em razão de suas características de infla-mabilidade, corrosividade, reatividade, toxicidade, patogenicidade, carcinogenicidade, teratogenicidade e mutagenicidade, apresentam significativo risco à saúde pública ou à qualidade ambiental, de acordo com lei, regulamento ou norma técnica") e *não perigosos* (aqueles que não se enquadram na definição dos perigosos).

Os *resíduos perigosos* merecem tratamento especial dado pelos arts. 37 a 41 da Lei nº 12.305/10, com exigências especiais às pessoas jurídicas que operam com resíduos perigosos, como a exigência de inscrição no Cadastro Nacional de Operadores de Resíduos Perigosos e responsável técnico habilitado em seu quadro de funcionários.

4 As formas de disposição e destinação e, dentre elas, as admitidas pela Lei Federal nº 12.305/10

As formas de disposição de rejeitos e de destinação de resíduos sólidos existentes são as seguintes:

a) Os *lixões* constituem a forma mais antiga, precária, perniciosa e abominável de disposição de resíduos sólidos, porque são instituídos sem qualquer estudo, preocupação ou precaução. Os lixões são capazes de atingir o lençol freático e os cursos d'água. Além disso, são causadores de poluição do solo e da água sob a superfície e de destruição da vegetação. Causam, ainda, mau cheiro e apodrecimento, atraindo, com isso, moscas, baratas e ratos, entre outros animais peçonhentos; e são responsáveis pela desvalorização de imóveis que os circundam. E pior: os lixões são causadores de doenças como a cólera, infecções e verminoses.

Reza o art. 15, da Lei Federal nº 12.30510, inc. V, que "art. 15. A União elaborará, sob a coordenação do Ministério do Meio Ambiente, o Plano Nacional de Resíduos Sólidos, com vigência por prazo indeterminado e horizonte de 20 (vinte) anos, a ser atualizado a cada 4 (quatro) anos, tendo como conteúdo mínimo: (...) V – metas para a eliminação e recuperação de lixões, associadas à inclusão social e à emancipação econômica de catadores de materiais reutilizáveis e recicláveis", disposição que evidencia a preocupação da lei com a erradicação dos lixões e o incentivo à reciclagem e a reutilização de resíduos. Tal previsão existe também para os Planos Estaduais de Resíduos Sólidos (art. 17, V, da Lei nº 12.305/10).

E, ainda, o art. 47, inc. II, da Lei nº 12.305/10 proíbe o lançamento de resíduos *in natura* a céu aberto, sendo excetuados os resíduos de mineração.

b) Os *incineradores* são responsáveis pela queima de resíduos, que são colocados em câmaras de combustão, em procedimento custoso, e que exigem tecnologia avançada. Os incineradores devem ser instituídos de forma cuidadosa, cautelosa, e amplamente controlada pelo Poder Público, porque emitem dioxinas causadoras de câncer e também outros graves danos à saúde humana. Por outro lado, os incineradores apresentam a vantagem de possibilitarem que o volume dos resíduos sólidos seja diminuído em aproximadamente vinte e cinco por cento. Além disso, os incineradores neutralizam a ação de bactérias através do processo de combustão.

O art. 47, III, da Lei nº 12.305/10 proíbe a queima a céu aberto ou em recipientes, instalações e equipamentos não licenciados para essa finalidade, sendo que o §1º do art. 47 contém exceção quando decretada a emergência sanitária, hipótese em que a queima de resíduos a céu aberto pode ser realizada desde que previamente autorizada e devidamente acompanhada pelos órgãos competentes.

c) As *usinas de compostagem* trabalham com material orgânico, do qual é produzido um composto, para ser utilizado como adubo ou fertilizante de solo. São os resíduos domésticos, os provenientes de feiras, de supermercados e de restaurantes que podem ser utilizados nas usinas de compostagem.

É imperioso ressaltar que as usinas de compostagem exalam um desagradável odor e por isso sua instalação deve ser evitada em centros urbanos. Por outro lado, a compostagem contribui significativamente para a redução do volume dos resíduos sólidos, porque os transforma em vez de simplesmente depositá-los em algum local, lembrando sempre que alguns resíduos demoram muitos anos para serem decompostos naturalmente, e esta é a grande preocupação dos ambientalistas, e também da Lei Federal nº 12.305/10.

Com todo efeito, o art. 3º, VII, da Lei nº 12.305/10 prevê como formas de *destinação final de resíduos sólidos ambientalmente adequada* a reciclagem, a compostagem, a reutilização e a recuperação de resíduos.

Reza o art. 36, V, da Lei nº 12.305/10 que: "No âmbito da responsabilidade compartilhada pelo ciclo de vida dos produtos, cabe ao titular dos serviços públicos de limpeza urbana e de manejo de resíduos sólidos, observado, se houver, o plano municipal de gestão integrada de resíduos sólidos: (...) V – implantar sistema de compostagem para resíduos sólidos orgânicos e articular com os agentes econômicos e sociais formas de utilização do composto produzido".

d) Os *aterros sanitários*, que não podem, de forma alguma, ser confundidos com lixões, são instituídos após um estudo prévio de impacto ambiental e com imposição de posturas técnicas a serem seguidas, na forma da Lei Federal nº 12.305/10.

Os aterros dependem de uma área extensa para serem instalados, na qual o solo é preparado com mantas especiais para não atingir o lençol freático. Ao contrário dos lixões, nos aterros não se verifica a contaminação por chorume – líquido mal cheiroso proveniente da decomposição de matéria orgânica –, que é canalizado para ser tratado. Além disso, os aterros possuem válvula de escape de gases, para que não causem contaminação no local onde estiverem localizados.

Com todo efeito, os aterros constituem locais onde os resíduos são depositados e confinados, sem causar maiores danos ao meio ambiente, porque nesses locais os resíduos são comprimidos por máquinas, que diminuem seu volume, e após, com um trator, os resíduos são empurrados, espalhados e amassados sobre o solo, o que se chama de compactação; por fim, os resíduos são cobertos por uma camada de areia ou argila, que minimiza os odores, e também a proliferação de insetos.

A *disposição final ambientalmente adequada* é a distribuição ordenada de rejeitos em aterros, conforme reza o inc. VIII, do art. 3º, da Lei Federal nº 12.305/10, que deve ser implantada em até 4 (quatro) anos após a data de publicação desta Lei, nos termos do art. 54, também da Lei nº 12.305/10.

e) E, por fim, a *reciclagem,* também denominada *reaproveitamento indireto,* consiste em reaproveitar os resíduos e tem princípio a partir da coleta seletiva de resíduos. Essa forma de destinação de resíduos propicia a economia de recursos naturais e aumenta a vida útil dos aterros sanitários, em razão do menor número de resíduos que são ali depositados. Em nosso país, ainda nos dias de hoje, lamentavelmente, uma parcela mínima de resíduos sólidos é coletada seletivamente e destinada à reciclagem. A reciclagem tem como objetivo reduzir a quantidade de lixo e também reciclar e reutilizar bens para evitar desperdício.

A Lei nº 12.305/10 é pródiga em disposições acerca da reciclagem de resíduos, de coleta seletiva, e de reutilização de resíduos, prevendo, inclusive, tais formas como de *destinação final ambientalmente adequada* (art. 3º, VII) e como princípio da Política Nacional de Resíduos Sólidos (art. 6º, VIII), dentre outras disposições já citadas.

5 O crime de poluição por resíduos sólidos

Reza o art. 51, da Lei Federal nº 12.305/10, que:

> Art. 51. Sem prejuízo da obrigação de, independentemente da existência de culpa, reparar os danos causados, a ação ou omissão das pessoas físicas ou jurídicas que importe inobservância aos preceitos desta Lei ou de seu regulamento sujeita os infratores às sanções previstas em lei, em especial às fixadas na *Lei no 9.605, de 12 de fevereiro de 1998,* que

"dispõe sobre as sanções penais e administrativas derivadas de condutas e atividades lesivas ao meio ambiente, e dá outras providências", e em seu regulamento.

O dispositivo fixa a *responsabilidade objetiva* aos causadores de danos ao meio ambiente por inobservância dos preceitos da Lei nº 12.305/10, que devem reparar civilmente os danos causados e, ainda, sofrerão as sanções previstas na Lei Federal nº 9.605/98, conforme consta do dispositivo.

Em seguida, preceitua o art. 52 da Lei nº 12.305/10:

> Art. 52. A observância do disposto no *caput* do art. 23 e no §2o do art. 39 desta Lei é considerada obrigação de relevante interesse ambiental para efeitos do *art. 68 da Lei nº 9.605, de 1998*, sem prejuízo da aplicação de outras sanções cabíveis nas esferas penal e administrativa.

E o art. 68 da Lei nº 9.605/98 reza que comete crime aquele agente que, tendo dever legal ou contratual, deixar de cumprir obrigação de relevante interesse ambiental.

Pratica o crime somente aquele que *deixar*, que é o mesmo que não fazer, é abster-se de algo. O crime é praticado somente por aquele que *tiver o dever legal ou contratual de fazê-lo* e, assim, se o agente não tiver que *cumprir obrigação de relevante interesse ambiental,* o crime não restará configurado. As expressões "dever legal ou contratual" e "obrigação de relevante interesse ambiental" constituem elementos normativos do tipo.

A pena prevista é de detenção de um a três anos e multa, e no caso de culpa é de três meses a um ano, sem prejuízo da multa.

E, por fim, o art. 53 da Lei nº 12.305/10 altera o §1º do art. 56 da Lei nº 9.605/98, para vigorar com a seguinte redação:

> Art. 56 (...)
> §1º Nas mesmas penas incorre quem:
> I – abandona os produtos ou substâncias referidos no *caput* ou os utiliza em desacordo com as normas ambientais ou de segurança;
> II – manipula, acondiciona, armazena, coleta, transporta, reutiliza, recicla ou dá destinação final a resíduos perigosos de forma diversa da estabelecida em lei ou regulamento.

A pena prevista no *caput* é de reclusão de um a quatro anos e multa.

Os produtos ou substâncias referidas no *caput* são as tóxicas, perigosas ou nocivas à saúde humana ou ao meio ambiente.

Comete crime, portanto:

a) quem abandona os produtos ou substâncias tóxicas, perigosas ou nocivas à saúde, ou os utiliza em desacordo com as normas ambientais ou de segurança; ou
b) quem manipula, acondiciona, armazena, coleta, transporta, reutiliza, recicla ou dá destinação final a resíduos perigosos de forma diversa da estabelecida em lei ou regulamento.

A previsão deste dispositivo legal satisfez um desejo nosso já externado na obra *A Lei dos Crimes Ambientais comentada artigo por artigo*, da editora Fórum, BH, 2008, p. 156/157, onde se lê:

> Nossa posição, por fim, é no sentido de que o dispositivo em foco poderia ser ainda mais abrangente – já é *tipo penal de ação múltipla*, e, portanto, poderia ser ainda mais completo, e encerrar outras hipóteses – para dispor, também, sobre o descarte, a coleta, a reutilização, a reciclagem, o tratamento, e a disposição final de substâncias ou resíduos tóxicos, ou potencialmente perigosos, ou, ainda, nocivos à saúde humana ou ao meio ambiente. (grifos originais)

E, agora, finalmente tal situação foi contemplada pela lei federal.

6 Os planos municipais de gestão integrada de resíduos sólidos

A elaboração dos planos municipais de gestão integrada de resíduos sólidos constitui obrigação imposta aos Municípios brasileiros pela Lei Federal nº 12.305, de 2 de agosto de 2010, que é a Lei da Política Nacional de Resíduos Sólidos, através de seu art. 18.

O Plano é um diagnóstico da situação dos resíduos do Município, acompanhado de estudos com metas e objetivos a serem alcançados.

Ocorre, todavia, que inúmeros Municípios ainda não instituíram tal referido Plano – estima-se que metade dos Municípios brasileiros –, tampouco adotaram as medidas necessárias à total consecução e implementação desse relevante instrumento de proteção e conservação ambiental.

E, diante de tal inércia, o egrégio Ministério Público, e também os e. Tribunais de Contas dos Estados, com toda razão neste episódio, têm cobrado medidas e a adoção de providências das autoridades municipais, tudo isso com o fito de instituir o plano municipal de gestão de resíduos sólidos dentro do prazo legal.

O conteúdo mínimo do plano municipal consta do art. 19 da Lei nº 12.305/10 e é o seguinte:

I – diagnóstico da situação dos resíduos sólidos gerados no respectivo território, contendo a origem, o volume, a caracterização dos resíduos e as formas de destinação e disposição final adotadas;

II – identificação de áreas favoráveis para disposição final ambientalmente adequada de rejeitos, observado o plano diretor de que trata o §1º do art. 182 da Constituição Federal e o zoneamento ambiental, se houver;

III – identificação das possibilidades de implantação de soluções consorciadas ou compartilhadas com outros Municípios, considerando, nos critérios de economia de escala, a proximidade dos locais estabelecidos e as formas de prevenção dos riscos ambientais;

IV – identificação dos resíduos sólidos e dos geradores sujeitos a plano de gerenciamento específico nos termos do art. 20 ou a sistema de logística reversa na forma do art. 33, observadas as disposições desta Lei e de seu regulamento, bem como as normas estabelecidas pelos órgãos do Sisnama e do SNVS;

V – procedimentos operacionais e especificações mínimas a serem adotados nos serviços públicos de limpeza urbana e de manejo de resíduos sólidos, incluída a disposição final ambientalmente adequada dos rejeitos e observada a Lei nº 11.445, de 2007;

VI – indicadores de desempenho operacional e ambiental dos serviços públicos de limpeza urbana e de manejo de resíduos sólidos;

VII – regras para o transporte e outras etapas do gerenciamento de resíduos sólidos de que trata o art. 20, observadas as normas estabelecidas pelos órgãos do Sisnama e do SNVS e demais disposições pertinentes da legislação federal e estadual;

VIII – definição das responsabilidades quanto à sua implementação e operacionalização, incluídas as etapas do plano de gerenciamento de resíduos sólidos a que se refere o art. 20 a cargo do poder público;

IX – programas e ações de capacitação técnica voltados para sua implementação e operacionalização;

X – programas e ações de educação ambiental que promovam a não geração, a redução, a reutilização e a reciclagem de resíduos sólidos;

XI – programas e ações para a participação dos grupos interessados, em especial das cooperativas ou outras formas de associação de catadores de materiais reutilizáveis e recicláveis formadas por pessoas físicas de baixa renda, se houver;

XII – mecanismos para a criação de fontes de negócios, emprego e renda, mediante a valorização dos resíduos sólidos;

CAPÍTULO 23
OS PLANOS MUNICIPAIS DE GESTÃO INTEGRADA DE RESÍDUOS SÓLIDOS E A INSISTENTE OMISSÃO DOS MUNICÍPIOS... | 245

XIII – sistema de cálculo dos custos da prestação dos serviços públicos de limpeza urbana e de manejo de resíduos sólidos, bem como a forma de cobrança desses serviços, observada a Lei nº 11.445, de 2007;
XIV – metas de redução, reutilização, coleta seletiva e reciclagem, entre outras, com vistas a reduzir a quantidade de rejeitos encaminhados para disposição final ambientalmente adequada;
XV – descrição das formas e dos limites da participação do poder público local na coleta seletiva e na logística reversa, respeitado o disposto no art. 33, e de outras ações relativas à responsabilidade compartilhada pelo ciclo de vida dos produtos;
XVI – meios a serem utilizados para o controle e a fiscalização, no âmbito local, da implementação e operacionalização dos planos de gerenciamento de resíduos sólidos de que trata o art. 20 e dos sistemas de logística reversa previstos no art. 33;
XVII – ações preventivas e corretivas a serem praticadas, incluindo programa de monitoramento;
XVIII – identificação dos passivos ambientais relacionados aos resíduos sólidos, incluindo áreas contaminadas, e respectivas medidas saneadoras;
XIX – periodicidade de sua revisão, observado prioritariamente o período de vigência do plano plurianual municipal.

O que se observa da leitura do dispositivo transcrito é que o plano municipal deverá ser complexo, e sua elaboração necessita de profissionais de diversas áreas de atuação, e, portanto, no nosso entendimento, o ideal é que os Municípios instituam verdadeiras *comissões multidisciplinares*, contendo profissionais de diversas áreas, como advogado, engenheiro, sanitarista, biólogo, e outros mais, para que elaborem o plano em conjunto, sendo que cada um atenderá as exigências legais dentro de sua área de atuação.

7 O conteúdo mínimo dos planos de gestão integrada de resíduos sólidos

Destaquemos aqui as exigências que devem estar contidas no plano municipal:
a) O diagnóstico da situação dos resíduos sólidos gerados no respectivo território, contendo a origem, o volume, a caracterização dos resíduos e as formas de destinação e disposição final adotadas (inc. I).
Nos termos da Lei Federal nº 12.305/10 a destinação final ambientalmente adequada é a que inclui a reutilização, a reciclagem, a compostagem, a recuperação e o aproveitamento energético ou outras

destinações admitidas pelos órgãos competentes, conforme se lê do inc. VII do art. 3º da Lei.

E, ainda, a disposição final ambientalmente adequada é a distribuição ordenada de rejeitos em *aterros*, conforme reza o inc. VIII, do art. 3º, da Lei Federal nº 12.305/10, medida que deveria ser implantada em até 4 (quatro) anos após a data de publicação desta Lei, nos termos do art. 54, também da Lei nº 12.305/10.

Ou seja, no mundo ideal da Lei nº 12.305/10 em 2 de agosto de 2014 não deveria mais haver lixão no Brasil.

b) A identificação de áreas favoráveis para disposição final ambientalmente adequada de rejeitos, observado o plano diretor de que trata o *§1o do art. 182 da Constituição Federal* e o zoneamento ambiental, se houver (inc. II).

O plano municipal de gestão integrada de resíduos sólidos deve identificar as áreas do Município que são favoráveis à disposição ambientalmente adequada de rejeitos (em aterros), sendo sempre observado o *plano diretor*, que conforme é cediço em Direito é instituído nos termos do art. 182, §1º, da Constituição Federal e do art. 40 do Estatuto da Cidade.

O plano diretor é o mais importante instrumento utilizado para viabilizar a política urbana porque é ele que conduz e norteia o ordenamento urbano e suas construções.

Segundo Celso Antônio Pacheco Fiorillo,

> O *plano diretor*, conforme clara determinação constitucional (art. 182, §1º, da Carta Magna), é o instrumento básico da política de desenvolvimento e expansão urbana no âmbito do meio ambiente artificial. A propriedade urbana cumprirá sua função social quando atender às exigências fundamentais de ordenação da cidade expressas no plano diretor (art. 182, §2º, da CF) – logo, o regime da propriedade urbana passa a ter identidade jurídica com os preceitos estabelecidos em lei pelo denominado plano diretor. Referido instrumento constitucional, apontado no Estatuto da Cidade como instrumento de planejamento municipal (art. 4º, III, *a*), tem diretrizes, conteúdo e forma descritos em lei (arts. 2º, 39 e 42 do Estatuto da Cidade) e faz parte do denominado processo de planejamento municipal, devendo o plano plurianual, as diretrizes orçamentárias e o orçamento anual – leis de iniciativa do Poder Executivo previstas no art. 165 da CF – incorporar as diretrizes e prioridades nele contidas (art. 40, §1º, do Estatuto da Cidade).[33]

---

[33] FIORILLO, Celso Antônio Pacheco, *Estatuto da Cidade Comentado*. 2. ed. São Paulo: Revista dos Tribunais, 2005, p. 108/109.

A elaboração do plano diretor é de competência do Executivo Municipal, por intermédio dos órgãos de planejamento da Prefeitura, e deve sempre ser aprovado por lei. São objetivos do plano diretor, dentre outros: promover a ordenação dos espaços habitáveis; ordenar a construção de casas populares; o saneamento básico; o zoneamento urbano; o arruamento; os loteamentos; os desmembramentos; e a construção de via expressa.

E, nesse diapasão, a identificação de áreas favoráveis para disposição final ambientalmente adequada de rejeitos deve observar o contido e disposto no plano diretor, que, repita-se, é o instrumento que conduz e norteia o ordenamento urbano municipal.

c) A identificação das possibilidades de implantação de soluções consorciadas ou compartilhadas com outros Municípios, considerando, nos critérios de economia de escala, a proximidade dos locais estabelecidos e as formas de prevenção dos riscos ambientais (inc. III).

O plano municipal de gestão integrada de resíduos sólidos deve identificar todas as possibilidades de implantação de soluções consorciadas ou compartilhadas com outros Municípios, sendo que de acordo com o §1º, do art. 18, da Lei nº 12.305/10 os Municípios que optarem por soluções consorciadas intermunicipais para a gestão de resíduos sólidos têm prioridade no acesso aos recursos da União. Tais consórcios referidos são realizados nos termos da Lei Federal nº 11.107, de 2005.

d) A identificação dos resíduos sólidos e dos geradores sujeitos a plano de gerenciamento específico nos termos do art. 20 ou a sistema de logística reversa na forma do art. 33, observadas as disposições desta Lei e de seu regulamento, bem como as normas estabelecidas pelos órgãos do Sisnama e do SNVS (inc. IV).

Nos termos do art. 20 da Lei nº 12.305/10 estão sujeitos à elaboração de *plano de gerenciamento de resíduos sólidos:*

I – Os geradores de resíduos sólidos previstos na alínea "e" (resíduos dos serviços públicos de saneamento básico: os gerados nessas atividades, excetuados os referidos na alínea "c"), que, por sua vez, referem-se aos resíduos sólidos urbanos: os englobados nas alíneas "a" e "b"; na alínea "f" (resíduos industriais: os gerados nos processos produtivos e instalações industriais); na alínea g" (resíduos de serviços de saúde: os gerados nos serviços de saúde, conforme definido em regulamento ou em normas estabelecidas pelos órgãos do Sisnama e do SNVS) e na alínea "k" (resíduos de mineração: os gerados na atividade de pesquisa, extração ou beneficiamento de minérios), todos do inciso I, do art. 13, da Lei Federal nº 12.305/10.

II – os estabelecimentos comerciais e de prestação de serviços que: a) gerem resíduos perigosos; b) gerem resíduos que, mesmo caracterizados como não perigosos, por sua natureza, composição ou volume, não sejam equiparados aos resíduos domiciliares pelo Poder Público municipal. Os resíduos *perigosos* são "aqueles que, em razão de suas características de inflamabilidade, corrosividade, reatividade, toxicidade, patogenicidade, carcinogenicidade, teratogenicidade e mutagenicidade, apresentam significativo risco à saúde pública ou à qualidade ambiental, de acordo com lei, regulamento ou norma técnica", nos termos da al. "a", do inc. II, do art. 13, da Lei nº 12.305/10. E, ainda, os *resíduos perigosos* merecem tratamento especial dado pelos arts. 37 a 41, da Lei nº 12.305/10, com exigências especiais às pessoas jurídicas que operam com resíduos perigosos, como a exigência de inscrição no Cadastro Nacional de Operadores de Resíduos Perigosos e responsável técnico habilitado em seu quadro de funcionários.

III – as empresas de construção civil, nos termos do regulamento ou de normas estabelecidas pelos órgãos do Sisnama.

IV – os responsáveis pelos terminais e outras instalações referidas na alínea "j" (resíduos de serviços de transportes: os originários de portos, aeroportos, terminais alfandegários, rodoviários e ferroviários e passagens de fronteira), do inc. I, do art. 13, da Lei nº 12.305/10, e, nos termos do regulamento ou de normas estabelecidas pelos órgãos do Sisnama e, se couber, do SNVS, as empresas de transporte.

V – os responsáveis por atividades agrossilvopastoris, se exigido pelo órgão competente do Sisnama, do SNVS ou do Suasa.

Quanto à *logística reversa* disciplinada pelo Decreto Federal nº 7.404, de 23 de dezembro de 2010, que "Regulamenta a Lei nº 12.305, de 2 de agosto de 2010, que institui a Política Nacional de Resíduos Sólidos, cria o Comitê Interministerial da Política Nacional de Resíduos Sólidos e o Comitê Orientador para a Implantação dos Sistemas de Logística Reversa, e dá outras providências".

O art. 6º, do Decreto nº 7.404/10, disciplina que os consumidores são obrigados a acondicionar adequadamente e de forma diferenciada os resíduos sólidos, separando os reutilizáveis e recicláveis para coleta ou devolução, sempre que estabelecido *sistema de coleta seletiva no plano municipal*, ou quando instituídos *sistemas de logística reversa*.

A *logística reversa*, nos termos do art. 13, do Decreto nº 7.404/10, é o instrumento de desenvolvimento econômico e social caracterizado pelo conjunto de ações, procedimentos e meios destinados a viabilizar a coleta e a restituição dos resíduos sólidos ao setor empresarial, para reaproveitamento, em seu ciclo ou em outros ciclos produtivos, ou outra destinação final ambientalmente adequada.

Em outras palavras, logística reversa é o fluxo físico, é o deslocamento físico do resíduo reciclável ou reutilizável, partindo do ponto de consumo até o local de origem do produto (o fabricante). É o ciclo inverso ao em geral estabelecido pelo consumo. Os produtos retornam ao fabricante em geral como matéria-prima a ser reaproveitada. Um clássico exemplo de logística reversa é o retorno dos vasilhames aos fabricantes de bebidas.

e) Os procedimentos operacionais e especificações mínimas a serem adotados nos serviços públicos de limpeza urbana e de manejo de resíduos sólidos, incluída a disposição final ambientalmente adequada dos rejeitos e observada a *Lei nº 11.445, de 2007* (inc. V).

A Lei Federal nº 11.445, de 5 de janeiro de 2007, estabelece diretrizes nacionais para o saneamento básico; altera as Leis nºs 6.766, de 19 de dezembro de 1979, 8.036, de 11 de maio de 1990, 8.666, de 21 de junho de 1993, e 8.987, de 13 de fevereiro de 1995; revoga a Lei nº 6.528, de 11 de maio de 1978; e dá outras providências, e precisa ser aplicada em conjunto com a Lei nº 12.305/10.

Os procedimentos operacionais e especificações mínimas a serem adotados nos serviços públicos de limpeza urbana e de manejo de resíduos deve obrigatoriamente constar do plano municipal de gestão integrada de resíduos sólidos, assim como a disposição final ambientalmente adequada, que é a disposição dos rejeitos em *aterros*, conforme reza o inc. VIII, do art. 3º, da Lei Federal nº 12.305/10, medida que deveria ser implantada em até 4 (quatro) anos após a data de publicação da Lei, nos termos do art. 54, também da Lei nº 12.305/10.

f) indicadores de desempenho operacional e ambiental dos serviços públicos de limpeza urbana e de manejo de resíduos sólidos (inc. VI).

Os indicadores de desempenho operacional e ambiental dos serviços públicos de limpeza urbana e manejo de resíduos sólidos devem constar do plano municipal de gestão integrada de resíduos sólidos, e, por exemplo, alguns dos indicadores que podem ser adotados são os seguintes: a) dados econômicos; b) dados sociais; c) dados de atividades humanas; d) dados socioeconômicos; e) dados da situação dos recursos naturais; f) dados sobre o uso dos recursos naturais; g) dados sobre eventos e processos naturais; h) dados de impacto sobre a saúde.

g) regras para o transporte e outras etapas do gerenciamento de resíduos sólidos de que trata o art. 20, observadas as normas estabelecidas pelos órgãos do Sisnama e do SNVS e demais disposições pertinentes da legislação federal e estadual (inc. VII).

As regras para o transporte e outras etapas do gerenciamento de resíduos sólidos – conjunto de ações exercidas, direta ou indiretamente, nas etapas de coleta, transporte, transbordo, tratamento e destinação final ambientalmente adequada dos resíduos sólidos e disposição final ambientalmente adequada dos rejeitos, de acordo com plano municipal de gestão integrada de resíduos sólidos ou com plano de gerenciamento de resíduos sólidos, exigidos na forma desta Lei, conforme se lê do inc. X, do art. 3º, da Lei Federal nº 12.305/10 – devem obrigatoriamente constar do plano municipal de gestão integrada de resíduos sólidos.

h) definição das responsabilidades quanto à sua implementação e operacionalização, incluídas as etapas do plano de gerenciamento de resíduos sólidos a que se refere o art. 20 a cargo do Poder Público (inc. VIII).

A lei exige que o próprio plano municipal de gestão integrada de resíduos sólidos defina todas as responsabilidades relativas à sua implementação e operacionalização.

E, ainda, na definição de responsabilidades na forma do inciso VIII do *caput* deste artigo, é vedado atribuir ao serviço público de limpeza urbana e de manejo de resíduos sólidos a realização de etapas do gerenciamento dos resíduos a que se refere o art. 20 em desacordo com a respectiva licença ambiental ou com normas estabelecidas pelos órgãos do Sisnama e, se couber, do SNVS, conforme se lê do §5º, do art. 19, da Lei nº 12.305/10.

i) programas e ações de capacitação técnica voltados para sua implementação e operacionalização (inc. IX).

A capacitação técnica na área de resíduos sólidos é um dos objetivos da Política Nacional de Resíduos Sólidos, conforme previsto no inc. IX, do art. 7º, da Lei nº 12.305/10.

E, nos termos da lei, todos os programas e ações de capacitação técnica voltados para sua implementação e operacionalização devem estar previstos e definidos no plano municipal de gestão integrada de resíduos sólidos.

j) programas e ações de educação ambiental que promovam a não geração, a redução, a reutilização e a reciclagem de resíduos sólidos (inc. X).

O princípio da *informação* ou da *educação ambiental* é um dos mais antigos e mais importantes princípios de Direito Ambiental. Ele já constava da Carta de Belgrado, escrita em 1975, por vinte especialistas em educação ambiental, e que dizia que a meta da educação ambiental é desenvolver um cidadão consciente sobre o meio ambiente. Após, o princípio também foi abordado pelo Princípio 19 da Declaração de Estocolmo sobre o Meio Ambiente, em 1972.

A nossa Carta também reza sobre o princípio da educação ambiental, em seu art. 225, §1º, inc. VI:

> Art. 225 (...)
>
> §1º Para assegurar a efetividade desse direito, incumbe ao Poder Público: (...)
>
> VI – promover a educação ambiental em todos os níveis de ensino e a conscientização pública para a preservação do meio ambiente.

A educação ambiental, portanto, é uma obrigação imposta ao Poder Público, e também um direito da sociedade, por imperativo constitucional.

De relevância é a Lei Federal nº 9.795, de 27 de abril de 1999, que "dispõe sobre a educação ambiental, institui a Política Nacional de Educação Ambiental e dá outras providências".

E no caso do plano municipal de gestão integrada de resíduos sólidos a educação ambiental visa a não geração, a redução, a reutilização e a reciclagem de resíduos sólidos, sendo que a Lei nº 12.305/10 aborda de forma detida a reciclagem de resíduos e a coleta seletiva, que são necessários ao desenvolvimento sustentável, ao consumo sustentável e à preservação do meio ambiente para as presentes e futuras gerações, nos termos do art. 225 da Constituição Federal.

Com todo efeito, a reciclagem de resíduos é a grande preocupação e tema constante da lei, encontrado em diversos artigos (art. 9º; art. 15, III; art. 16, §3º; art. 17, III, e §3º; art. 18, §1º, II; art. 19, X, XIV, e XV; art. 31, VI; art. 30, V; art. 31, I, "a", e II; art. 32, *caput* e §1º, III; art. 35, *caput* e parágrafo único; art. 36, II; art. 42, V, e art. 44, I), constando, inclusive, como princípio (art. 6º, VIII) e também como instrumento (art. 8º, III, e IV) da Política Nacional de Resíduos Sólidos.

k) programas e ações para a participação dos grupos interessados, em especial das cooperativas ou outras formas de associação de catadores de materiais reutilizáveis e recicláveis formadas por pessoas físicas de baixa renda, se houver (inc. XI):

A Lei nº 12.305/10 e também o Decreto nº 7.404/10 incentivam a participação de cooperativas e de associações de catadores na coleta de materiais reutilizáveis nos programas e ações da política de resíduos sólidos.

É o que se lê, a título de exemplo, do art. 11 do Decreto nº 7.404/10, ao rezar que "O sistema de coleta seletiva de resíduos sólidos priorizará a participação de cooperativas ou de outras formas de associação de catadores de materiais reutilizáveis e recicláveis constituídas por pessoas físicas de baixa renda".

E, ainda, a Lei nº 12.305/10, art. 36, §2º, c/c a Lei nº 8.666/93, art. 24, inc. XXVII preveem hipóteses de *dispensa de licitação* na contratação de cooperativas e de catadores de materiais recicláveis, em patente, indiscutível e necessário incentivo a tais categorias.

Com efeito, reza o art. 36, §2º, da Lei nº 12.305/10:

> Art. 36. (...)
> §1º Para o cumprimento do disposto nos incisos I a IV do *caput*, o titular dos serviços públicos de limpeza urbana e de manejo de resíduos sólidos priorizará a organização e o funcionamento de cooperativas ou de outras formas de associação de catadores de materiais reutilizáveis e recicláveis formadas por pessoas físicas de baixa renda, bem como sua contratação.
> §2º A contratação prevista no §1º é dispensável de licitação, nos termos do *inciso XXVII do art. 24 da Lei nº 8.666, de 21 de junho de 1993.*

E reza, a seu turno, o art. 24, inc. XXVII, da Lei nº 8.666/93, com a redação que lhe foi dada pela Lei nº 11.445, de 2007:

> Art. 24 (...)
> XXVII – na contratação da coleta, processamento e comercialização de resíduos sólidos urbanos recicláveis ou reutilizáveis, em áreas com sistema de coleta seletiva de lixo, efetuados por associações ou cooperativas formadas exclusivamente por pessoas físicas de baixa renda reconhecidas pelo poder público como catadores de materiais recicláveis, com o uso de equipamentos compatíveis com as normas técnicas, ambientais e de saúde pública.

Em nosso entendimento, as cooperativas podem ser singelamente conceituadas como sociedades de pessoas que visam objetivo comum, sem fins lucrativos, e que realizam atividades econômicas que, porém, não se referem a operações de comércio, porque não objetivam lucro, mas, sim, a consecução de interesses comuns de seus sócios, e são essas sociedades de pessoas que podem ser contratadas diretamente pelo Poder Público, sem a necessidade de realização de licitação para a realização dos serviços previstos pela Política Nacional de Resíduos Sólidos.

Sobre o tema das cooperativas e sua participação em licitação, leia-se o artigo A participação das cooperativas em licitações. O direito de preferência previsto pela Lei Federal nº 11.488, de 15 de junho de 2007, publicado na Revista Fórum de Contratação e Gestão Pública, ago. 07, p. 26; IOB de Direito Administrativo, set. 07, p. 7; Governet – Boletim de Licitações e Contratos, set. 07, p. 812; JAM – Jurídica de Administração Pública e Administração Municipal, ago. 07, p. 17 (1ª parte), e set. 07, p. 26 (2ª parte); Revista Zênite de Licitações e Contratos, out. 07, p. 1.006; Revista Ibero-Americana de Direito Público, nº XXV, p. 68; Boletim de Administração Pública Municipal, ed. Fiorilli, nov. 07, assunto 96.

E, por fim, os Municípios que implantarem a coleta seletiva com a participação de cooperativas ou outras formas de associação de catadores de materiais reutilizáveis ou recicláveis formadas por pessoas físicas de baixa renda têm prioridade no acesso aos recursos da União, nos termos do art. 18, inc. II, da Lei Federal nº 12.305/10.

l) mecanismos para a criação de fontes de negócios, emprego e renda, mediante a valorização dos resíduos sólidos (inc. XII).

A Lei Federal nº 12.305/10 incentiva o desenvolvimento sustentável, o consumo sustentável e a preservação do meio ambiente para as presentes e futuras gerações, nos termos do art. 225 da Constituição Federal.

É sabido que o volume de resíduos sólidos produzidos pelos grandes centros urbanos é tão relevante e significativo que tem sido considerado um dos maiores responsáveis pela poluição ambiental mundial.

O grande volume de lixo urbano é uma verdadeira praga que deve ser controlada imediatamente, através dos meios jurídicos aplicáveis, sobretudo os previstos pela Lei Federal nº 12.305/10, com grande destaque para a reciclagem de resíduos nos termos previstos pela citada lei federal.

Os resíduos sólidos precisam ser reaproveitados, reciclados e reutilizados, conforme se lê do texto legal em análise.

E, nesse diapasão, a lei federal em comento incentiva a criação de mecanismos para a criação de fontes de negócios, emprego e renda, mediante a valorização dos resíduos sólidos.

E repita-se à exaustão que a Lei nº 12.305/10 e também o Decreto nº 7.404/10 incentivam a participação de cooperativas e de associações de catadores na coleta de materiais reutilizáveis nos programas e ações da política de resíduos sólidos.

m) sistema de cálculo dos custos da prestação dos serviços públicos de limpeza urbana e de manejo de resíduos sólidos, bem como a forma de cobrança desses serviços, observada a Lei nº 11.445, de 2007 (inc. XIII).

E prevê a Lei Federal nº 11.445/07, em seu art. 35, que:

Art. 35 As taxas ou tarifas decorrentes da prestação de serviço público de limpeza urbana e de manejo de resíduos sólidos urbanos devem levar em conta a adequada destinação dos resíduos coletados e poderão considerar:

I – o nível de renda da população da área atendida;

II – as características dos lotes urbanos e as áreas que podem ser neles edificadas;

III – o peso ou o volume médio coletado por habitante ou por domicílio.

A forma de cobrança eleita pela Administração – que poderá ser mediante *taxa ou tarifa*, sendo, ainda, obedecidos os critérios transcritos do art. 35 da Lei nº 11.445/07 – deverá obrigatoriamente constar do plano municipal de gestão integrada de resíduos sólidos, sob pena de eventual afronta à Lei de Responsabilidade Fiscal, por renúncia de receita.

O art. 145, inc. II, da Constituição Federal reza que as *taxas* são devidas em razão do exercício do poder de polícia *ou* pela utilização efetiva ou potencial de serviços públicos específicos e divisíveis, prestados ao contribuinte ou postos à sua disposição.

Ensina Carlos Valder do Nascimento que

> As taxas de competência comum da União, Estados e Municípios têm, segundo o Código Tributário Nacional, como fato gerador o fato imponível, o exercício regular do poder de polícia, ou a utilização, efetiva ou potencial, de serviço público específico e divisível, prestado ao contribuinte ou posto à sua disposição.[34]

Segundo o saudoso Hely Lopes Meirelles,[35] "poder de polícia é a faculdade de que dispõe a Administração Pública para condicionar e restringir o uso e gozo de bens, atividades e direitos individuais, em benefício da coletividade ou do próprio Estado".

A taxa de resíduos sólidos, como qualquer outra taxa, é instituída em decorrência do condicionamento do uso, gozo e disposição da propriedade particular em benefício do interesse público.

A utilização efetiva ou potencial dos serviços, por sua vez, é usufruir de fato do benefício prestado ou oferecido pelo Poder Público ou tê-lo à disposição para o momento em que dele necessitar, e no caso da taxa de resíduos sólidos urbanos todos os contribuintes podem fazer

---

[34] NASCIMENTO, Carlos Valder. *Curso de Direito Tributário*. Rio de Janeiro: Forense, 1999, p. 247/248.

[35] MEIRELLES, Hely Lopes. *Direito Municipal Brasileiro*. 15. ed. São Paulo: Malheiros, 2006, p. 469.

uso do serviço posto à disposição, visto que tal serviço permanece sempre à disposição dos contribuintes, independentemente de estar sendo aproveitado ou não.

O serviço precisa também ser *específico* e isso ocorre quando é destacado em unidades autônomas de intervenção. Deve também ser *divisível*, sendo suscetível de ser utilizado separadamente por cada um dos contribuintes usuários do serviço, podendo ser cobrado de forma individualizada de cada usuário. Com efeito, o serviço divisível é aquele destacável em unidades autônomas, individualmente mensuráveis.

A jurisprudência majoritária é no sentido de que a taxa de coleta de resíduos sólidos é *constitucional*, porque atende ao disposto no art. 145, inc. II, da Carta. Nesse sentido, é o r. acórdão do e. Supremo Tribunal Federal, em Recurso Extraordinário nº 220.316-7-Minas Gerais, rel. Min. Ilmar Galvão, julgado em 12.08.1999; e também o e. Superior Tribunal de Justiça, em Recurso Especial nº 95.863/SP, j. em 07.11.1996, e publicado in *DJ* 09.12.1996; e ainda no mesmo diapasão decidiu o e. Tribunal de Justiça de Santa Catarina, em 2ª Câmara Cível Especial, AC-MS 96.007231-4 – SC, rel. Des. Nilton Macedo Machado, julgado em 26.03.1998.

Ainda no mesmo sentido, decidiu o e. STF, no Agravo Regimental em Recurso Extraordinário nº 411251 – MG, Relator Ministro Eros Grau, Segunda Turma, julgado em 04.09.2007, e mais recentemente decidiu o e. STF, no RE 602741 – DF, Ministro Celso Mello, Segunda Turma, julgado em 25.05.2010, e publicado in *Dje* 116, de 25.06.2010, ementário volume 02407-06, p. 01208.

Quanto à *tarifa* tem-se que é o preço público cobrado por serviços facultativos, e que são colocados à disposição da população, que os utiliza somente se assim desejar, diferindo, portanto, da cobrança realizada pelos serviços públicos que são obrigatórios à população.

Sobre a sensível distinção entre taxa e tarifa traz-se à colação lição do saudoso mestre Diogenes Gasparini:

> Os serviços públicos são remunerados por *taxa* ou *tarifa*. São remunerados por taxa sempre que sua utilização pelo administrado for obrigatória, não importando, neste caso, se há, ou não, efetiva utilização. Basta, portanto, que sejam postos à sua disposição (art. 145, II, da CF). Assim, os serviços de coleta de esgoto sanitário e dos de distribuição de água domiciliar, ambos de fruição compulsória, se postos à disposição dos usuários, são custeados por taxa, sejam ou não efetivamente utilizados. Nesses casos, decidiu o STJ, é irrelevante saber se são prestados diretamente pelo Poder Público ou por empresa concessionária. Assim, qualquer que seja

o prestador, a remuneração será mediante a cobrança de taxa. Por tarifa ou preço público são remunerados os serviços públicos facultativos, ou seja, os oferecidos aos utentes para que estes os utilizem *se e quando* desejarem. Mediante tarifa são custeados os serviços de telefonia, os de distribuição de energia elétrica domiciliar e tantos mais. De sorte que não pode a entidade estatal, titular do serviço, escolher para sua remuneração a taxa ou a tarifa. Aquela está adstrita aos serviços compulsórios; esta, aos facultativos (*RF*, 280:137).[36]

É forçoso concluir, portanto, que no caso dos resíduos sólidos o correto é instituir a forma de pagamento mediante a cobrança de *taxa*, uma vez que tais serviços são de fruição obrigatória e, uma vez colocados à disposição da população ensejam a necessária cobrança pela Administração.

n) metas de redução, reutilização, coleta seletiva e reciclagem, entre outras, com vistas a reduzir a quantidade de rejeitos encaminhados para disposição final ambientalmente adequada (inc. XIV).

Conforme já visto, a redução, a reutilização, a coleta seletiva e a reciclagem de resíduos são temas constantes da Lei Federal nº 12.305/10 (art. 9º; art. 15, III; art. 16, §3º; art. 17, III, e §3º; art. 18, §1º, II; art. 19, X, XIV, e XV; art. 31, VI; art. 30, V; art. 31, I, "a", e II; art. 32, *caput* e §1º, III; art. 35, *caput* e parágrafo único; art. 36, II; art. 42, V, e art. 44, I), constando, inclusive, como princípio (art. 6º, VIII) e também como instrumento (art. 8º, III, e IV) da Polícia Nacional de Resíduos Sólidos.

E, nesse diapasão, o plano municipal de gestão integrada de resíduos sólidos deve prever as metas para a redução, reutilização, coleta seletiva e reciclagem de resíduos visando reduzir a quantidade de rejeitos encaminhados para disposição final ambientalmente adequada, que, conforme visto, é a realizada em aterros sanitários.

o) descrição das formas e dos limites da participação do Poder Público local na coleta seletiva e na logística reversa, respeitado o disposto no art. 33, e de outras ações relativas à responsabilidade compartilhada pelo ciclo de vida dos produtos (inc. XV).

O plano municipal tem que definir, também, as formas e os limites da participação do Poder Público local na *coleta seletiva de resíduos*, que é necessária ao desenvolvimento sustentável, ao consumo sustentável e à preservação do meio ambiente para as presentes e futuras gerações, nos termos do art. 225 da Constituição Federal.

---

[36] GASPARINI, Diogenes. *Direito Administrativo*. 13. ed. São Paulo: Saraiva, 2008, p. 303-304.

A coleta seletiva é tema de grande preocupação do Decreto Federal nº 7.404/10.

O plano municipal deve definir, ainda, a participação do Poder Público na *logística reversa*, conforme dito anteriormente. Reza o citado art. 33 da Lei nº 12.305/10:

> Art. 33. São obrigados a estruturar e implementar sistemas de logística reversa, mediante retorno dos produtos após o uso pelo consumidor, de forma independente do serviço público de limpeza urbana e de manejo dos resíduos sólidos, os fabricantes, importadores, distribuidores e comerciantes de:
>
> I – agrotóxicos, seus resíduos e embalagens, assim como outros produtos cuja embalagem, após o uso, constitua resíduo perigoso, observadas as regras de gerenciamento de resíduos perigosos previstas em lei ou regulamento, em normas estabelecidas pelos órgãos do Sisnama, do SNVS e do Suasa, ou em normas técnicas;
>
> II – pilhas e baterias;
>
> III – pneus;
>
> IV – óleos lubrificantes, seus resíduos e embalagens;
>
> V – lâmpadas fluorescentes, de vapor de sódio e mercúrio e de luz mista;
>
> VI – produtos eletroeletrônicos e seus componentes.

E, ainda, o plano municipal precisa definir a participação do Poder Público na *responsabilidade compartilhada*, que, conforme dispõe o art. 30 da Lei nº 12.305/10:

> Art. 30. É instituída a responsabilidade compartilhada pelo ciclo de vida dos produtos, a ser implementada de forma individualizada e encadeada, abrangendo os fabricantes, importadores, distribuidores e comerciantes, os consumidores e os titulares dos serviços públicos de limpeza urbana e de manejo de resíduos sólidos, consoante as atribuições e procedimentos previstos nesta Seção.

A responsabilidade compartilhada pelo ciclo de vida dos produtos envolve cadeias produtivas, o Poder Público e toda a coletividade, todos unidos com a incumbência de destinar corretamente os resíduos, de forma a reduzir os impactos ao meio ambiente.

É de império destacar, ainda, que na responsabilidade comparti-lhada pelo ciclo de vida dos produtos é cristalina também a preocupação com a produção de embalagens, que, conforme o art. 32, da Lei nº 12.305/10, *devem ser fabricadas com materiais que propiciem a reutilização ou a reciclagem.*

p) meios a serem utilizados para o controle e a fiscalização, no âmbito local, da implementação e operacionalização dos planos de gerenciamento de resíduos sólidos de que trata o art. 20 e dos sistemas de logística reversa previstos no art. 33 (inc. XVI).

O plano municipal de gestão integrada de resíduos sólidos tem que prever também os meios que serão utilizados pelo Município para a efetiva realização do controle e da fiscalização, da implementação e da operacionalização dos planos de gerenciamento de resíduos sólidos e também dos sistemas de logística reversa, constantes, respectivamente, dos arts. 20 e 33 da Lei nº 12.305/10.

q) ações preventivas e corretivas a serem praticadas, incluindo programa de monitoramento (inc. XVII).

O plano municipal deve prever medidas e ações preventivas e corretivas (como, por exemplo, o pagamento de multa ao poluidor) a serem praticadas pelo Município, incluindo, ainda, programa de monitoramento, tudo isso visando, sobretudo, prevenir danos ambientais.

Tem-se, portanto, que dois princípios da Política Nacional de Resíduos Sólidos podem ser identificados nesse dispositivo.

São eles:

1) princípio da prevenção e da precaução – contido no art. 225, §1º, da Constituição Federal, que impõe uma série de condutas, ao Poder Público, no sentido de prevenir a ocorrência de danos ambientais.

O princípio é também verificado no art. 2º da Lei Federal nº 6.938, de 31 de agosto de 1981, que é a Lei da Política Nacional do Meio Ambiente, que cuida da preservação do meio ambiente e condutas de precaução para evitar a ocorrência de dano ambiental.

Com efeito, o dano ambiental em geral possui as características da irreparabilidade e da irreversibilidade, e, diante disso, a preocupação da lei é a de prevenir que danos ambientais sejam sequer causados.

O princípio da *prevenção*, também denominado princípio da *precaução*,[37] foi recepcionado pelo Princípio 15, da ECO 92, ao rezar que a ausência de certeza científica absoluta não deverá ser utilizada como razão para se adiar a adoção de medidas eficazes tendentes a evitar a degradação ambiental.

---

[37] Há divergência. Alguns doutrinadores entendem que os princípios da prevenção e da precaução não são similares, porque o primeiro tem como objetivo prevenir o dano ambiental a partir de uma certeza científica, enquanto no segundo não há certeza científica, mas os indícios existentes levam à conclusão que pode causar algum dano ao meio ambiente. Os efeitos de ambos os princípios são os mesmos.

2) Princípio do poluidor-pagador – que é princípio da mais absoluta relevância em matéria ambiental.

O princípio do poluidor pagador tem como primordial objetivo imputar ao poluidor o custo financeiro pela poluição que ele tiver causado ao meio ambiente, ou seja, à ação de poluir cabe sempre e invariavelmente uma devida e necessária reação, que é o custo correspondente ao dano causado.

Tal princípio está expressamente contido no Princípio 16 da Declaração do Rio de Janeiro sobre o Meio Ambiente e Desenvolvimento, de 1992.

O princípio do poluidor pagador serve de fundamento à perfeita aplicação da responsabilidade civil por dano ambiental, uma vez que o poluidor sabe perfeitamente que, se poluir, será obrigado a pagar um valor monetário – em geral de custo alto, como há de ser – pelo dano que houver praticado.

E o princípio do poluidor pagador é absolutamente compatível com o princípio da prevenção, em primeiro lugar porque todos os princípios devem ser interpretados harmonicamente e, em segundo lugar, porque o objetivo do princípio do poluidor pagador é evitar que danos sejam causados ao meio ambiente, e não quer dizer, porém, que o poluidor possa comprar a sua cota de poluição, mas, sim, e por necessária ilação, o poluidor deverá ser obrigado a ressarcir monetariamente o dano que causar ao meio ambiente.

O §3º, do art. 225, da Constituição Federal, é cristalino ao rezar que os infratores responsáveis pelas condutas e atividades lesivas ao meio ambiente são obrigados a reparar os danos causados. Está aí o princípio do poluidor pagador.

O §2º, do mesmo art. 225, da CF/88, desce à minúcia ao rezar que aquele que explora recursos minerais é obrigado a recuperar o meio ambiente degradado, de acordo com a solução técnica exigida pelo órgão competente.

O princípio do poluidor pagador está previsto também pela Lei da Política Nacional do Meio Ambiente, que é a Lei Federal nº 6.938, de 31 de agosto de 1981, art. 4º, inc. VII; e art. 14, §1º.

O art. 4º, inc. VII, da citada lei reza que ao poluidor é imposta a obrigação de recuperar ou indenizar os danos causados ao meio ambiente.

O art. 14, §1º, por sua vez, dispõe que o poluidor é obrigado, independentemente da existência de culpa, a indenizar ou reparar os danos causados ao meio ambiente, revelando aí a responsabilidade objetiva do poluidor.

Ao poluidor, portanto, cabe sempre, e invariavelmente, a obrigação de ressarcir quaisquer danos causados ao meio ambiente.

r) identificação dos passivos ambientais relacionados aos resíduos sólidos, incluindo áreas contaminadas, e respectivas medidas saneadoras (inc. XVIII).

Os passivos ambientais – são danos causados ao meio ambiente e que geram obrigações aos poluidores (em geral empresas), como investimentos que objetivam compensar o impacto ambiental causado, sendo que no caso dos resíduos sólidos o passivo ambiental refere-se ao lixo que é produzido – também precisam constar do plano municipal de gestão integrada de resíduos sólidos.

O plano municipal deve conter, também, a relação das áreas contaminadas por resíduos sólidos e as medidas saneadoras adotadas.

s) periodicidade de sua revisão, observado prioritariamente o período de vigência do plano plurianual municipal (inc. XIX).

O plano municipal de gestão integrada de resíduos sólidos deve conter, também, sua própria periodicidade, observado prioritariamente o período de vigência do plano plurianual municipal.

Ensinou Carlos Pinto Coelho Motta, em obra elaborada em conjunto com Jorge Ulisses Jacoby Fernandes,[38] que:

> Constitui-se o Plano Plurianual do estabelecimento de metas, objetivos, diretrizes, de forma regionalizada definidas a partir das despesas de capital e outras delas decorrentes. Também deve constar do Plano Plurianual a previsão de despesas dos programas de duração continuada.

E, portanto, o plano municipal de gestão integrada de resíduos sólidos precisa ser revisto periodicamente, sendo desejável que coincida com o período de vigência do plano plurianual municipal.

8 Outras considerações sobre o Plano de Gestão Integrada de Resíduos Sólidos

Conforme reza o art. 19, §1º, da Lei nº 12.305/10, o plano municipal de gestão integrada de resíduos sólidos pode estar inserido no plano de saneamento básico previsto no art. 19 da Lei nº 11.445, de 2007,

---

[38] MOTTA, Carlos Pinto Coelho; FERNANDES, Jorge Ulisses Jacoby. *Responsabilidade Fiscal.* 2. ed. Belo Horizonte: Del Rey, 2001, p. 100.

respeitado o conteúdo mínimo previsto nos incisos do *caput* e observado o disposto no §2º do mesmo art. 19.

E, ainda, para Municípios com menos de 20.000 (vinte mil) habitantes, o plano municipal de gestão integrada de resíduos sólidos terá *conteúdo simplificado*, na forma do regulamento, que é o Decreto nº 7.404/10, que "Regulamenta a Lei nº 12.305, de 2 de agosto de 2010, que institui a Política Nacional de Resíduos Sólidos, cria o Comitê Interministerial da Política Nacional de Resíduos Sólidos e o Comitê Orientador para a Implantação dos Sistemas de Logística Reversa e dá outras providências".

9 As consequências para os Municípios que não instituem o Plano

Ocorre, porém, que a omissão em instituir o Plano Municipal de Gestão Integrada de Resíduos Sólidos pode acarretar sérias consequências aos Municípios, conforme reza o art. 18, da Lei Federal nº 12.305, de 2010:

> Art. 18. A elaboração de plano municipal de gestão integrada de resíduos sólidos, nos termos previstos por esta Lei, é condição para o Distrito Federal e os Municípios terem acesso a recursos da União, ou por ela controlados, destinados a empreendimentos e serviços relacionados à limpeza urbana e ao manejo de resíduos sólidos, ou para serem beneficiados por incentivos ou financiamentos de entidades federais de crédito ou fomento para tal finalidade.

Tem-se, portanto, que os Municípios que não instituírem o Plano Municipal de Gestão Integrada de Resíduos Sólidos, ou o instituírem de forma incompleta ou incorreta, não terão acesso a recursos da União, destinados a empreendimentos e serviços de limpeza urbana e manejo de resíduos sólidos, ou para serem beneficiados por incentivos ou financiamentos de entidades federais de crédito ou fomento para tal finalidade.

Ou seja, os Municípios brasileiros que não instituírem o Plano Municipal de Gestão Integrada de Resíduos Sólidos não receberão incentivos e benefícios da União, incluídas as verbas do PAC, tampouco poderão celebrar convênio com o Governo Federal objetivando a limpeza urbana e o manejo de resíduos sólidos.

Ocorre que tal restrição é apenas uma das consequências negativas a serem impostas aos senhores Prefeitos Municipais em decorrência da omissão na elaboração e instituição do Plano Municipal de Gestão Integrada de Resíduos Sólidos.

Além disso, a não edição do Plano Municipal de Gestão Integrada de Resíduos Sólidos, ou a sua edição deficiente, pode ser considerada como ato de improbidade administrativa, por violar o princípio da legalidade, e, portanto, com incursão no art. 11, *caput*, da Lei nº 8.429, de 2 de junho de 1992, e também com enquadramento no art. 10, inc. X, da mesma lei, porque o Prefeito Municipal com a não edição do Plano, ou com sua edição de forma deficiente, age negligentemente na arrecadação de tributo ou renda.

Na seara criminal, a omissão pode ser considerada *crime ambiental*, nos termos do art. 56, da Lei Federal nº 9.605/98, com a redação que lhe foi dada pela Lei nº 12.305/10.

E não é só.

A não elaboração do Plano pode ensejar a aplicação de pena pecuniária, conforme ensina o eminente Conselheiro decano do e. TCESP, Antônio Roque Citadini, no artigo intitulado *O Tribunal de Contas e a Política Nacional de Resíduos Sólidos* publicado no *site* do e. TCESP e com o seguinte excerto:

> É bom que se deixe claro, também, a possibilidade que tem o Tribunal de Contas do Estado de São Paulo, de aplicar penalidade pecuniária se no exame de determinado processo constatar a infração à norma legal. É o que autoriza sua Lei Orgânica – a Lei Complementar nº 709/93 – no art. 104. Isto se torna possível, dada à importância e a especificidade da matéria tratada na Lei 12.305, que instituiu o Plano Nacional de Resíduos Sólidos, objetivando que alcancem os Municípios padrão de qualidade ambiental aceitável, o que resultará em acentuada melhoria na qualidade de vida da população.

Tem-se, portanto, que a omissão na instituição do Plano Municipal de Gestão Integrada de Resíduos Sólidos pode ocasionar graves consequências ao Poder Público municipal, sobretudo a propositura de ação de improbidade administrativa, nos termos anteriormente descritos.

CAPÍTULO 24

ALGUNS CASOS PRÁTICOS COMENTADOS

A Lei Federal nº 8.429, de 1992, a LIA, tornou-se, sem dúvida, ao longo dos anos, um dos mais importantes instrumentos de combate à corrupção, sendo necessária a existência do elemento subjetivo do dolo para a condenação do agente, ou, ainda, a demonstração do efetivo prejuízo aos cofres públicos ou do enriquecimento ilícito.

Vamos relatar aqui alguns casos práticos de ações por ato de improbidade administrativa nos quais foi *decretada a improcedência da ação ou a extinção do processo por ilegitimidade de parte.*

Vejamos:

Em um Município paulista o Ministério Público estadual ingressou com a ação de improbidade nº *1029174-93.2017.8.26.0405* por entender que houve a prática de ato de improbidade administrativa na contratação, precedida de licitação, de empresa locadora de veículos pela Câmara Municipal. A alegação do MP constante da exordial é de que a licitação na modalidade tomada de preços foi dirigida e de que houve superfaturamento de preços.

As alegações do Ministério Público foram rebatidas pelos requeridos, com a demonstração de que não houve qualquer dirigismo nem superfaturamento de preços, e, com isso, a ação foi rejeitada em primeira instância com base no art. 17, §8º, da LIA, por ausência do elemento volitivo, e com o seguinte excerto: "É o caso de retornar, então, à citação do texto de Maria Sylvia Zanella di Pietro, que fala da necessidade de demonstração do ato de improbidade e do comportamento desonesto dos agentes imputados. Como dito à fl. 1866, a intenção da lei é punir o servidor público desonesto, não o inábil". Com todo efeito, a improbidade administrativa é como o pênalti, que só resta configurado se houver intenção.

Em outro Município, o MP ingressou com a ação de improbidade nº *1001149-31.2018.8.26.0439*, por entender que ocorreu a prática de ato de improbidade administrativa na contratação de empresa de *marketing* do coordenador de campanha do então candidato à Prefeito do Município. O autor da ação entendeu que ocorreram gastos excessivos e, ainda, que a contratação seria uma forma de recompensa com o dinheiro público pelos préstimos da coordenação de campanha.

Após a produção de provas, com a realização de audiência, restou demonstrado que a licitação realizada para contratação na modalidade convite seguiu todos os ditames aplicáveis, e que os serviços foram efetivamente prestados, e, com isso, a ação foi julgada improcedente em primeira instância em razão da inexistência do elemento volitivo do dolo, e com o seguinte excerto: "É cediço que a má-fé é premissa do ato ilegal e ímprobo. Não por outra razão, a ilegalidade só adquire o status de improbidade quando a conduta antijurídica fere os princípios constitucionais da Administração Pública coadjuvados pela má-fé do administrador. A improbidade administrativa, mais que um ato ilegal, deve traduzir, necessariamente, a falta de boa-fé, a desonestidade, o que não restou comprovado nos autos".

Em um Município do interior paulista, foi proposta a Ação de Improbidade nº *0002603-13.2015.8.26.0619*, porque o d. autor entendeu que houve licitação dirigida para aquisição de determinada marca de carro, vez que a especificação do objeto fez constar veículo novo, modelo 2007, 1.8, gasolina, cor "grafite magnesium", e potência não inferior a 140 cavalos, o que, segundo o autor, acarretou o direcionamento para determinada marca. A ação foi julgada procedente em primeira instância porque o MM. Juízo de primeiro grau entendeu que houve a prática de ato de improbidade administrativa.

O réu apelou e foi dado provimento à apelação interposta, vez que ausente o elemento subjetivo do dolo. É o que se lê do v. acórdão: "Ademais, o objetivo da Lei de Improbidade é punir o administrador público desonesto, não o inábil. Ou, em outras palavras, para que se enquadre o agente público na Lei de Improbidade é necessário que haja o dolo, a culpa e o prejuízo ao ente público, caracterizado pela ação ou omissão do administrador público" (*cf. REsp 734.984/SP, Relator p/ acórdão o Ministro Luiz Fux, DJ 16.06.2008*).

Em outro Município do Estado de São Paulo o Ministério Público propôs a ação de improbidade administrativa nº *1001200-69.2016.8.26.0097* contra o Prefeito e três servidores por entender que houve a prática de nepotismo proibido pela Súmula Vinculante nº 13, do e. STF, e, consequentemente, ato de improbidade administrativa, porque o Prefeito nomeou a sobrinha de sua esposa para cargo em comissão, e, ainda, existem outros dois servidores casados entre si que ocupam cargos em comissão.

Após instrução, restou demonstrado que a sobrinha do Prefeito já era servidora pública municipal muito antes da posse do alcaide – é servidora efetiva desde 26 de junho de 2006, a posse do Prefeito ocorreu em 1º de janeiro de 2013, e a nomeação da servidora para o cargo em comissão ocorreu em 3 de janeiro de 2013 –, e, ainda, a servidora não teve qualquer aumento em sua remuneração em decorrência do cargo em comissão, ou seja, teve aumento de atribuições, porém continuou recebendo a mesma remuneração que recebia no cargo efetivo que ocupava. E quanto aos dois servidores casados entre si também já eram servidores públicos ocupantes de cargos efetivos antes da posse do Prefeito, e sem qualquer vinculação ou relação entre os cargos efetivos que ocupavam – a esposa é ocupante do cargo efetivo Coordenador de Eventos e o marido é ocupante do cargo efetivo Fiscal Municipal.

Diante disso restou demonstrada a total inexistência de nepotismo proibido, e a ação foi julgada improcedente em primeira instância, com sentença confirmada pelo e. Tribunal de Justiça do Estado de São Paulo.

Outro caso de alegado nepotismo proibido pela SV nº 13, do e. STF: em outro Município paulista o MP ingressou com a ação de improbidade administrativa nº *0001526-63.2011.8.26.0439* por entender que houve nepotismo cruzado no fato do Município ter duas servidoras públicas com pais eleitos Vereadores.

Ocorre que restou demonstrado nos autos que as duas servidoras rés na ação já eram servidoras públicas municipais efetivas do Poder Executivo muito antes de seus pais serem eleitos para seus respectivos mandatos eletivos, e, ainda, não se verificou o "ajuste mediante designações recíprocas", ou seja, não ocorreu na hipótese a troca de favores proibida pela Súmula Vinculante nº 13, do e. STF, porque nenhum parente do Chefe do Poder Executivo ocupou qualquer cargo no Poder Legislativo Municipal. A ação foi julgada procedente em primeira instância com a condenação do Prefeito por ato de improbidade administrativa, porém muito acertadamente o e. Tribunal de Justiça do Estado de São Paulo reformou a r. sentença para decretar a improcedência da ação.

E mais um caso de nepotismo: o órgão ministerial propôs a ação de improbidade administrativa nº *3000395-83.2013.8.26.0648* contra o Prefeito e sua irmã por prática de nepotismo proibido pela Súmula Vinculante nº 13, do STF, em razão da nomeação do Prefeito municipal para o cargo de Secretária municipal de Administração.

A ação foi julgada procedente em primeira instância, e a r. sentença foi confirmada pelo e. Tribunal de Justiça do Estado de São Paulo. Ocorre que a jurisprudência do Supremo é no sentido de que a nomeação de parente para o cargo de Secretário Municipal, por ser cargo de natureza política, não configura nepotismo, motivo pelo qual os advogados do Prefeito ingressaram com reclamação perante o e. Pretório Excelso, que até o presente momento – outubro de 2019 – *não foi julgada.*

O Ministério Público do Estado ingressou com a ação de improbidade administrativa nº *0001147-48.2011.8.26.0205*, contra o Prefeito e o engenheiro que, a seu turno, atestou o recebimento de um *playground* sem a efetiva conclusão da obra, sendo, porém, que o engenheiro apenas cumpriu ordens de seu superior hierárquico, que era o Prefeito municipal, razão pela qual o e. Tribunal de Justiça deu provimento à apelação interposta pelo engenheiro para exclui-lo do polo passivo da demanda nos seguintes termos: "Portanto, incabível a condenação do apelante em nítida violação ao princípio do devido processo legal, tendo sido incluído no polo passivo de forma anômala", conforme consta da declaração de voto vencedor.

Em uma estância turística do Estado de São Paulo, foi proposta a ação de improbidade administrativa nº *0000192-52.2015.8.26.0439*, contra o Prefeito municipal, sob a alegação de que foram realizados gastos com publicidade em ano eleitoral superiores à média gasta nos três últimos exercícios financeiros anteriores (2009-2011) em violação ao art. 73, VII, da Lei Federal nº 9.504/97.

A ação foi julgada procedente em primeira instância, porém a r. sentença foi reformada pelo e. TJSP com a seguinte ementa: "IMPRO-BIDADE ADMINISTRATIVA – Gastos com publicidade em ano eleitoral superiores à média despendida nos três exercícios financeiros anteriores (2009-2011), em violação ao artigo 73, VII, da Lei Federal nº 9.504/97 – Necessidade de exclusão dos gastos com comunicação oficial para fins de apuração de referidas despesas, nos termos da jurisprudência do C. Tribunal Superior Eleitoral – Entendimento da Justiça Eleitoral que também considera indevida a interpretação ampliativa de referido artigo para, antes da entrada em vigor da Lei Federal nº 13.165/15, utilizar como parâmetro de comparação o valor proporcional referente apenas aos primeiros semestres anteriores – Ausência de demonstração de que os gastos com publicidade oficial se encontrem em desacordo com o artigo 73, VII, da Lei Federal nº 9.504/97 – Recurso do réu provido e recurso do autor prejudicado", e, diante disso, a ação foi julgada improcedente, já que não há que se falar em improbidade administrativa.

E no mesmo Município do caso citado, o MP propôs a ação de improbidade administrativa nº *0000370-69.2013.8.26.0439* contra o Presidente da edilidade e outros quatro servidores alegando a prática de ato de improbidade administrativa na contratação de rádio para transmissão das sessões da Câmara Municipal. Alegou o autor da ação que houve fraude no processo de contratação – os proprietários das duas rádios que participaram do certame eram irmãos – e que não houve pesquisa prévia de preços. A ação proposta foi julgada procedente em primeira instância, porém a r. sentença foi reformada pelo e. TJSP para decretar a ausência de ato de improbidade administrativa, vez que ausente o elemento subjetivo do dolo, com vasta transcrição de doutrina e jurisprudência, e com o seguinte excerto:

> Dessa forma, não há se falar em simples conjectura de ato de improbidade administrativa praticado pelos réus/apelantes, vez que diante do conjunto probatório produzido nos autos, restou incontroverso: que não houve prejuízo ao erário publico; dolo ou culpa dos réus/apelantes e; que as transmissões foram efetivadas e o serviço devidamente prestado. Para que se caracterize o ato ímprobo, exige-se a presença do dolo como qualificador da conduta ilegal, o que não ocorreu no caso em tela.

É ainda da mesma Comarca a ação de improbidade administrativa nº *0004459-04.2014.8.26.0439,* proposta pelo *Parquet* por entender que os assessores de Vereadores, com cargos de provimento em comissão, devem cumprir carga horária diária de 6 (seis) horas, com anotação de ponto, e que o Diretor Geral da edilidade bem como sua substituta legal deveriam fiscalizar o cumprimento da jornada.

A sentença de primeiro grau decretou a improcedência da ação porque os assessores não estavam subordinados ao controle de ponto devido à natureza do cargo que exerciam, e, consequentemente não houve qualquer ilegalidade na conduta do Diretor Geral e sua substituta legal. Lê-se da r. sentença: "Acolho a tese deduzida pela defesa no sentido de que os fatos imputados não se subsumem à tipicidade de improbidade administrativa, porquanto não demonstrado o dolo genérico dos requeridos, em causar prejuízo ao erário ou violar princípios da administração pública".

E também na mesma Comarca foi proposta a ação de improbidade administrativa nº *0003639-87.2011.8.26.0439* sob a alegação de que duas servidoras auferiram vantagem remuneratória indevida consistente em adicional concedido sem a necessidade, sendo que diz o autor da ação que as servidoras foram beneficiadas com gratificação de regime especial, que elevou suas remunerações em 50% (cinquenta por cento) e 25% (vinte e cinco por cento), sob o fundamento de que deveriam manter-se à disposição do ente público contratante, todos os dias, inclusive aos sábados, domingos e feriados.

E, segundo o autor, houve a prática de ato de improbidade administrativa. A ação foi julgada improcedente em primeira instância com r. sentença confirmada pelo e. Tribunal de Justiça do Estado de São Paulo, com o seguinte trecho:

> Assim, sem que se possa falar em omissão dolosa ou culposa das servidoras, não é o caso de condená-las pela prática de atos de improbidade administrativa, uma vez que o elemento volitivo é requisito essencial para a configuração de ato de improbidade por dano ao erário. Ademais, neste caso, não há dano ao erário a ser ressarcido. Isso porque o Estatuto dos Servidores Públicos de Pereira Barreto prevê expressamente, em seu art. 21, o pagamento de gratificações aos servidores que "ficam todo o tempo à disposição do serviço público, podendo ser convocado a trabalhar a qualquer momento, durante as 24 horas do dia".

Em Município do Noroeste paulista o MP propôs a ação de improbidade administrativa nº *3000218-22.2013.8.26.0648* contra o Prefeito municipal e seu irmão em razão de aquisições de autopeças de microempresa de titularidade do irmão do Prefeito, em valores módicos que somados não atingem o valor limite para dispensa de licitação.

A demanda foi julgada procedente em primeira instância, sendo, porém, que a r. sentença foi reformada pelo e. TJSP para decretar a ausência de ato de improbidade administrativa nos seguintes termos: "No caso concreto, não se cogita da ocorrência de enriquecimento ilícito nem de lesão ao erário, tanto que as condutas dos réus foram enquadradas no art. 11 da Lei de Improbidade Administrativa. (...) É imprescindível à sua tipificação que o ato ilegal tenha origem em conduta desonesta, ardilosa, denotativa de falta de probidade do agente público. Com efeito, as três categorias de improbidade administrativa têm idêntica natureza intrínseca, que fica nítida com a análise do étimo remoto da palavra *improbidade*".

Em Município da região Centro Leste do Estado o Ministério Público Estadual ingressou com a ação de improbidade administrativa nº *4001130-28.2013.8.26.0510*, em razão da contratação de empresa especializada para prestação de serviços de consultoria técnica especializada nas metodologias PES (Planejamento Estratégico Situacional) e ZOPP

(Planejamento de Projetos Orientado por Objetivos) para planejamento da ação governamental, da gestão orçamentária e financeira e para monitoramento das políticas públicas propostas, projetos e atividades implementadas e resultados atingidos pela Administração Pública Municipal, por entender que o certame que resultou na contratação fora dirigido, e a contratação foi superfaturada.

A ação foi julgada improcedente em primeira instância com a seguinte sentença: "Entende-se que para a caracterização da improbidade deve sobressair do ato imputado o elemento subjetivo de desonestidade ou má-fé. Bem por isso José Afonso da Silva define ato de improbidade administrativa como um "ato de imoralidade qualificada". Aqui, por mais que se esmere em elucubrações, o elemento subjetivo indispensável à caracterização da improbidade não está presente". O Ministério Público não recorreu e o reexame necessário não foi conhecido pelo e. TJSP.

E, por fim, em determinado Município o *Parquet* Estadual ingressou com a ação de improbidade administrativa nº *1006393-51.2018.8.26.0079*, por entender que houve improbidade administrativa na contratação de shows artísticos – Luan Santana e Fernandinho –, e, com isso, ingressou com ação contra o ex-Prefeito, o advogado que emitiu parecer sobre a contratação, o empresário que representava os artistas e demais servidores.

A ação foi julgada improcedente na r. sentença, que entendeu que o preço cobrado foi compatível com os praticados pelo mercado, que as apresentações dos artistas foram realizadas e o procedimento de inexigibilidade de licitação foi cumprido na íntegra. Consta, ainda, da r. sentença: "Destarte reputo ausentes provas do dolo ou da culpa grave dos réus, do prejuízo ao Erário e do enriquecimento ilícito, motivo por que a pretensão não merece acolhimento".

Conforme se observa foram aqui colacionados 14 (quatorze) casos de improbidade administrativa, nos quais as ações foram julgadas improcedentes, rejeitadas, ou então o réu foi considerado como parte ilegítima, sendo que na maioria deles o ato de improbidade foi afastado por *ausência de dolo ou má-fé*. São casos relevantes e que merecem ser compulsados por constituírem importantes precedentes.

CAPÍTULO 25

NEPOTISMO EM LICITAÇÃO?

O parentesco com agentes públicos tem sido questionado como condição proibitiva de participação em licitações, sob a alegação de configurar *nepotismo*.

Ocorre que tal vedação não consta de dispositivo algum da Lei Federal nº 8.666/93, sendo que reza o art. 9º da citada Lei – utilizado por alguns aplicadores do Direito como fundamento para a citada proibição:

> Art. 9º Não poderá participar, direta ou indiretamente, da licitação ou da execução de obra ou serviço e do fornecimento de bens a eles necessários:
>
> I – o autor do projeto, básico ou executivo, pessoa física ou jurídica;
>
> II – empresa, isoladamente ou em consórcio, responsável pela elaboração do projeto básico ou executivo ou da qual o autor do projeto seja dirigente, gerente, acionista ou detentor de mais de 5% (cinco por cento) do capital com direito a voto ou controlador, responsável técnico ou subcontratado;
>
> III – servidor ou dirigente de órgão ou entidade contratante ou responsável pela licitação.

Observa-se, portanto, que o dispositivo legal não faz qualquer menção à proibição de parentes de agentes públicos participarem de processo de licitação, e, conforme é cediço em Direito, onde a lei não distingue não cabe ao intérprete fazê-lo.

Além disso, normas restritivas de direito devem ser interpretadas restritivamente, o que significa dizer que o intérprete não pode ampliar a interpretação em normas que restringem direito. E quando se trata de participação em licitações a interpretação restritiva de normas restritivas de direito dá atendimento ao princípio constitucional da isonomia.

Sobre o tema aqui em análise, assim já decidiu o e. Supremo Tribunal Federal, nos autos do Recurso Extraordinário nº *423.560/*

MG, relator Ministro Joaquim Barbosa, Segunda Turma, julgado em 29.05.2012:

> Ementa: DIREITO CONSTITUCIONAL E ADMINISTRATIVO. LICITAÇÃO E CONTRATAÇÃO PELA ADMINISTRAÇÃO PÚBLICA MUNICIPAL. LEI ORGÂNICA DO MUNICÍPIO DE BRUMADINHO-MG. VEDAÇÃO DE CONTRATAÇÃO COM O MUNICÍPIO DE PARENTES DO PREFEITO, VICE-PREFEITO, VEREADORES E OCUPANTES DE CARGOS EM COMISSÃO. CONSTITUCIONALIDADE. COMPETÊNCIA SUPLEMENTAR DOS MUNICÍPIOS. RECURSO EXTRAORDINÁRIO PROVIDO. A Constituição Federal outorga à União a competência para editar normas gerais sobre licitação (art. 22, XXVII) e permite, portanto, que Estados e Municípios legislem para complementar as normas gerais e adaptá-las às suas realidades. O Supremo Tribunal Federal firmou orientação no sentido de que as normas locais sobre licitação devem observar o art. 37, XXI da Constituição, assegurando "a igualdade de condições de todos os concorrentes". Precedentes. Dentro da permissão constitucional para legislar sobre normas específicas em matéria de licitação, é de se louvar a iniciativa do Município de Brumadinho-MG de tratar, em sua Lei Orgânica, de tema dos mais relevantes em nossa polis, que é a moralidade administrativa, princípio-guia de toda a atividade estatal, nos termos do art. 37, caput da Constituição Federal. A proibição de contratação com o Município dos parentes, afins ou consanguíneos, do prefeito, do vice-prefeito, dos vereadores e dos ocupantes de cargo em comissão ou função de confiança, bem como dos servidores e empregados públicos municipais, até seis meses após o fim do exercício das respectivas funções, é norma que evidentemente homenageia os princípios da impessoalidade e da moralidade administrativa, prevenindo eventuais lesões ao interesse público e ao patrimônio do Município, sem restringir a competição entre os licitantes. Inexistência de ofensa ao princípio da legalidade ou de invasão da competência da União para legislar sobre normas gerais de licitação. Recurso extraordinário provido.

Ou seja, o Pretório Excelso entendeu que o art. 9º, da Lei Federal nº 8.666/93 tem caráter geral passível de complementação pelos entes da federação.

E, portanto, o que se depreende do entendimento do e. STF, se tal complementação não existe – estendendo os efeitos aos parentes de agentes públicos –, tal elasticidade da norma não pode ser simplesmente interpretada.

No âmbito do e. Poder Judiciário o Conselho Nacional de Justiça – CNJ editou a Resolução nº 7/2005, alterada pela Resolução nº 9/2005, para prever como nepotismo a contratação, *independentemente da modalidade de licitação*, de empresas que tenham em seu quadro societário cônjuge, companheiro ou parente em linha reta, colateral ou por afinidade até o terceiro grau de juízes e servidores ocupantes de cargos de direção, chefia e assessoramento vinculados à área de licitação do tribunal.

O e. Tribunal de Contas de Minas Gerais, em resposta à Consulta nº *862.735*, relator Cons. Sebastião Helvécio, entendeu que:

> EMENTA: CONSULTA – PREFEITURA MUNICIPAL – PROCEDIMEN-TO LICITATÓRIO REGULAR – VENCEDOR DO CERTAME – PARENTE EM LINHA RETA OU COLATERAL E POR AFINIDADE ATÉ TERCEIRO GRAU DO CHEFE DO PODER EXECUTIVO – CONTRATAÇÃO – AUSÊNCIA DE ÓBICE LEGAL – LEI N. 8.666/93 – DEMONSTRAÇÃO DE RESPEITO AOS PRINCÍPIOS DA ADMINISTRAÇÃO PÚBLICA – POSSIBILIDADE.
>
> Não há impedimento legal à contratação, decorrente de procedimento licitatório, de parentes próximos de servidores ou agentes políticos, devendo, nessa hipótese, acautelar-se o gestor quanto à demonstração nos autos da observância dos princípios da moralidade, isonomia, impessoalidade e da maior competitividade possível, entre outros.

No mesmo diapasão, decidiu o e. Tribunal de Contas do Paraná, no Acórdão nº *3372/19* – Tribunal Pleno, relator Conselheiro Fábio de Souza Camargo, com a seguinte ementa:

> Representação da Lei nº 8.666/93. Pregão. Inabilitação. Inversão de fases. Proibição de participação da fase de lances. Parentesco. Sócio irmão de Vereador. Proibição indevida. Procedência parcial.

E consta do v. voto condutor:

> Com relação à inabilitação em razão de o sócio ser irmão de vereador daquele Município (parentesco colateral de 2º grau), fato este incontro-verso nos autos, considero a inabilitação irregular.
>
> Conforme destacado pela unidade técnica, não há no ordenamento jurídico regra ou norma que vede sua participação. A interpretação das normas e princípios não permite a exclusão de participantes nessa situação (...)
>
> Ocorre que o fato do sócio da empresa ser irmão de vereador em nada altera a questão da moralidade e da isonomia, até porque todos os licitantes possuem a mesma condição de participação. (...)
>
> Assim, tenho para mim que a norma restritiva não pode ser interpretada de forma ampliativa, ainda mais em desfavor do erário.

Essa decisão foi proferida em sede de pregão, modalidade de licitação prevista pela Lei Federal nº 10.520/02, que também não contém qualquer restrição à participação de agentes públicos em processo de licitação.

O e. Superior Tribunal de Justiça, nos autos do Recurso Especial nº *1.245.765*, relator Min Mauro Campbell Marques, Segunda Turma, entendeu que o fato isoladamente da empresa contratada ser pertencente a parente de Prefeito não constitui ato de improbidade administrativa. Vejamos trecho da ementa:

> 7. Não há como afastar a conclusão da origem no sentido de que, isoladamente, o simples fato de a filha do Prefeito compor o quadro societário de uma das empresas vencedora da licitação não constitui ato de improbidade administrativa.

A ilação que se retira, portanto, é no sentido de que não há vedação legal para a participação de parentes de agentes públicos – dentre eles os agentes políticos – em processos de licitação, e, dessa forma, qualquer vedação nesse sentido não tem fundamento no princípio da legalidade, sendo, por outro lado que devem ser observados os princípios da legalidade, da moralidade, da isonomia, da impessoalidade, da maior competitividade possível e da probidade, como em qualquer certame.

CAPÍTULO 26

PROPAGANDA INSTITUCIONAL
E ABUSO DE AUTORIDADE

A propaganda institucional ou oficial é aquela prevista no §1º, do art. 37, da Constituição Federal, que reza:

> Art. 37. A administração pública direta e indireta de qualquer dos Poderes da União, dos Estados, do Distrito Federal e dos Municípios obedecerá aos princípios de legalidade, impessoalidade, moralidade, publicidade e eficiência e, também, ao seguinte: (...)
> §1º A publicidade dos atos, programas, obras, serviços e campanhas dos órgãos públicos deverá ter caráter educativo, informativo ou de orientação social, dela não podendo constar nomes, símbolos ou imagens que caracterizem promoção pessoal de autoridades ou servidores públicos.

Ou seja, os atos, programas, obras, serviços e companhas dos órgãos públicos podem perfeitamente ser divulgados – até mesmo para que se dê cumprimento à Lei da Transparência –, porém tal divulgação não pode conter nomes, símbolos, imagens ou logomarcas que caracterizem a promoção pessoal de autoridades ou servidores.

O texto constitucional é de grande clareza.

Com efeito, a publicidade pessoal proibida pela Constituição Federal é o autoelogio, é o autoenaltecimento, é a utilização de dinheiro público para elaborar veículos publicitários, é a propaganda imoderada do nome, enaltecendo virtudes pessoais da autoridade.

E, por outro lado, a publicidade tem caráter pessoal quando se utiliza de nomes, símbolos ou imagens que caracterizem promoção pessoal de autoridades, ou seja, quando a publicidade dá maior enfoque ao nome da autoridade do que ao ato, programa, serviço, etc. por ela realizado ou autorizado.

A Constituição Federal não proíbe a publicidade de atos e programas realizados pela Administração, desde que sem qualquer conotação pessoal.

De tal forma, não é qualquer veiculação publicitária governamental que contenha o nome da autoridade que expediu o ato, programa, serviço ou campanha, e por eles se responsabiliza, que estará maculada com o vício do personalismo.

É de império, ainda, que se concilie o princípio constitucional da publicidade previsto no art. 37, *caput*, Constituição Federal, com a publicidade institucional praticada por autoridades prevista no §1º do mesmo dispositivo constitucional.

Ou seja, devem ser publicados os atos, programas, obras, serviços, contratos, etc. da Administração Pública direta e indireta de qualquer dos Poderes da União, Estados, Municípios e Distrito Federal, devendo ser respeitados os limites previstos pelo §1º, do art. 37, da Magna Carta.

Com todo efeito, a publicidade deve ser marcada pela impessoalidade.

O administrador tem a obrigação constitucional de prestar contas sobre seu governo à população, sobretudo após o advento da *Lei da Transparência*, mas tal prestação de contas deve ser realizada de forma impessoal por parte do administrador.

O e. Tribunal de Justiça do Estado de São Paulo decidiu em 7 de abril de 2020 que a simples veiculação de mensagens de cunho informativo por meio de periódicos, emissoras de TV e rádios locais, utilizando-se de verba de publicidade, não configura promoção pessoal, nem violação ao art. 37, constitucional.

É o que consta do v. acórdão proferido nos autos da Remessa Necessária nº *0011479-20.2006.8.26.0506*, relator Des. Ricardo Anafe, 13ª Câmara de Direito Público, de onde se lê:

> Além disso, conforme ponderado no parecer da d. Procuradoria de Justiça, no vídeo veiculado foram prestadas informações de interesse da população relacionadas ao funcionamento da Câmara Municipal e do Poder Legislativo, e ainda que tenha sido utilizada imagem pessoal dos vereadores na transmissão, dela não emerge nítida intenção de promoção pessoal, mas sim da veiculação de mensagens de cunho educativo e informativo, mesmo que com evidente propósito de apaziguar crise institucional então experimentada pelo órgão, como noticia o autor, também vereador.

E, por outro lado, a veiculação de nomes e imagens com promessas políticas configura a publicidade pessoal proibida pelo art. 37, §1º, da Constituição Federal, conforme já decidiu o e. Tribunal de Justiça do Estado de São Paulo, nos autos da Apelação nº 1002510-07.2017.8.26.0411, relatora Des. Paola Lorena, da 3ª Câmara de Direito Público do e. TJSP, julgada em 22 de outubro de 2019, com a ementa:

> Apelação. Ação Civil Pública. Improbidade Administrativa. Prática de ato contrário aos princípios da administração pública. Veiculação de matérias de publicidade com intuito de promoção pessoal. Sentença de procedência. Descabimento da pretensão de reforma. Apelante que não logrou êxito em demonstrar o caráter informativo e educativo das notícias impugnadas. Claro intuito de promoção pessoal, representado pela veiculação de nomes, imagens e promessas políticas. Afronta direta ao art. 37, §1º, da CF e ao art. 11, inciso I, da Lei 8.429/1992. Serviços contratados pelo próprio apelante, na qualidade de Presidente da Câmara Municipal de........ Boa-fé afastada. Penalidades aplicadas de forma adequada e proporcional, tendo em vista a gravidade do fato. Inteligência do art. 12, caput, da Lei de Improbidade Administrativa. Sentença mantida. Recurso improvido.

E consta do v. voto condutor:

> D'outro vértice, ao contrário do que aduz o recorrente, as notícias transmitiram promessas e projetos, antes mesmo de sua concretização. Em verdade, grande parte das matérias noticia que o Presidente da Câmara estava trabalhando para conseguir algo, ou pedira algo para o Prefeito. Não há, por conseguinte, relevância educacional ou caráter informativo em reproduzir notícias desse gênero.

Tema atual é o relativo à propaganda institucional realizada pela *internet* cujos limites são os mesmos impostos pelo art. 37, §1º, da Constituição Federal – e não se confunda aqui com a propaganda eleitoral prevista no art. 36 da Lei Federal nº 9.504, de 1997.

Tem-se que a propaganda realizada pela *internet* que obedece aos princípios da impessoalidade e da moralidade e não tem conotação pessoal não ultrapassa os limites do art. 37, §1º, da Constituição Federal, conforme decidiu recentemente o e. Tribunal de Justiça do Estado de São Paulo, nos autos da Apelação Cível nº 1000003-19.2018.8.26.0062, relator Des. Marrey Uint, 3ª Câmara de Direito Público, julgada em 29 de abril de 2020, com a seguinte ementa:

Apelação cível Direito Administrativo Improbidade administrativa Utilização da internet com caráter informativo e propagandista sem conotação de promoção pessoal, muito embora com imagens dos gestores Municipais – Princípios da impessoalidade e moralidade observados – Não basta à existência de imagens, bem como a utilização da internet, é necessário que haja nexo causal com a promoção pessoal, o que não se verificou "in casu" – Inteligência do disposto no art. 37, §1º, da Constituição Federal – Inúmeros sítios eletrônicos, bem como outras mídias, dão notícias do que seus respectivos gestores públicos estão realizado, sem que isso caracterize imoralidade administrativa Doutrina e Jurisprudência STJ e TJSP – Sentença reformada Recurso provido.

E conforme é cediço em Direito, a autoridade que é candidata e realiza qualquer publicidade que extrapole os limites do citado art. 37, §1º, da Constituição Federal pode sofrer as sanções da Lei Eleitoral, além das outras ofensivas competentes na seara civil – como a ação de improbidade administrativa – e eventualmente até penal.

Na esfera eleitoral, é o art. 74 da Lei Federal nº 9.504, de 1997, que cuida da matéria, e reza:

> Art. 74. Configura abuso de autoridade, para os fins do disposto no art. 22 da Lei Complementar nº 64, de 18 de maio de 1990, a infringência do disposto no §1º do art. 37 da Constituição Federal, ficando o responsável, se candidato, sujeito ao cancelamento do registro ou do diploma.

E, assim, se restar configurada a realização de propaganda com o crivo de promoção pessoal de autoridade com afronta ao art. 37, §1º, da CF/88, ocorrerá o abuso de autoridade, e o procedimento competente a ser proposto é a representação à Justiça Eleitoral, sendo partes legítimas para a propositura qualquer partido político, coligação, candidato ou Ministério Público Eleitoral.

O autor da representação deve relatar fatos e indicar provas, indícios e circunstâncias e pedir abertura de investigação judicial para apurar uso indevido, desvio ou abuso do poder econômico ou do poder de autoridade, ou utilização indevida de veículos ou meios de comunicação social, em benefício de candidato ou de partido político, obedecido o rito do art. 22 da Lei Complementar nº 64, de 1990.

É de império ter presente que, *para a configuração do ato abusivo, não será considerada a potencialidade de o fato alterar o resultado da eleição, mas apenas a gravidade das circunstâncias que o caracterizam*, conforme se lê do art. 22, inc. XVI, da LC nº 64/90, com as alterações procedidas pela LC nº 135, de 2010.

Nesse diapasão, decidiu o e. Tribunal Superior Eleitoral no Acórdão proferido no Recurso Ordinário n° 172365, relator Min. Admar Gonzaga, julgado em 07.12.2017, com a seguinte ementa:

Eleições 2014. Recursos ordinários. Ação de investigação judicial eleitoral. Publicidade institucional. Governador, vice-governador e secretário de estado de publicidade institucional. Conduta vedada do art. 73, VI, b, da Lei 9.504/97, abuso de autoridade (art. 74 da Lei 9.504/97) e abuso de poder político (art. 22 da Lei Complementar 64/90). [...] ABUSO DO PODER POLÍTICO. ART. 22 DA LC 64/90. 10. O abuso do poder político, de que trata o art. 22, *caput*, da LC 64/90, configura-se quando o agente público, valendo-se de sua condição funcional e em manifesto desvio de finalidade, compromete a igualdade da disputa e a legitimidade do pleito em benefício de sua candidatura ou de terceiros. Precedentes. 11. As circunstâncias do caso concreto se revelaram graves, nos termos do que preconiza o inciso XVI do art. 22 da LC 64/90, porquanto: a) embora tenha se consignado no Portal de Governo a vedação legal quanto à publicidade institucional, constou-se no sítio eletrônico um link de acesso à página da agência de notícias em que se prosseguia difundindo notícias de cunho institucional; b) não se tratou apenas de um fato isolado, mas de centenas de notícias configuradoras de publicidade institucional; c) foram elas veiculadas em julho e nos meses relativos à campanha eleitoral (agosto e setembro); d) as matérias diziam respeito, diversas delas, a áreas sociais e de interesse do eleitorado; e) algumas matérias chegaram a enaltecer a administração dos investigados. 12. Não mais se exige, para o reconhecimento da prática abusiva, que fique comprovado que a conduta tenha efetivamente desequilibrado o pleito ou que seria exigível a prova da potencialidade, tanto assim o é que a LC 64/90, com a alteração advinda pela LC 135/2010, passou a dispor: 'Para a configuração do ato abusivo, não será considerada a potencialidade de o fato alterar o resultado da eleição, mas apenas a gravidade das circunstâncias que o caracterizam'. 13. Mesmo que tais notícias não tenham o nome das autoridades, fotos ou símbolos nem tenham mencionado a eleição, a lei eleitoral é expressa ao vedar a continuidade de publicidade de caráter institucional, justamente para não privilegiar mandatários no exercício de seus cargos eletivos, que permanecem na condução da administração mesmo na disputa à reeleição. 14. Não demonstrada a participação do candidato ao cargo de vice-governador no ilícito apurado, não é possível lhe impor a pena de inelegibilidade em decorrência do abuso do poder político. Precedentes. [...].

E conforme decidiu o e. TSE, Recurso Especial n° *3104-45.2010.6.00.0000*, rel. Min. João Otávio de Noronha, julgado em 23.09.2014, que extrapola os limites do art. 37, §1°, da CF, a publicidade que induzir à conclusão de que a autoridade é a mais apta ao exercício da função pública:

> A propósito, a publicidade institucional somente pode ser realizada nos termos do caput e do §1º do art. 37 da Constituição Federal, ou seja, sem que nela esteja contida qualquer forma de identificação direta ou indireta do administrador, conforme jurisprudência do Supremo Tribunal Federal (RE nº 191.668, Rei. Ministro MENEZES DIREITO, DJE 30.5.2008). Por outro lado, configura propaganda eleitoral o ato capaz de levar ao conhecimento geral, ainda que de forma dissimulada, candidatura, mesmo que apenas postulada, a fim de induzir à conclusão de que o beneficiário é o mais apto ao exercício da função pública.

E, ainda, a distribuição de calendários, com destaque a obras e realizações da administração municipal, caracteriza evidente promoção pessoal do prefeito candidato à reeleição, conforme decidiu o e. TRE-SC, em v. acórdão confirmado pelo e. TSE, nos autos do Agravo Regimental no Agravo de Instrumento nº 2099 (38826-77.2009.6.00.0000) – CLASSE 6 – ITAPEMA – SANTA CATARINA, relator Min. Arnaldo Versiani, julgada em 15.04.2010, de onde se lê:

> No caso dos autos, não tenho dúvidas de que a hipótese é, sim, de propaganda com apelo eleitoral, pois, dissimulada e subliminarmente o material promove a pessoa do então prefeito. Basta que se veja o slogan 'OBRAS PARA TODOS OS LADOS' e a dimensão das fotografias. Não se pode esquecer que, além de efetuada antes do período permitido, esta propaganda utilizou-se dos recursos públicos, em total desacordo com o §1º do art. 37 da Constituição, em evidente abuso do poder de autoridade.
>
> A quantidade de calendários distribuídos em um Município que não possui grande porte, e, muito embora a distribuição tenha ocorrido muito antes do período eleitoral, a característica da publicidade em questão, de manter-se em uso durante todo o ano, garantindo que os efeitos da publicidade se estendessem até as proximidades dos pleito/configuram a necessária potencialidade do ato para macular o equilíbrio do pleito em favor do agente público candidato à reeleição.

E, por fim, sobre o tema já decidiu o e. Supremo Tribunal Federal, no Recurso Extraordinário nº *191.668*, relator Ministro Menezes Direito, Primeira Turma, julgado em 15.04.2008, que:

> EMENTA Publicidade de atos governamentais. Princípio da impes-soalidade. Art. 37, parágrafo 1º, da Constituição Federal. 1. O caput e

o parágrafo 1º do artigo 37 da Constituição Federal impedem que haja qualquer tipo de identificação entre a publicidade e os titulares dos cargos alcançando os partidos políticos a que pertençam. O rigor do dispositivo constitucional que assegura o princípio da impessoalidade vincula a publicidade ao caráter educativo, informativo ou de orientação social é incompatível com a menção de nomes, símbolos ou imagens, aí incluídos slogans, que caracterizem promoção pessoal ou de servidores públicos. A possibilidade de vinculação do conteúdo da divulgação com o partido político a que pertença o titular do cargo público mancha o princípio da impessoalidade e desnatura o caráter educativo, informativo ou de orientação que constam do comando posto pelo constituinte dos oitenta. 2. Recurso extraordinário desprovido.

Pelo exposto, a ilação que se retira é a de que a publicidade institucional é de indiscutível relevância para a Administração e para os administrados – estes precisam ter ciência dos atos, programas, obras, serviços e campanhas do governo, em atendimento aos princípios da publicidade e da transparência –, porém a publicidade não pode fazer qualquer referência ao nome, símbolo, logomarca ou imagem de modo que identifique de forma pessoal determinada autoridade e, com isso, configure abuso de autoridade, ou seja, conforme decidiu o e. STF no v. acórdão citado, o princípio da impessoalidade vincula a publicidade de caráter educativo ou institucional.

Esta obra foi composta em fonte Palatino Linotype, corpo 10
e impressa em papel Offset 75g (miolo) e Supremo 250g (capa)
pela Paulinelli Serviços Gráficos, em Belo Horizonte/MG.